より良い思考の技法

― クリティカル・シンキングへの招待 ―

より良い思考の技法（'23）

装丁デザイン：牧野剛士
本文デザイン：畑中　猛

s-67

まえがき

　「人間は考える葦である」これはフランスの哲学者パスカルの言葉として広く知られている。人は水辺の葦のように，か弱い存在かもしれない，しかし「考えること」に人間の強さや偉大さがあることを言い表している。

　あらゆる時代と場所で，私たちは「考える」という営みを続けてきた。知識や観察から新しい知識を生み出し，複雑な状況を整理して判断を下し，自己を省みて行動を制御し，そして将来を予測して自らの未来を切り拓いてきた。パスカルが言うように，そうした思考こそが人間の強さを形作ったかもしれない。

　ただし，人の思考は必ずしもよい結果に至るとは限らない。考えた挙げ句，数限りない失敗を積み重ねてきたのも，また人間の歴史である。であるとすれば，望ましい結論を導くための優れた思考力を習得し，状況に応じて発揮することは，私たち人間にとって生涯を通しての重要な課題の一つになると言えるだろう。

　本書は，この社会を生きていく上でぜひ身につけたい汎用的な思考力の一つとしての「クリティカル・シンキング（批判的思考）」をテーマにしている。これは，簡単に言えば規準に沿った良質な思考である。たとえば，情報を鵜呑みにせず，そこに隠れている暗黙の前提や認識の方法を含めて，注意深く懐疑的に，偏見を持たずに吟味・評価し，そしてよりよい問題解決や意志決定につなげていくことができる。また，これは必ずしも特定の領域に限られた専門的な思考技術ではなく，私たちが生活や仕事など身近な問題を考える上でも役に立つ実践的で習得可能な思考技法，と本書では位置づけている。

　こうした汎用的な思考の技法は，情報の洪水とも言える現代を生きる私たちにとって欠かせない基本リテラシーの一つといえるだろう。そのため，教育目標としてのクリティカル・シンキングの習得は理系文系を問わず，高等教育段階を中心に初等中等教育においても，さまざまな教科や学問分野で標榜されている。放送大学はもちろん，多くの大学授業のシラバスや教科書のそこかしこで，達成目標としてのクリティカル・シンキング・批判的思考が言及されている。ただし，日本の教育現場では，何らかの教科や専門分野の学びを前提として，それを深める中で，結果としてよい思考への気づきを獲得するアプローチが多く，正面から明示的にクリティカル・シンキングをテーマとする授業は少ない。それもそのはずで，一つ一つの科目は必ず専門とする領域が区切られており，また高等教育の教育者は，特定の学問の専門家であって，その領域を横断した汎用的なクリティカル・シンキングは，専門の守備範囲をはみ出さざるを得ない。これに対して，本書では，著者が専門とする認知心理学を基軸としながらも，幅広い学術領域でクリティカル・シンキングの研究教育に取り組む専門家の参加を得て，領域に依存しない汎用的で実践的な思考力の向上につなげる，少々，野心的な取り組みを行ったつもりである。具体的な素材も，特定の学問領域によらずに，現実に私たちの身の回りに起こっている諸問題を「実践」章に多く取り入れている。その点で，本書は，専門を問わず，知的生活・活動にかかわるすべての学生・市民に身につけてほしい思考力の提案と考えていただきたい。

　また，本書のタイトルが「良い思考」ではなく，「より良い」という相対的な表現になっているのは，「良い」のあり方は文脈や状況によって異なると考えるためである。クリティカル・シンキングは，絶対的に良い思考ではなく，さまざまな場面で，私たちの思考を，少しだけ「より」良いものにガイドして，それぞれの意志決定や問題解決を有効なも

のにしていくという意味を込めている。

　もう一つ，本書は，クリティカル・シンキングを共通点としながらも，認知心理学，論理学，哲学，社会学，社会心理学などの専門的な学問領域のエッセンスに触れる役割も意識している。すなわち，本書を入り口として，それぞれの学問の面白さを知っていただきたい。もちろん入門的な位置づけであるため，たとえば認知心理学に興味を持たれた方にはもの足りない面もあるかもしれない。そんなとき，ぜひ「もっと知りたい」と思っていただければ幸いである。それに応える豊富な資源は専門の学問の中にある。本書を一つのきっかけとして，一人一人の学びの世界を広げていくお手伝いができれば，著者としてこれに勝る喜びはない。また，そうした学びの取り組みこそが，さらに一歩進んだクリティカル・シンキングの実現に貢献しうるものなのである。

2022年11月

菊池　聡

目次

1 | クリティカル・シンカーになろう

菊池　聡

《**目標&ポイント**》　現代の社会を生きる私たちは，まさに情報の洪水の中に
いる。いったい何が信頼でき，何が疑わしい情報なのか，判断に迷い途方に
暮れることもしばしばある。そんな時に，ぜひ活用したい「より良い思考」
がクリティカル・シンキングである。この思考を形作るのは，哲学や論理
学，心理学，社会学，国語学といった幅広い学問からもたらされた，より良
く考えるスキルの数々である。この思考技法の体系的な習得は，人生におけ
るさまざまな可能性の開拓につながるに違いない。
　ではクリティカル・シンキングとは，いったいどのような思考なのだろう
か。さっそく，さまざまな観点から考えてみよう。
《**キーワード**》　批判的思考，メタ認知，省察

---

1. より良い思考としてのクリティカル・シンキング

（1）クリティカル・シンキングとは何か

　私たちは，日々「考え」続けている。仕事でも日常生活でも人間関係
でも，次々と出会う出来事に解釈と判断を行い，新しい行動や認識につ
なげている。日々の行動をより適切で確実なものにするため，情報を正
しく選択・評価するための思考力は，私たちにとって欠かすことができ
ない。
　本書のテーマは，誰もが日常の中で実行している意思決定や問題解決
を，どのように改善していくか，というきわめて実践的な取り組みであ
る。そして，そのために活用するのが，多様な学問領域の研究者や実践

家が築きあげてきたクリティカル・シンキング（critical thinking）と呼ばれる統合的な思考の技法である。

　クリティカル・シンキングとは，さまざまな情報をその前提を含めて明確に適切に読み取り，またさらなる探索を行い，それらの土台をもとに合理的な推論を行って結論を導出し，そして，そこから具体的な問題解決につなげていく訓練された思考である。そしてこの思考は，私たちの未来を切り開く諸能力（高次リテラシー）の基盤として不可欠なものである。

　これからこの思考を学ぶ前に，まず二つの注意点を指摘しておこう。

　一つは，この思考は汎用的な「より良い思考」に位置づけられるものの，その具体的な定義は，領域や研究者によって多少の違いがあり，現在も議論が続けられていることだ。世の中には数多くの異なるクリティカル・シンキングのあり方が提唱されており，どれが絶対的に正しい，と決められているわけではない。本書では，これらを依拠する学問や実践現場の違いという複数の切り口をもとに多面的にとらえていく。

　もう一つ，この思考は「critical＝批判的」という意味から，批判的思考と訳されるが，これは相手を否定したり非難や糾弾したりするといった意味での「批判」ではない。critical には，一般的な批判の意味はあるものの，重要な状況そのものや，そうした物事を注意深く見た上での判断も含意している。すなわち，偏見を持たずに吟味・評価していく思考である。

　たとえば人文系の学問では，歴史的資料や文芸作品を読む際に，自ら問いを立てて背景を含めて内容を吟味しながら，批評的に（時に懐疑的に）理解することをクリティーク（critique）やクリティカル・リーディングと呼ぶ。このように，クリティカル・シンキングには，情報を鵜呑みにせず，そこに隠れている暗黙の前提や認識の方法を含めて吟味

する前向きな「批判」があると考えていただきたい。

　その意味での批判的態度は，情報解釈に対してだけでなく，自らの思考を問い直し，経験を客観的に見つめ直す方向にも向けられる。アメリカの教育学・哲学者デューイは，自分自身の思考や行為を振り返って判断を保留する熟考的な思考（内省・reflection）こそ，学習の過程で非常に重要な要素だと指摘し，これを reflective thinking と呼んだ。これが20世紀にはじまる現代的な意味でのクリティカル・シンキング概念の起源の一つと考えられる。一方，このデューイの主張に対して，教育学者エニスは，単に内省をしたとしても，それだけでは必ずしも適切な解決をもたらさないとして，命題を正しく評価する論理的評価が重要と考えた（論理主義）。こうした概念をめぐる初期の議論から，1980年代以降になると創造性や領域ごとの問題解決も取り入れられ，また他者への共感を含めた概念へと拡張させる提案もなされてきた。道田（2013）は，これらをふまえて，現在のクリティカル・シンキングの概念は，合理性（論理性），反省性（省察性），批判性（懐疑性）の三つのキーワードで特徴づけられるとしている。こうしたキーワードからは，「批判，内省，合理的」などの表現をご覧になると，ひたすら思考に沈潜して情報を処理する思考マシーンのようなイメージを持たれるかもしれない。しかし，クリティカル・シンキングは個人の内部に閉じた思考の技術ではない。対象をさまざまな角度から多面的に見る姿勢を通して，新しい解決案を創造的に作り出していく能動的な思考がそこにある。目的に鑑みるなら，協働的に他者とコミュニケーションを取りながら，他者の多様な視点を取り入れつつ情報を吟味して解決につなげていく開かれた思考のありかたとも言える。

　こうした定義の問題については，第10章や参考文献（道田（2003）や吉田（2002），樋口（2013））で詳しく論じられているので参考にしてい

ただきたい。

（2）クリティカル・シンキングがなぜ必要なのか

　クリティカル・シンキングの起源は，形式論理学の基礎を作ったアリストテレスをはじめとした古代ギリシャ哲学に求められる。さらにデカルトやベーコンといった歴史的な哲学者たちによる考察の積み重ねがクリティカル・シンキングの諸要素を形作ってきた（哲学的な背景は第5章で詳しく解説する）。

　現代のクリティカル・シンキングの概念や教育は20世紀以降に徐々に形成され，アメリカで定着したのは1930年代後半以降とされる。その背景としては，西欧で民主的な市民社会が形成され，大衆教育が普及するとともにマス・メディアの発達によって市民が利用可能な情報が著しく増加したことがある。自由と民主主義の実現のためには，市民の側にも主体的に考えて賢明な選択をする能力が欠かせない。こうした社会的要請から，特に北米や英語圏の教育ではクリティカル・シンキングが積極的に取り入れられ，さらには特定領域の知識伝授に限定されない教育目標として，さまざまな教科教育や教育活動の中にも組み込まれていった。

　そして，20世紀末から21世紀に入って情報化社会は急激に発展し，流通する情報量の爆発的増加が起こり，社会にかつてない変化が次々と引き起こされた。この社会状況が広く市民にとってのクリティカル・シンキングの必要性を高めつつある（**図1-1**）。

　情報化社会とは，単にコンピュータ・ネットワークの発達に特徴付けられる技術的な話ではない。情報の集積・流通・発信の飛躍的な増加は，社会構造や人々の考え方自体の変容を加速する原動力になる。

　たとえば，新しいネットワーク技術の浸透は，集権化・マス化されて

14

図1-1　高校の倫理教科書で取り上げられる「情報化社会において必要と
される能力」としての「クリティカル・シンキング」の例
（「高等学校　改訂版　倫理」第一学習社）

　いた社会構造を，分散化・個別化に向かわせた。情報消費がテレビや新
聞などのマスメディアから，パーソナルなインターネット・コミュニ
ケーションへ移行しているのはその例である。こうした変化は，社会の
多様性（ダイバーシティ）や多文化共生を促す力となる。さらに個人が
世界につながる情報環境を手に入れたため市民の力は相対的に強まり，
個人の自由な意思を尊重するリベラルな社会の形成を加速した。こうし
た情報が持つ力は，独裁国家で見られるインターネット利用制限によく
現れている。
　その一方で，社会の多様性やリベラル化の実現は，多くの人のよりど

ころとなっていた宗教，政治，伝統文化といった規範や，身近では性別，家制度や父権などの権威の力を相対的に低下させた。これは，人生のさまざまな選択において，誰かが決めたレールに乗るのではなく，自己決定すべき選択機会の増加を意味する。リベラルで平等な社会では，どのように生きるかを自分で決める権利を持つがゆえに，その選択の責任をある程度負わざるを得ない。近代以降，徐々に進行してきたこうした社会の変容は，高度情報化社会によって一気に拡大し，それが私たちにとって「より良く考える」技法の必要性をさらに高めているのである。

　また，情報化社会の進展は，国境に制約されない産業のグローバル化を促し，物質産業から知識経験産業へ重心が変化しつつある。これに応じて，多くの職業では高度化・専門化された教育訓練が必要となってきた。近年の AI 活用による労働の置き換えや，DX（デジタル・トランスフォーメーション）の希求は，こうした流れをさらに加速していくと予測される。しかし，変化に対応すべき「学び」の現場は，いまだに20世紀型の社会や産業に最適化された教育から脱しきれていない部分も多い。これを教育の危機としてとらえ，産業界を中心として組織された国

表1-1　ATC 21S が提唱した21世紀型スキル

1	思考の方法	創造性と革新性，クリティカル・シンキング・問題解決・意思決定，学び方の学習・メタ認知
2	仕事の方法	コミュニケーションと協調
3	仕事のためのツール	情報リテラシー，情報通信技術（ICT）リテラシー
4	市民生活	地域と地球規模の市民性，人生とキャリア設計，異文化理解と適応能力を含む個人的責任および社会的責任

際的な教育プロジェクト ATC 21S（Assessment and Teaching of 21st
Century Skills）は，21世紀に活躍する人材が身につけるべき「21世紀
型スキル」を提唱している。**表1-1**に示すようにクリティカル・シン
キングは，その主要スキルとして位置づけられている。

　もう一つ，クリティカル・シンキングが必要となる背景には，私たち
を脅かすリスク状況の変化も指摘できる。新しいテクノロジーの普及は
生活を便利で快適なものにしたが，テクノロジーは高度化・複雑化し，
その実相が見えにくくなり，暴走すると市民生活や環境に甚大な影響を
もたらすようになった。さらには地球規模の気象変動や巨大自然災害，
環境汚染，感染症から身近な健康問題に至るまで，市民生活を取り巻く
リスク情報に私たちは翻弄されている。これらを適切に判断できること
は，私たちの生命や財産を守る上で必須の要素になるのである。

　リスクについての思考は，こうした個別のリスク情報の適切な吟味・
解釈にとどまらない。私たちにとって最大のリスクは「変化に対応でき
ないこと」であり，変化に対応できる意思決定方法の習得こそ，最大の
リスクヘッジになるのである（瀧本，2011）。

2．クリティカル・シンキングの諸側面

（1）領域固有性と領域普遍性

　クリティカル・シンキングには領域普遍性と，領域固有性の二つの側
面がある。クリティカル・シンキングを教育目標として明示する分野
は，哲学・論理学だけではなく，国語や英語教育，看護学，心理学そし
てビジネス教育など多岐にわたるが，これら異なる領域で共通する普遍
的なクリティカル・シンキングの要素にはどのようなものがあるのだろ
うか。この問題についてアメリカ哲学会が1987年に哲学・教育学・社会
科学・自然科学といった広い領域のクリティカル・シンキングの専門家

表 1 - 2　クリティカル・シンキングの中核的思考スキル（Facione, 1990）

・解釈（Interpretation）	カテゴリー化する，重要な意味を読み取る，意味を明確にする
・分析（Analysis）	アイディアを試す，議論を確認する，議論を分析する
・評価（Evaluation）	主張を査定する，議論を査定する
・推論（Inference）	証拠に疑問を持つ，別の選択肢を推測する，結論を引き出す
・表現（Explanation）	結論を表明する，手続きを正当化する，議論を示す
・自己制御（Self-regulation）	自己分析，自己修正

　46人によるデルファイ法を用いた検討を行っている（Facione, 1990）。デルファイ法とは，専門家の意見を別々に求めて集約した上で，それをフィードバックし，それをもとにさらに個別の意見を出すプロセスを繰り返して見解をまとめていく意見の収束法である。その結果，クリティカル・シンキングの共通要素は，6つの中核的な思考のスキルに集約された（**表 1 - 2**）。

　この表を見ると「分析」や「推論」といった思考自体のスキルだけでなく，「表現」や，これらを通した「自己制御」も多くの領域で共通していることがわかる。ただし，**表 1 - 2** の中でも領域によって重視されるスキルは異なり，またさらに別のスキルが必要とされる場合もある。

（2）テストで測られるクリティカル・シンキング

　クリティカル・シンキングのスキルを測定するために，さまざまな形式のテストが開発されているが，択一式の「ワトソン・グレイザー・

クリティカル・シンキング・テスト（WGCT：Watson Glaser Critical Thinking Appraisal)」や，コーネル・クリティカル・シンキング・テストなどが広く使われている。

　WGCT では表1-3に示した複数の下位尺度でスキルを測定する。たとえば推論の妥当性についての1．の設問では，事実を述べた問題文と，そこからの推論を述べた文が示される。解答者はその推論の確かさを，真—たぶん真—材料不足—たぶん偽—偽の5段階に評定して，そこからクリティカル・シンキングのスキルを測定する（日本語版，久原・井上・波多野，1983)。

表1-3　ワトソン・グレイザー・クリティカル・シンキング・テストによって測られるスキル（Watson-Glaser Critical Thinking Appraisal-UK Edition）

1	一連の事実から引き出される推論の妥当性を評価する能力
2	暗黙の前提，仮定を特定する能力
3	推論：ある結論が情報から必然的に導かれるかを評価する
4	演繹：与えられたデータに基づく一般論や結論が有効かどうかを決定し，証拠を考察する
5	論理的解釈：実際の問題に対する強力で適切な議論と弱く不適切な議論を区別する

（3）態度・技術・知識の三要素

　クリティカル・シンキングは思考の技術（やそれを支える知識）といった認知的側面と同時に，その技術を使って考え，問題を解決していこうとする態度（傾向性）という情意的側面がある。前出のデューイ（p.12）は，内省的に熟考しようとする態度の方が，論理的推論に関する知識やスキルよりも重要だと指摘している。こうした諸側面について

の分類では，前出のテストの開発者であるグレイザー（1941）やゼック
ミスタとジョンソン（1997）は，クリティカル・シンキングに次のよう
な三要素があると指摘している。

　　態度：問題に対して注意深く観察しじっくり考えようとする態度
　　知識：論理的な探究法や推論の方法に対する知識
　　技術：それらの方法を適用する技術

　この態度を，特性（個人に特有な傾向性）としてさらに多面的にとら
え，優れた思考力を持つクリティカル・シンカーの10の特性をまとめた
ものが**表1-4**である。
　クリティカル・シンキングの態度が，実際にどのような構造を持って

表1-4　優れた思考力を持つクリティカル・シンカーの10の特性（性格）
（ゼックミスタ＆ジョンソンが，D'Angelo, 1971の案から作成）

1	知的好奇心	いろいろな問題に興味を持ち，答えを探そうとする
2	客観性	何事か決めるとき，感情や主観によらず，客観的に決めようとする
3	開かれた心	いろいろな立場や考え方を考慮しようとする
4	柔軟性	自分のやり方，考え方を自在に改められる
5	知的懐疑心	十分な証拠が出されるまでは，結論を保留する
6	知的誠実さ	自分と違う意見でも，正しいものは正しいと認められる
7	筋道立っている	きちんとした論理を積み重ねて結論に達しようとする
8	追求心	決着がつくまで考え抜いたり議論をしたりする
9	決断力	証拠に基づいてきちんと結論を下せる
10	他人の立場の尊重	他人の方が正しい場合は，それを認められる

いるのかを調べる広汎な調査も行われている。日本の大学生を対象とした研究（平山・楠見，2004）では，クリティカル・シンキングの態度に「論理的思考への自覚」「探究心」「客観性」「証拠の重視」の四つの因子が見いだされ，これをもとにした「批判的思考態度尺度」が作成された。その一つである「探究心」は，情報の評価段階で自分の信念と矛盾する証拠を受け入れる態度との関連が示されている。この態度尺度は，その後の研究で多く使われ，さまざまな心理特性や行動特性との関連性が明らかにされている。

3．クリティカル・シンキングの世界を探求する

（1）再度，定義について

　教育学者ロバート・エニス（Ennis, R）は，次のようにクリティカル・シンキングを定義した（Ennis, 1987）。

　　クリティカル・シンキングとは，何を信じるか，もしくは何をすべきかについて決定を下すことに焦点をあわせた，合理的で内省的な思考である。

　　Critical thinking is reasonable and reflective thinking focused on deciding what to believe or do.

　エニスの考え方自体も初期（1960年代）から変遷があり，この後も検討や修正が見られるが，多くの研究者に引用されるのがこの定義である。本書では，多様なとらえ方があるクリティカル・シンキングを，エニスの定義をもとに以下の三つの視点に整理して考えていくこととする（図1-2）。

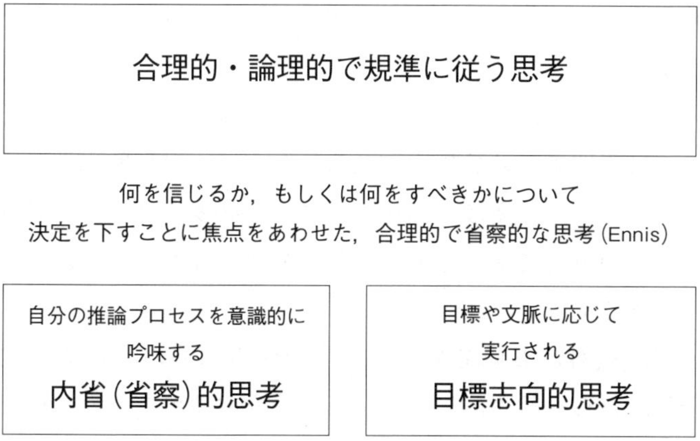

```
┌─────────────────────────────────────────┐
│         合理的・論理的で規準に従う思考          │
│                                           │
└─────────────────────────────────────────┘
```

何を信じるか，もしくは何をすべきかについて
決定を下すことに焦点をあわせた，合理的で省察的な思考(Ennis)

```
┌──────────────────┐   ┌──────────────────┐
│ 自分の推論プロセスを意識的に │   │  目標や文脈に応じて    │
│      吟味する       │   │    実行される      │
│   内省（省察）的思考    │   │   目標志向的思考     │
└──────────────────┘   └──────────────────┘
```

図1-2　本書で取り組むクリティカル・シンキングの三つの視点
（楠見（2015）を改変）

（2）視点1　合理的・論理的な思考

　第一の視点は，クリティカル・シンキングは，それが合理的な思考であり，根拠や理由となる規準（criteria）に従うことである。この規準とは，合理的な判断のための評価軸であり，明瞭さや正確さ，妥当性や深さを備え，主張や信念に公平な理由付けを行えるものである。たとえば，公共性のある政策決定の場などで，特定の主張の根拠が一般の科学知識に反するものであれば，それを容認することは合理的とは言えない。こうした規準になるのは，科学だけでなく論理学や数学，統計学などが代表的なものであり，いずれも，客観的で共有可能，脱文脈的に適用できる。

　中でも重要な規準とされるのが「論理」である。論理学は，アリストテレスから現代に至るまでは正しい（妥当な）論証や議論はどのような形式を持つかを分類整理し，体系化してきた。この「論理」にしたがっ

た主張や推論になっているかどうかが，クリティカル・シンキングの基本中の基本である。

とはいえ「論理」は，大学で学ぶ論理学に特有なものではなく，多くの人がすでに高校までの数学や国語教育の中で，論理的思考の訓練を受けているはずだ。たとえば，高校数学では，必要条件と十分条件，命題の真偽，集合の包含関係，逆・裏・対偶の区別などを学ぶが，これらは論理学の基本である。

また，国語教育においても，言語表現から相手の論理的な主張を理解・評価し，自らも論理的に表現する技術が育まれてきた。中でも理由や結論と対応づけた論理構造の理解や表現がクリティカル・シンキングに直接かかわってくる。日本でクリティカル・シンキングの概念が早期から取り入れられたのは国語教育であり，その主要目的は「言語化された主張・命題の真偽，妥当性，適合性を，一定の基準にもとづいて判断し評価すること」とされている（井上，1989）。

ここで，「統計」規準に着目した実践例を一つ考えてみよう。私たちの意思決定において統計的なデータはしばしば判断のよりどころになる。しかしながら，規準として正しく運用するためには，情報の読み方のリテラシーも欠かせない。たとえば，近年，しばしば目にするのが代表値の解釈の問題である。総務省統計局による2021年家計調査報告によると，日本の二人以上の世帯での貯蓄額の平均値は1,880万円である。この額を聞いて，普通の日本の世帯であれば二千万円近い貯蓄がある，と考えるべきではない。このデータの分布は，図1-3のように歪んだ形になっており，実際には非常に貯蓄額の高いごく一部の世帯とほとんどない多くの世帯が存在する。こうした分布に着目して日本の世帯を代表する値を考えるなら，平均値だけでなく，最頻値は貯蓄ゼロ，中央値は1,104万円など，多面的に情報を評価する必要がある。

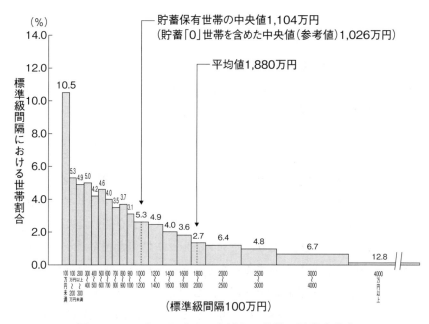

図1-3 日本における二人以上の世帯の貯蓄高分布
2021年（令和3年）総務省家計調査報告（貯蓄・負債額）
＊注：標準級間隔100万円（貯蓄現在高1,000万円未満）の各階級の度数は縦
　　　軸目盛りと一致するが，貯蓄現在高1,000万円以上の各階級の度数は
　　　階級の間隔が標準級間隔よりも広いため，縦軸目盛りとは一致しな
　　　い。

　「悪党たちは数字でウソをつく方法をすでに知っている。だから善良
で正直な人々も，自衛のためにそれを学ばなければならない」とは，統
計のウソに関する名著で知られるダレル・ハフの言葉である（ハフ，
1968）。統計データをクリティカルに読むスキル（統計リテラシー）は，
情報化社会を生きる私たちにとって，必須のものであり，また医療，政
策，教育が，実証的証拠にもとづいて（エビデンス・ベイスト）立案実
施されるためにも欠かせないものだ。これらは第2章でさらに詳しく取

り上げていく。

（3）視点2　実践的な思考

　第二の視点は，エニスの定義で言えば「何を信じるか，もしくは何を
すべきかについて決定を下すことに焦点をあわせた」という点に対応し
ている。

　つまり，クリティカル・シンキングは，論理学にせよ統計学にせよ学
問的な正解や解法を求める思考ではなく，現実の生活や仕事の中で，具
体的にどう判断しどう行動するかについての目的を持った（＝焦点をあ
わせた）実践的な思考なのである。たとえば人の話を聞いたり，文章を
読んだり，事実を観察したり，インターネット情報を読んだり，効果的
に自分の主張を表現したりする，などなどの多様な文脈で発揮されるべ
きものだ。前節の社会統計を適切に読むのもその一例であり，そこから
自分の決定（信じる・すべき）を導出していく能動的・主体的思考と考
えていただきたい。

　実践性から考えると，論理学は合理的規準の代表であっても，日常的
な推論では有効でない事態もしばしば起こりうる。演繹的推論を扱う論
理学は，あくまでも論理の構造が正しい（妥当な）「形式」になってい
るかを探求するものであり，その結論が現実の社会で受け入れられるか
を保障するものではない。その反省から，日常的な言語や推論を扱う非
形式論理学が派生した。これは日常的な議論や主張の評価・分析に主眼
を置いており，英語圏ではクリティカル・シンキングに広く取り入れら
れている（吉田，2002）。

　また，論理学を出自としながらも，「論理」を根拠から結論に至るつ
ながりの構造ととらえ，これを仕事や生活の場で活用できるように拡張
した教育コンテンツがいわゆる「論理的思考（ロジカル・シンキン

グ）」である。この概念は教育や実践現場で有益な思考方法として広く
受け入れられている。

　本書では，こうした目標志向的なクリティカル・シンキングを具体的
に考え，いくつかの実践例を取り上げる章を設け，それぞれ章題に「実
践」をつけ加えている。たとえば現代に生きる私たちにとって身近で重
要な課題になるのは，インターネット上の諸情報を適切に読み書きする
情報リテラシー（ICT リテラシー）の習得と言える。特に SNS などの
ネットメディアからもたらされる情報を，その意図や背景を含めて正し
く評価し，まぎれこんでいる意図的・無意図的な虚偽や不確実情報を識
別しなければならない。ネット上に流れるフェイクニュースは，私たち
が「何を信じるか，もしくは何をすべきか」について，時として深刻な
誤信や失敗を引き起こしてしまうことになる（第3章）。

　また，社会的な関心が高く，流通する情報の吟味の必要性が高いテー
マとして，健康や医療，食，メンタルヘルス，環境問題などの分野があ
る。これらをめぐって社会に流れる情報は玉石混淆であり，科学的証拠
を欠いた商品やサービスが多くの人に無批判に受け入れられている現状
がある（第14章）。さらに，巧妙化する特殊詐欺，悪質商法，マインド
コントロールを正しく疑って被害を回避したり，自然災害をはじめとし
た身の回りのリスク情報を適切に解釈する上でもクリティカル・シンキ
ングは重要な役割を果たす（第12，13章）。

（4）視点3　内省的・メタ認知

　第三に注目したいのは「内省的（reflective）な思考」である。reflec-
tion は「内省」や「省察」，「反省」，「熟考」と訳され，短慮や即断を避
ける思考態度としてデューイが重要視した概念である。「reflection＝反
射・反映」といった意味からうかがえるように，何かに自分の姿を反射

させるイメージで，自分自身の思考や行動を振り返り，省みて深慮する思考としてとらえられる。デューイによると（反省的思考は）「意図した結果を生み出す目的のもと，意味の認知に注意を十分に払い，また意味を効果的に使用し，自らの思考を意識的に統制して，そのように最大限の反省がなされて展開された思惟」とされる（藤井，1999）。この視点の重要性は，私たちの日常的な思考の大部分は無意識・無自覚に遂行され，思考はしばしば論理的な規準から逸脱する，という事実に対応する。つまり内省的なクリティカル・シンキングは，こうした人の無意識の偏った思考を自覚させ統制する役割を果たすのである。

　内省の概念を追究するために注目したいのが，認知心理学の知見である。認知心理学とは，知覚や記憶，思考などの知的な心の働き（認知，cognition）を一種の情報処理システムの働きとしてとらえ，その仕組みを科学的に解明しようとする研究領域である。その諸研究が明らかにしてきたのは，日常的な思考がどのように遂行され，どのような状況でどんな無意識の偏りを見せるのか，その促進や抑制要因は何なのか，などにかかわる知見の数々である。

　こうした心理学の諸成果を実践的な思考に役立てるアプローチ（心理学的クリティカル・シンキング）を本書では重点的に取り上げていきたい。たとえば，「認知バイアス」とは，認知情報処理が，さまざまな意味での規準とずれて，歪んだ・偏った処理を行う現象である。認知バイアスには，さまざまな種類が知られているが，たとえば第8章で取り上げる「確証バイアス」はその代表的なものだ。これは，私たちのデフォルトの思考は，多くの情報を公平に収集して分析するのではなく，自分の期待や知識を確証する情報に強い注意を向ける性質があることを多くの研究が示してきた。この知見はクリティカル・シンキングを実現する上で応用できる。すなわち，重要な判断をしようと思ったら，自分が

持っている暗黙の期待や仮説に認知が方向付けられる傾向を自覚して，実証的な証拠の質と量を冷静にとらえる必要がある。また，一つの仮説で対象を見るのでなく，複数の仮説を比較して評価するように心がけなければならない。特に欺瞞的な言説や勧誘などは確証情報ばかりで誘導する手口が使われるので，反証例を意図的に探そうとする試みが有効である。

　もう一つ，第9章の社会的認知の知見からは自分自身が当事者となる原因推論では自己中心的なバイアスが生起することが示されている。であれば，重要な意思決定にあたっては「これが自分ではなく，誰か別の人であればどう考えるか」「無関係の他人であればどんな情報に着目するか」，といった複数の異なる視点で考えるスキルの重要性が導かれるだろう。

　このように自分の思考を客観的にとらえる過程は「メタ認知（meta cognition）」と呼ばれる。メタとは「より上位の」「そのものに対する」といった意味の接頭辞で，メタ認知とは自分の認知活動をより高次の眼で客観的に認知する働きを指す。メタ認知は，内省の概念と広く重なっており，自分自身が持つバイアス，先入観，ステレオタイプ，無意識の誤謬にメタ認知の目を向けることは，より適切な意思決定を目指す上で大切な意味を持つ。このメタ認知については，最終章で効果的な学習を実現する（自己調整学習）の観点からも検討していく。

（5）統合的な思考としてのクリティカル・シンキングを目指して

　本章で見てきたように，クリティカル・シンキングは，単一の学問領域としてとらえられるものではない。すなわち，さまざまな学問の成果を活用・統合して，具体的な目的のために望ましい結果を得る確率を高めていく「統合的思考」と言える（楠見，2018）。

　本書では，ここまで概観してきた広汎なクリティカル・シンキングの概念とその実践可能性のすべてを網羅的に取り上げることはできない。そこで，伝統的な哲学・論理学からのアプローチ（4〜6章）と，認知心理学・社会心理学からの心理学的アプローチ（第7〜9章）を二つの軸として置き，さらに私たちがあたりまえのようにとらえている社会のありかたや現象を批判的にとらえる社会学の視点（第11章）やさらなるクリティカル・シンキングの拡張（第10章）も考えていく。

　こうした多様な学問の成果を知っていただき，そこからクリティカル・シンキング自体を多面的にとらえ，それらを皆さん自身の目標実現に役立てていただくことを願っている。

■学習課題

　表1-4に示した「優れた思考力を持つクリティカル・シンカーの10の特性」をもとに自分自身がどの程度あてはまるか評価してみよう。そして，自分自身にとって十分とは言えない特性があれば，それがどのように自分の意思決定や問題解決に影響を与えているかを考え，さらに，それらを伸ばしていく方法も考えてみよう。

参考文献

楠見孝・道田泰司（編）（2015）．ワードマップ　批判的思考　21世紀を生き抜くリテラシーの基盤　新曜社

ゼックミスタ，E．B．，ジョンソン，J．E．（著）宮元博章・道田泰司・谷口高士・菊池聡（訳）（1996）．クリティカル・シンキング入門篇：あなたの思考をガイドする40の原則　北大路書房

道田泰司（著）（2012）．最強のクリティカルシンキング・マップ　あなたに合った考え方を見つけよう　日本経済出版社

引用文献

Ennis, R. H.（1987）. A taxonomy of critical thinking dispositions and abilities. In J. B. Baron & R. J. Sternberg（Eds.）, *Teaching thinking skills: Theory and practice*（pp.9-26）. W H Freeman/Times Books/ Henry Holt & Co.

藤井千春（1999）．反省的思考の「五つの側面あるいは局面」について，日本デューイ学会紀要，40，9-14.

Facione, P. A.（1990）. Critical thinking: A statement of expert consensus for purposes of educational assessment and instruction（The Delphi report）.

Griffin, P., McGaw, B., & Care, E.（2012）. Assessment and Teaching of 21st Century Skills. Netherlands: Springer.（グリフィン，P.，マクゴー，B.，ケア，E. 三宅なほみ（監訳）・益川弘如・望月俊男（編訳）（2014）．21世紀型スキル―学びと評価の新たなかたち―，北大路書房）

樋口直宏（著）（2013）．批判的思考指導の理論と実践　アメリカにおける思考技能指導の方法と日本の総合学習への適応　学文社

平山るみ・楠見孝（2004）．批判的思考態度が結論導出プロセスに及ぼす影響―証拠評価と結論生成課題を用いての検討―　教育心理学研究，52，186-198.

Huff, D.（1954）. How to Lie with Statistics. W. W. Norton & Co., Inc（ダレル・ハフ（著）高木秀玄（訳）（1968）．統計でウソをつく法　講談社）

久原恵子・井上尚美・波多野誼余夫（1983）．批判的思考力とその測定　読書科学，27，131-142.

楠見孝（2018）．批判的思考への認知科学からのアプローチ　認知科学，25，461-474.

道田泰司（2013）．三つの問いから批判的思考力育成について考える　心理学ワールド，61，9-12.

三浦麻子（2016）．批判的思考と意思決定　楠見孝・道田泰司　批判的思考と市民リテラシー　誠信書房　pp. 153-169.

瀧本哲史（著）（2011）．武器としての決断思考　星海社

吉田寛（2002）．非形式論理学の初期の発展とクリティカル・シンキングの起源　京都大学文学部哲学研究室紀要：Prospectus，5，40-43.

Zechmeister, E. B. & Johnson, J. E.（1992）. Critical thinking: A functional approach.

Pacific Grove, CA: Brooks/Cole.　Ｅ.Ｂ.ゼックミスタ，　Ｊ.Ｅ.ジョンソン／宮元博章・道田泰司・谷口高士・菊池聡（訳）（1996‐1997）.クリティカル・シンキング：あなたの思考をガイドする40の原則（入門篇・実践篇）北大路書房

2 | 実践1 社会統計データを読む

菊池 聡

《目標&ポイント》 情報をクリティカルに吟味する実践例として社会調査*注で得られる統計データを取り上げる。広汎な調査から得られたデータには説得力があり，社会的にも個人的にも意思決定に利用される。しかし，それが一見客観的なデータであるがゆえに，そこに入り込む種々のバイアスに気がつかないと，大きな失敗につながる危険がある。

19世紀の英首相ディズレリの言として伝えられる言葉，「世の中には三種類の嘘がある。嘘，大嘘，そして統計」を教訓として，クリティカルな姿勢で調査統計データを適切に読むリテラシーを身につけていこう。
《キーワード》 因果と相関，擬似相関，サンプリングバイアス，出版バイアス

1. 調査データ自体にかかるバイアス　サンプリングの失敗

（1）測定と尺度，信頼性と妥当性

私たちは，対象の特性を理解するために「測定」を行う。測定とは，何らかの方法によって，対象の特性を数値や記号に変換して記録することである。たとえば，物体であれば長さや重さを測定し，気象であれば気温や気圧，人体であれば体重や脈拍などを測定し，それが人の意見や態度であっても，質問への回答や観察を通して測定できる。適切に測定されたデータは，独断的な推測や不十分な憶測に比べて，エビデンスとして説得力が高く，信頼が置かれるものである。

この測定の方法（ツール）を「尺度」と呼ぶ。社会調査や心理調査で

※注　世論調査とは，社会的な問題に対して多くの人の考え方を尋ねて統計学的な手法で明らかにするもの。社会調査とは，こうした世論調査を含む社会的なデータ収集であり，たとえば事例調査なども含む。アンケート調査は社会調査の手法の一つである。

は，しばしば質問項目を使った尺度が用いられる。まず，こうした尺度測定を理解する上で，「誤差」の概念と，測定の「信頼性」と「妥当性」を理解しておこう。誤差は測定の不確かさを表し，あらゆる測定値に程度の差こそあれ発生する。誤差は偶然誤差と系統誤差に大別できる。偶然誤差はランダムに発生するノイズであり，系統誤差は何らかの要因から系統的に生じるバイアスととらえられる。

　また，その測定尺度が有効かどうかは信頼性と妥当性という二つの指標で表される。信頼性とは，測定値が安定し一貫していることであり，測定値に占める誤差の相対的な大きさを示す。線の長さを測るのに，物差しを当てる方が目測より信頼性が高い（測定のたびに偶然誤差が少なく，安定している）。一方，妥当性とは，測りたい対象を測っているか，を表す。論理学の用語としての「妥当性」とは意味が違う。もし，重量を知りたければ「はかり」で測定すると妥当な値が得られ，いかに信頼性があっても物差しは妥当ではない。あらゆる測定においては，信頼性と妥当性の面からチェックが必要である。

図 2-1　　信頼性と妥当性の関係

（2）サンプリング（標本調査）のバイアス

　社会調査のために十分な数のデータを集めながら，そのデータが妥当性を欠いたために失敗した有名な事件を取り上げてみよう。

　1936年のアメリカ大統領選挙では，民主党のフランクリン・ルーズベルト候補と共和党のアルフレッド・ランドン候補が争った。それまで選挙予測に実績があった総合週刊誌『リテラリー・ダイジェスト』誌は，二百万人以上を対象とした電話調査を行いランドン候補の圧勝を予測した。一方，調査業界では新顔のジョージ・ギャラップが率いるアメリカ世論研究所は，三千の対象者からの回答を基にルーズベルト候補の勝利を予測した。そして結果はルーズベルトの圧勝。ギャラップの研究所は，後にアメリカの代表的な調査会社へと飛躍するきっかけとなった。

　なぜ，データ数にこれだけ差がありながら，予測が失敗したのだろうか？　大きな原因は，『リテラリー・ダイジェスト』誌は不適切なサンプル抽出によって有権者の意向を正しく反映するデータを得られなかったためと考えられている。調査対象となった同誌の読者は比較的知的な階層であり，また調査には電話加入者名簿も用いたとされるが，当時は電話の普及率が低く，経済的に豊かな人に偏ったサンプルが選ばれてしまったのである。一方，ギャラップの研究所は，人口や職業などのいくつかのグループを設定し，その規模に応じてサンプル数を割りあてて抽出するクォータサンプリング法を採ったのが勝因だったというのが通説である。ただし，当時の記録はかなりあいまいで経緯や方法については不明確で異説もある。実際には低い回答率も強く影響していると指摘されている（杉野，2006）。

　社会調査データは，通常は対象（母集団）全員ではなく，そこから抽出（サンプリング）された標本（サンプル）からデータを得る。サンプルは数が多ければいいというものではない。どれだけ母集団全体を代表

するサンプルを得られるかが，結果が一般化できるかを決める重要な過程なのである。

　ただ，この時は成功したギャラップの研究所だが，トルーマンとデューイが争った1948年の大統領選挙では予想を外してしまった。その原因は，クォータサンプリング法では，割り当てグループの中で調査員が依頼しやすい比較的同質の層（この場合，高学歴層）にサンプルが集中したためと考えられている。

　こうした教訓をもとに，現在の重要な社会調査では，母集団のすべての構成員が同じ確率で抽出される単純無作為抽出法や，母集団を分割してそこから抽出される層化無作為抽出法などのランダムサンプリングが行われるようになった。ランダムなサンプルとは，「適当に」集めることとは違う。現実にランダムなサンプルは簡単には得られないため，乱数を使うなどして人為的にランダムなサンプルに近づけていく。こうした手順を踏んで，サンプルから全体への一般化が可能になるのである。

（3）調査データは欠落する

　調査者がランダムサンプリングの手間やコストを省くと，結果として妥当性の低いデータとなって不適切な結論に至る可能性が高い。

　わかりやすい例としてはテレビの街頭インタビューがある。制作者側は，通行人をランダムに選んでインタビューしているつもりでも，実際には強いバイアスがかかってしまう。回答者はその時間にそこに通りかかることができ，そして回答の意思がある人しか選ばれない。同じく，募集に応募して来た人のみがサンプルになる応募法，紹介者から紹介者をたどるスノーボール・サンプリングなどは，サンプルの偏りが生じる可能性の高い調査法である。

　こうした状況を一般化して言えば，公平に対象者を調査しているよう

でいて，実は何らかの選択過程を通過できたサンプルのみを観察していることになる。これはデータの「選択バイアス」と一般に呼ばれる。もしくは欠落したものが見えなくなるという意味で，広義の「生存者バイアス」と言える。問題は選択がランダムに起こるのではなく，特定の性質を持つサンプルのみが欠落してしまう点だ。しかも欠落サンプルは見かけ上は分析に現れないので，これに気がつかない場合が多い。

　社会調査で典型的な選択バイアスは「回収率が低い」調査で起こる。たとえばランダムな電話番号に電話をかけて回答を依頼する RDD（Random Digit Dialing）方式は，政党や政策の支持率調査にも使われて，しばしば報道されるのでおなじみだろう。この RDD では機械的にランダムに選んだ電話番号に電話するために，最初に母集団の完全な名簿を入手していればランダム性は保障されているように見える。電話を持っていない人は調査対象にならないのは『リテラリー・ダイジェスト』誌の例と同じだが，現在ではほとんどの家庭に電話は引かれているだろう。ただし，この調査の電話を取れるのは，日中に家にいる人のみである。ということは，勤め人や大学生が欠落し，逆に専業主婦や定年退職後の人，高齢者の割合が不当に多くなる。さらに突然の電話で正直に調査に応じるのは，その問題に関心を持っていて，自分の意見表明に価値があると考えている人（そして時間的余裕もある人）だけだ。この回答の手間によって生じるバイアスは，郵送調査でさらに強く表れる。一方，インターネット調査では回答は楽であっても，当然アクティブなネットユーザーにサンプルが限られ，多くの高齢者が欠落してしまう。

　極端な例としては，テレビの討論番組などで一般の視聴者の意見をネットやデジタル放送の双方向機能でリアルタイムに集計する場合である。視聴者の生の声を即座に数値で示し，その結果は市民の声だという前提で番組が進行していく。言うまでもなく，リアルタイムでその番組

を試聴しているごく限られた層の中でも，その問題について関心を持っていて，意見を表明したい人の意見に偏ってしまう。

（4）考えてみよう

次の例題では，サンプルにどのようなバイアスがかかり，それが結果にどのような影響を与えているか考えてみよう。

例題

ある経済団体が，著名人を輩出している A 大学の卒業生の経済状態を調べようと考えた。正確を期すために卒業生名簿を用いて，卒業生すべてを対象にアンケートを発送して年収の調査を行った。その結果，A 大学卒業生の平均年収が，一般的な同世代の年収よりも高いことが明らかになった。このエビデンスをもとに，A大学は自学が優れた卒業生を送り出していると宣伝している。

標本調査の観点から，この調査の妥当性について説明してください。

回答例

回収率が明記されていないためにはっきりと結論づけられないが，卒業生全体に郵送しているとしても，卒業生全員に届いて，さらに全員が回答していることは考えがたく，特定の人たちがサンプルから欠落している可能性が高い。

たとえば，郵便が届くのは住居をはじめ生活の基盤が出来ている人であり，住所不定や行方不明になっている人がいるとすれば，欠損サンプルとなる。こうした層の収入は低いことが予想されるため，残ったサンプルの平均値は全体として高めに偏る可能性がある。

　ビジネス誌などで目にするビジネスリーダーたちは，自分のビジネスの成功要因について，当事者ならではのリアリティあふれる見解をさまざまに述べている。もちろん，そうした成功の秘訣はビジネスパーソンの貴重な指針となるだろう。しかし，そこにはかなり強い生存者バイアスの存在を考えなければならない。毎年のように数限りないビジネスが立ち上げられても成功するのはごく一部であり，ほとんどが表舞台から消え去っている。市場から退場した企業もひょっとしたら同じことをやって失敗したのかもしれない。だとすれば，上記の成功要因はかなり疑わしいものになる。

　もう一点，この例題のように年収を自己報告させた場合，回答者が意図的にせよ無意図的にせよ社会的に望ましい方向に内容をゆがめて回答する可能性が高い。多くの調査では，誰でも自分をより良い者として回答したい評価懸念のバイアスがかかるのである。このバイアスについては，2016年のアメリカ大統領選挙でのドナルド・トランプ氏の勝利をほとんどの世論調査が予想できなかった一つの原因と考えられている。トランプ氏はアメリカの多くのマスコミから政治家としての資質を疑われていたため，マスコミの論調がトランプ氏やその支持層を過小評価していた。そのため有権者は社会的に受け入れられやすい意向を答えながら実際の投票行動はそれと異なる「隠れトランプ支持」が生じた可能性が指摘されている。

（5）さらに生存者バイアスをクリティカルに考える

　欠落を免れたサンプルのみが観察対象となって生じる誤認識の例として第二次世界大戦中の逸話に次のようなものがある。

　米英の爆撃機が，ドイツ本土をくり返し爆撃したが，強力な対空砲火や戦闘機の反撃で機体は穴だらけになった。被害箇所は，機体の胴体や

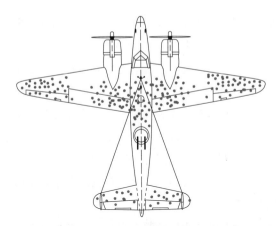

図2-2　被弾して帰投した爆撃機の弾痕箇所の概念図

主翼端に集中しており，軍当局はここに強力な装甲を施そうと考えたのである。しかし，飛行機の被害の統計的分析に取り組んでいた数学者エイブラハム・ヴァルトは，ほとんど被害を受けていない箇所（エンジンや操縦席付近）こそ，装甲が必要だと主張したとされている。胴体が穴だらけになった機体は，それでも基地まで帰投している。しかし，それ以外の部分に被弾した機は，そもそも基地に帰投すらできなかったのである。

　心理学の研究についても，「心理学は大学2年生の行動を調べる科学になった」という言葉が，反省をこめて語られている。心理学の研究ジャーナル6誌に掲載された4037本の研究論文を調べたところ，その研究サンプルの68%がアメリカ在住者であり，96%がアメリカを含む西側先進国在住者であったことが明らかにされた。しかも社会心理学の主要学術誌では，アメリカのサンプルの67%（その他の国のサンプルの80%）が，心理学コースの学生のみを調査対象者としていた（Arnett, 2008）。これは，心理学や経済学，その関連分野（大きく行動科学と呼

ばれる）においては，実験や調査を行う研究者が，最もデータを集めや
すい手近な心理学専攻の大学生を調査や実験の対象者とするために，こ
うした偏りが起こるのである。その結果，比較的若く知的程度が高く，
西欧の価値観を当たり前と考える対象者，すなわち WEIRD（Western,
Educated, Industrialized, Rich, Democratic）と呼ばれる人の心理が，
人間一般に共通した心理として報告されてしまう（WEIRD は奇妙なと
いう意味もある。Henrich, Heine & Norenzayan, 2010）。

　あえて言えば，人の基本的な心理にはどのような集団でも大きな違い
がないと仮定すれば，こうした偏りはそれほど問題にはならない。しか
し，そうした仮定が疑わしい文化，感情や性格などの領域での心理特性
について，こうした偏ったサンプルデータは一般化が難しい。これは
「再現性の危機」の問題として第14章でもあらためて取り上げる。

（6）サンプルをクリティカルに考える

　社会調査データを読むさいに，サンプルの数は気にしても，そのサン
プルがどのように選ばれているのかに注意を払う人はあまりいない。し
かし，この点こそ，クリティカル・シンキングの要諦とも言える。何ら
かの理屈でサンプルの抽出に選択が働くと，（それ自体はもっともな理
由があったとしても）その抽出手続きや基準の違いによって結論は全く
変わってしまう。そうした中から，主張者は自説に都合の良い結果のみ
を選択して，自説の根拠付けに利用できてしまう危険がある。

　このような統計データを適切に読むための指針として，よい統計には
作成に用いた方法についての情報が添えてあり，他の人が調査を再現で
きるように配慮され，開かれたものになっている必要がある（ベスト，
2011）。

2. 正しく測定できているのか

(1) 調査項目のワーディング

　社会調査では，意見や態度，行動などを測定するために，あらかじめ用意した質問への回答（選択肢や段階評価，自由記述など）を求めることがしばしばある。この「質問」の言語的な性質にもクリティカルな目を向ける必要がある。調査者にたとえ作為がなかったとしても，質問の表現や回答選択肢の構成，回答の方法などに起因するさまざまなバイアスが生じる可能性があるからだ。

　たとえば，質問にあいまいな表現を含むと，調査者の意図が正しく伝わらない。就職面接で「あなたはパソコンを使いこなしていますか？」と聞かれて，ゲームをしたことがあるので使っている（YES）と答える人と，プログラムがうまく書けないのでとても使えているとはいえない（NO）と答える人は，どちらが使えているだろうか。同じく「最近の……についてどう考えますか」「若い人々の間で流行っている……」などと言った場合，「最近」「若い」の受け取られ方には，世代によって大きく差がある。同じく，特定の層にしか通用しない専門用語や新語，横文字言葉にはこの危険がある。こうした質問への回答は，信頼性・妥当性を欠いたものになる。

　こうしたワーディングで生じる問題としては，言語表現には話者の意図が暗黙のうちに必ず入り込むことが挙げられる。たとえば，改憲の是非についての質問として，憲法を変えることを「改正」もしくは「改悪」と表現すると，質問の中にすでに「正しい」「悪い」が含まれてしまうことになる。このように評価を含む修飾語を，誤謬論では「予断修飾語」といい，これは「充填された語（loaded language）」論法という不適切な論法の一つである。ただし，あらゆる言語表現は，その内容

や文脈によって特有の意味を含意しうるので，このバイアスの完全排除
はできない。その一方で，言語のあいまいさを利用して恣意的な調査結
果を導けることも覚えておきたい。

（ 2 ）誘導的な項目

　一つの質問の中に，2つ以上の論点を含んでいるのがダブル・バーレ
ル質問（double barreled question）である。
　たとえば「あなたはお父さんやお母さんが好きですか」「あなたは同
世代の中ではファッションやレジャーに金をかける方ですか」といった
質問には答えようのない人もいる。しかし，それ以上に問題なのは，こ
の複数の要素が，誘導的な機能を果たしたり，特定の質問への暗黙の容
認となったりすることである。たとえば「社会に大きなリスクをもたら
す原子力発電に反対ですか」といった質問では，まず原子力発電は危険
だとする前提を置いて，その上で賛否を問う二重の構造になっている。
前提に反対する人が答えられないだけでなく，ある前提に沿って考える
よう誘導して意図的な回答を引き出せる。
　これも誤謬論では「多問の虚偽」と呼ばれるものであり，論理的には
「Aであり，なおかつBか？」という構造になっている。これではBに
ついてのみ答えるつもりでAを肯定してしまう。ミステリー小説など
で，容疑者をひっかける誘導尋問でおなじみでもある。

（ 3 ）項目や選択肢の配列

　ダブル・バーレル質問と似た効果があるのが，複数の質問項目の配列
である。順番の最初の方で行う質問で回答者に一定の構えを誘導してお
くと，それに続く項目への回答に影響を及ぼすことができる。これは，
キャリー・オーバー（carry-over effect）効果や順序効果と呼ばれる。

これを防ぐためには，質問や選択肢の配列は，カウンターバランス（相殺）したり，ランダマイズしたりするのが望ましいが，これは調査コストを上昇させてしまう。

　また，調査テーマについて明確な態度を持っていない対象者の場合，「そう言われれば，そう思う」といったように，質問に素直に肯定的に反応する黙従傾向が生じる可能性がある。これを防ぐために，ある態度が反映すれば肯定回答する項目と，否定回答する項目（逆転項目）を混在させる必要がある。

　選択肢の構造によっても回答が左右される可能性がある。同一の内閣の支持率を同時点に三通りの異なる選択肢で比較した研究（平松，1998）では，二択とした調査Aでは30％の支持率となるが，C調査の「続くのがやむを得ない」を消極的支持と解釈すれば，支持率は59％に

表2-1　　内閣支持率を異なる選択肢で調査した研究　平松（1998）

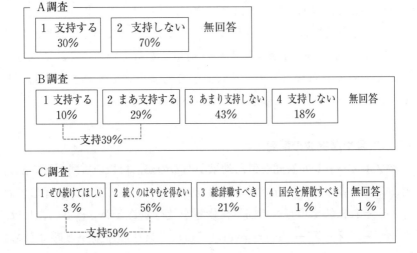

あなたはM内閣を支持しますか？

A調査
| 1 支持する 30% | 2 支持しない 70% | 無回答 |

B調査
| 1 支持する 10% | 2 まあ支持する 29% | 3 あまり支持しない 43% | 4 支持しない 18% | 無回答 |

----支持39%----

C調査
| 1 ぜひ続けてほしい 3％ | 2 続くのはやむを得ない 56% | 3 総辞職すべき 21% | 4 国会を解散すべき 1％ | 無回答 1％ |

----支持59%----

なった。こうした傾向は 2 年後に別の内閣を対象に行った同様の調査で
も，やはり A 調査と C 調査では42％と71％となって，大きな差が生じて
いた。

　いくらデータを集めても，質問の選択肢の立て方一つで，結果は変わ
るし，意図的に変えられる。おそらく新聞の見出しは，その政治的立場
によって「内閣支持率，わずか30％」「内閣支持率， 6 割にせまる」と
全く違う論調の表現になるだろう。ふだん私たちが社会調査に触れると
きには，こうした調査項目の細かい情報には注目しないし，またそもそ
も非公開のものも多い。だからこそ，こういったところに調査者の「結
論ありき」の態度からのごまかしや誘導が入り込む余地がある。

3．相関と因果関係の理解

（1）相関係数の基本

　調査データは，平均値や度数などの基本的な統計量で表されるだけで
はなく，二つ以上の測定値（変量）の関係性として示されることもあ
る。量的な 2 変量の関係性を表す指標がピアソンの積率相関係数(r)で
ある。これは高校数学 I の「データの分析」で扱うので，ここでは基本
事項のみ簡単に復習しておこう。

　相関係数はマイナス 1 からプラス 1 の範囲の値を取り，値の正負が相
関の「向き」を表し，絶対値が相関の「強さ」を表す。たとえば，試験
勉強に費やした時間 X と試験の成績 Y の間には関係が見られるだろう。
X と Y をそれぞれプロットして散布図を作れば，それぞれのデータは，
図 2 - 3 のように分布する。関連性が強ければ強いほど，この分布は狭
くなり，完全な予測ができれば一次直線になる。一方，向きはその傾き
に現れる。勉強と成績のように片方が増加するともう片方も増加する
正の共変関係があれば，分布は右上がりになり，片方が増えるともう

44

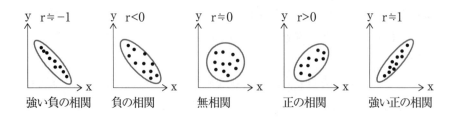

図 2-3　二つのデータの散布図と相関係数の値

片方が減る負の共変関係（相関係数がマイナス）であれば，右下がりになる。両者に全く相関がなければ，相関係数は 0 である。

（2）相関関係から，誤った関係を読み取る解釈の落とし穴

　相関関係は，数学的には変量 X と Y の直線的な共変関係を示している。この関係を正しく理解しないと，次の例のような誤った結論に至るかもしれない。

　よく売れているダイエット食品 A が本当に有効かどうかを調べるために大規模な調査を行ったとしよう。その食品を買った経験のある消費者に対して，その食品をどれくらい食べているか（X，消費量）と，その人の肥満度 Y を調査した。十分な数の偏りのないサンプルの調査を行ったところ，両者には正のやや強い相関が認められた（**図 2-4**）。つまり，食べる量が増える人ほど肥満が進むことをデータは意味しており，ここからは，この結論「ダイエット食品は逆効果」が得られた（実際に調べて見れば得られるだろう）。食品メーカーは頭を抱えたが，どこに問題があったのだろうか。

　一般にはダイエット食品を食べれば体重が減るはずである。しかし，データは逆の関係，すなわち食べる人ほど太っていく関係が右上がりの

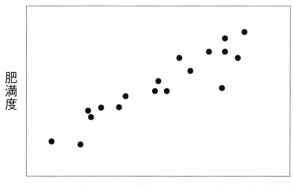

図 2-4　調査を行ったダイエット食品Aの消費量と肥満度の関係

散布図からも読み取れる。

　この矛盾は，相関関係から因果関係を（先入観から）読み取った失敗なのである。因果関係とは，原因によって，結果が生じる関係である。上記の因果関係の解釈は，ダイエット食品をとることが原因で→結果として痩せる・太る，ととらえられる。しかし，相関は二変量の直線的な関係を示しているにすぎない。つまり，食べると太るのではなく，それとは逆方向で，太っている人がたくさんのダイエット食品を食べる因果関係が表れている（可能性が高い）。ここでの研究仮説が「ダイエット食品の有効性の検証」だったために，食品を原因とする枠組みでデータを見てしまったのである。

　クリティカルに考えるために覚えておくべきは「相関関係は因果関係とイコールではない」ことである。この例のように，相関が事前の予測と逆方向の因果を反映する可能性が指摘できる例は多い。たとえば，健康への関心の高まりから，「毎日，お酒を適量飲む」「毎日散歩をしたり運動したりする」「食べ物をよくかむ」お年寄りが，「健康状態が良く，

長生きできる」といった類いのデータがしばしばメディアで取り上げられる。もちろん本当にこうした効果があるかもしれない。しかし，実際にそのエビデンスとなるデータでは逆方向の因果がどのように配慮されているかをチェックする必要がある。すなわち，健康状態が悪化している人は，そもそも運動や散歩ができず，お酒も飲めないかもしれないのである。

　ただ，逆方向の因果が正しい，と言っているのではない。相関と因果は異なる概念であるのに，私たちは相関関係があると，そこに自分の期待や知識に従って一方的な因果関係で解釈しがちなバイアスを持つことに注意すべきなのである。

（3）相関と因果

　現実の問題解決を念頭におけば因果関係の解釈は決定的に重要になる。正しく因果を把握すれば，「原因」を変更することで，「結果」を改善できる可能性が高くなるが，因果を読み間違えてしまったならば，それは問題解決の失敗に直結する。

　相関と因果の解釈で考慮すべきは，逆方向の因果だけではない。変量XとYの相関が見られたときに，そこにある因果関係は，次の大きく四つのパターンと，およびその複合が考えられる（図2-5）。

　現実の出来事は単一のパターンで説明できるものではなく，また因果も直接ではなく中間変数を介した間接的な要因を含め複数の原因が複雑な因果の構造を構成している場合がほとんどである。本章では，そこに含まれる典型的なパターンに絞って，基本的な注意点を把握していくこととする。

　まず，重要なのは，交絡要因とも呼ばれる（3）の第三の変数の存在である。

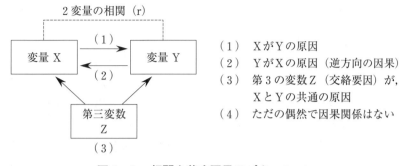

図 2 - 5　相関を著す因果のパターン

　わかりやすい例で考えてみよう。呼吸器系疾患の発生率Yが何と相関があるか（何が患者の増減と関係があるか）を調査したところ，家庭にある灰皿の数Xと強い正の相関が見られた。これをもとに，灰皿の数が患者を多くする原因なので，灰皿を除去すればいい，と考える人は……いないだろう。呼吸器を悪くした人が灰皿を買い込むわけでもない。疾患と灰皿を共に増やす共通原因として，第三の変数である喫煙習慣Zが背後にあると考えるのが適切である。

　このように見かけ上，XとYに相関があったとき，XとYに直接の関係が存在せず，その背後にある第三変数ZがX，Yの両方に影響を与えていることはしばしばある。このZは交絡変数や交絡要因とも呼ばれる。そして，この第三変数は，データとして明示的に得られていない・見えていない，そもそも測定されていない場合があり，それをクリティカルな目で見いださなければならないのである。これは原因を探し出す原因帰属推論の一種であり，人の認知バイアスの影響を非常に受けやすい。

　たとえば「毎朝，コーヒーを飲む人は，飲まない人に比べて，がんになるリスクが低い（毎朝のコーヒー摂取量とがん罹患率の間に負の相

関)」という信頼性のあるデータが仮に得られたとしよう。そのデータから，コーヒーはがんを抑制すると結論づけられるだろうか。もちろん，仮想のデータではあるが，この相関自体が正しいとして，どのような第三変数が考えられるだろうか。

　毎朝コーヒーを飲んでいる人の多くは，洋式の食生活習慣を持っている可能性が高く，そちらが原因かもしれない。そもそも，毎朝コーヒーを飲む人は，毎朝食事を摂っているわけで，規則正しく健康的な生活習慣を持っていることが原因かもしれない。何よりも，コーヒーを飲む習慣は若者に多いとすれば，コーヒーとがんの関係は，年齢という共通原因によってもたらされることになる。もちろん実際の研究では年齢の要因だけでなく種々の関係する要因を統制して分析する。ただし，こうした第三変数は非常に多く考えられ，すべてを測定や把握の対象にできない。仮に，分析者がコーヒーの売り上げを伸ばしたいと考えていて，その立場からデータを見れば，コーヒーを原因の位置に置いてしまうだろう。多面的な見方でこうした第三変数を考えていくことこそ，クリティカル・シンキングのスキルが問われる場面である。

　一般に，第三変数によって不当に高められた相関を，疑似相関（spurious correlation）と呼ぶ。もしくは，偶然生じた相関も含めて疑似相関とする場合もある。この豊富な例については，参考図書に挙げた谷岡一郎『社会調査のウソ』や菅原琢『データ分析読解の技術』をぜひ一読いただきたい。社会調査データは，さまざまな政策提言や社会的介入，行動変容の根拠になる。たとえば，暴力的なシーンを多く含むテレビ番組やテレビゲームに触れることが，子どもの成長に本当に悪影響があるのかという問題は，世界各国で研究がなされてきた。そして相関をもとにした研究では，実際に暴力的なシーンを多く見る子どもは，実生活でも粗暴な行動を多く取ることが示された。つまり，暴力シーンの視

聴と，粗暴な行動傾向に正の関係が見られたのである。この知見をもとにして，子どもが目にする暴力シーンの規制が行われている。表現の自由に反するこうした規制が社会的にも受け入れられてきたのは，この視聴→子どもの粗暴傾向という因果関係が受け入れられているからでもある。

　しかし，こうした相関研究には逆方向の因果や第三変数の影響も考えられることも指摘されてきた。すなわち，視聴が原因で粗暴な性格が強まるのではなく，粗暴な子どもが，暴力的なテレビやゲームを好んで見る可能性がある。また，暴力的なテレビを多量に見ることと粗暴な性格の共通原因として，親がこうした行為をともに放任している家庭環境があるとも解釈できる。仮に，こうした別の因果が強かった場合，表現の規制は意味をなさないことになる。

（4）因果関係を考える

　菅原（2020）は，因果関係を探るコツとして，現象の過程全体を俯瞰した上で，複数の現場，場面に分解して想像すること，関係する登場人物を想起しその立場になり変わること，直接的な要因の奥に間接的要因を考えること，思いついた要因からさらに連想することなどを挙げている。そして，分析の対象となる現象に対する理解が重要であることを強調している。また注意点として，単に交絡変数や逆方向の因果を指摘するのではなく，それぞれの因果関係の強さを評価しなければならないとしている。

　これらは，社会統計データから因果を考えるという前提であれば，避けて通れない問題である。第三変数がわかっている場合には，それをモデルに組み込む重回帰分析や，交絡因子を打ち消す傾向スコアマッチングなどの統計的因果推論の手法はある程度有効であるが，本来，調査や

観察で得られたデータからは因果関係の特定自体が困難なのである。因果関係を明確にする代表的な方法は，条件を統制して第三変数を除去する実験的方法である。すなわち，比較したい要因のみに注目し他を統制した介入実験によって因果関係を特定していくのが基本的な考え方である。たとえば，前述の子どもと暴力映像の場合，一定数の子どもたちをランダムに2群に振りわけて，片方の群には暴力的なシーンを視聴させ，もう片方の群（統制群）にはそうしたシーンを含まない映像を視聴させる。ランダムに群に割り当てたため，十分な数であれば，どちらの群も性格や家庭などあらゆる他の要因に差がない状況を作ることが出来る。これがRCT（ランダム化比較試験，Randomized controlled trial）の基本的な考え方である。しかし，実際にこうした実験の実施には多くの困難を伴い，倫理的な問題も生じる。そのため，RCTによらずに因果関係を追い詰める方法がいくつも考案されている。これらは科学的エビデンスの基本として，第14章であらためて説明する。

　こうした研究の積み重ねによってテレビやゲームの影響力は正当に評価されるようになった。現在のところ，コンテンツの内容そのものが及ぼす悪影響は，指標の取り方によるが，従来考えられていたほど強いものではないこと，ただし度を超すと悪影響が増えること，さらにはこうしたメディアにはポジティブな影響も多くあること，などが明らかにされつつある。これらの概略と，教育や経済分野での因果関係の研究法については，『学力の経済学』（中室，2015）がわかりやすく，参考にしていただきたい。

（5）因果関係を慎重に

　加えて，図2-5に挙げた因果関係のパターンの（4）「ただの偶然」も，決して軽視できない。人は無秩序の中からパターンを認識し，意味

づけることで世界を把握する認知特性を持っている。ただの偶然から関係性を読みとってしまうのは，人間の自然な性質と言って良いだろう。

　私たちがメディアなどを通じて触れる多くの研究データは，そこにどんな因果関係があるのかを強調しがちになる。原因と結果の説明は，状況を理解できるだけでなく，将来の予測や制御にとって重要な情報になるからだ。それのみか，専門の研究者であっても因果関係を実際以上に誇張することがある。イギリスの大学20校の生物医学系の研究のプレスリリースの四割前後で因果関係を誇張した表現が見られ，ニュース記事の八割以上が誇張した情報を伝えていたとする調査結果もある（Sumner et al, 2014）。

4．研究例　国際比較・地域比較にもとづく統計の落とし穴

（1）女性労働力率と出生率　サンプリングの問題

　最後に，大規模な国際比較・地域比較にもとづく社会統計と，その解釈の例を赤川（2004，2017）が提示している議論をもとに考えてみよう。

　21世紀になって使われた社会統計の一つに，「女性労働力率が高い先進国や都道府県ほど，合計特殊出生率が高い」ことを示すグラフ（散布図）がある。男女が仕事と子育てを両立する男女共同参画社会や，ワークライフバランス（仕事と生活の調和）が実現すれば，出生率の低下を食い止められることの根拠として，しばしば引用されてきた。確かにそのグラフ（**図2-6**）を見ると，相関係数 r =.55で両者に高い相関関係があるように見える。

　しかし，どの国を先進国として選ぶかによって，結果は全く変わってくる。2010年時点で OECD に加盟しているすべての国34カ国でこれらの関連性を見ると，図に見られるようにほとんど関連がないという結論

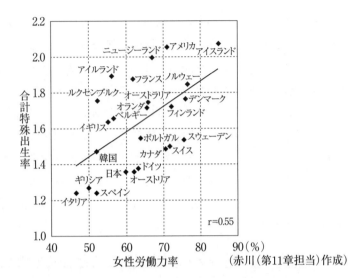

図2-6　OECD 24カ国での女性労働力率と合計特殊出産率「男女共同参画
会議・少子化と男女共同参画に関する専門会議」

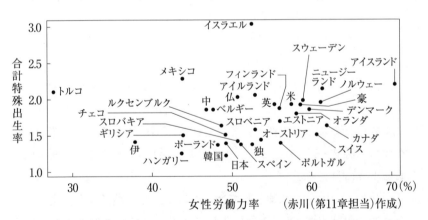

図2-7　OECD 34カ国を対象とした女性労働力率と合計特殊出産率

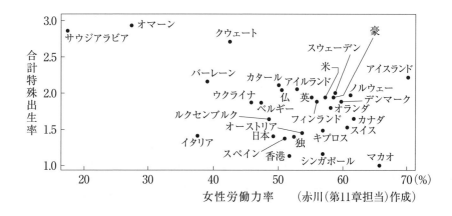

図 2 - 8　GNI（国民ひとりあたり総所得）3 万ドルを超える30カ国を対象とした場合

になる（ r ＝.176）。ここで OECD 加盟国にこだわらず一人あたり国民総所得 GNI 3 万ドルを超える30カ国を対象にすると，両者に明確な負の相関（ r ＝－.528）が見られるようになる。

　このように，分析対象となる先進国の基準が変われば，女性労働力率と出生率の関連について，異なる結論が引き出せることになる。

（2）女性労働力率と出生率　因果関係の問題

　次に都道府県別に見た女性労働力率と出生率の散布図を見てみよう。ここでは47都道府県すべてが選ばれており，サンプルが恣意的に選ばれているわけではないので，選択によって生じるバイアスは存在しない。散布図を見ると女性労働力率が高い都道府県ほど，出生率が高くなるという関連があるように見える。

　しかし，この散布図だけをもって，「女性労働力率が高いから，出生率も高くなる」という因果関係を認めてもよいだろうか。

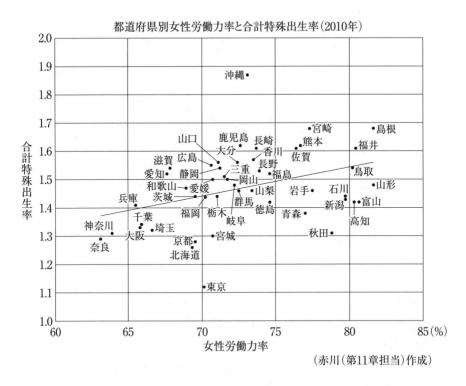

都道府県別女性労働力率と合計特殊出生率(2010年)

（赤川（第11章担当）作成）

図 2-9　都道府県別散布図

　本章で論じたように，相関関係があることは，必ずしも因果関係を意味しない。この例の場合でも，「女性労働力率が高いから，出生率も高くなる」という因果関係を複数の観点から疑ってみる必要がある。

　第一に，出生率が高い，すなわち女性が生む子どもの数が多いからこそ，女性が働きに出る，すなわち女性労働力率が高くなる」という，「逆の因果」が存在するかもしれない。一時点のデータだけでは，「女性労働力率が高いから出生率も高くなる」のか，「出生率が高いから女性労働力率も高くなる」のかは決定できない。

　第二に，女性労働力率と出生率の 2 つの変数以外の変数が，2 つの変数に同時に影響を与えている可能性がある。このような第三変数として，たとえば都市化がもたらす影響は強いと考えられる。ここで都市化を表す指標として，人口集中地区に人びとが居住している割合（人口集中地区居住比率，DID 率）を用いると，DID 率が高い都道府県は女性労働力率も，出生率も低くなる傾向が強い。ここには都市化が進んだ都道府県だから出生率が低く，都市化が進んだ都道府県だから女性労働率も低いという，2 つの因果関係が存在すると考えられる。仮にこの推論が正しいなら，一見存在するかに見えた女性労働力率と出生率の相関は疑似相関であるということになる。

■学習課題

　統計データの誤謬について，第 1 章（p.23）で紹介したダレル・ハフが次のような例を挙げている。

　アメリカ海軍が入隊募集の宣伝として，戦時中の海軍軍人の死亡率はニューヨークで生活する人の死亡率よりも低いことを強調していた。19世紀末の米西戦争でアメリカ海軍の死亡率は千人あたり 9 人，同時期のニューヨーク市の死亡率は千人あたり16人だったという。この数字が正確だとして，ここにどのようなトリックがあるのか，クリティカルに考えてください。

参考文献

菅原琢（著）（2022）．データ分析読解の技術　中央公論社
谷岡一郎（著）（2000）．社会調査のウソ　文春新書
中室牧子（著）（2015）．学力の経済学　ディスカヴァー・トゥエンティワン

56

引用文献

赤川学（著）（2004）．子どもが減って何が悪いか　筑摩書房

赤川学（著）（2017）．これが答えだ！少子化問題　筑摩書房

Arnett, J.（2008）. The neglected 95% : Why American psychology needs to become less American. American Psychologist 63(7) : 602-14.

平松貞実（著）（1998）．世論調査で社会が読めるか：事例による社会調査入門　新曜社

Huff, D.（1954）. How to Lie with Statistics. W. W. Norton & Co., Inc. ダレル・ハフ（著）高木秀玄（訳）（1968）．統計でウソをつく法　講談社

サンヌ・ブラウ（著）桜田直美（訳）（2021）．The Number Bias 数字を見たときにぜひ考えてほしいこと　サンマーク出版

杉野勇（2006）．1936年大統領選予測の実際—Literary Digest と Gallup 再訪，相関社会科学，15，55-69.

Sumner, P., Vivian-Griffths, S. & Boivin, J.（2014）. The association between exaggeration in health related science news and academic press releases: retrospective observational study. British Medical Journal, 349.

ジョエル・ベスト（著）林大（訳）（2011）．あやしい統計フィールドガイド　白揚社

3 | 実践2　インターネット情報を評価する

菊池　聡

《**目標＆ポイント**》　インターネット技術の発展は，社会や文化，政治経済，産業などに広範囲な変化を引き起こし，私たちの知的生産をめぐる環境を劇的に変えた。この新しい情報メディアを適切に使いこなせるかどうかが，より良い意思決定や問題解決を実現する鍵となる時代がすでに訪れている。

　インターネットの活用とは，単に情報機器やシステムの使いこなしという技術的な問題ではない。求められるのは，インターネット上の情報に適切にアクセスし，その情報を主体的に読み解き，さらにインターネットを通して適切にコミュニケーションしていく能力，すなわちネット・リテラシーである。現代においては，このリテラシーの有無によって決定的なデジタルデバイド（情報格差）が生じてしまうのである。ネット・リテラシーの中核は，いわばインターネットを舞台にしたクリティカル・シンキング・スキルの応用実践に他ならないのである。

《**キーワード**》　エコーチェンバー，フィルターバブル，フェイクニュース，リスキーシフト

1. インターネットとメディアリテラシー

（1）メディア環境の主役交代

　現在のようなクリティカル・シンキング教育の成立を促した大きなきっかけの一つは，20世紀半ばのマスメディアの急速な発展と，その情報を正しく読む技術の必要性の高まりであった。そして21世紀においては，メディア情報の中心は，従来のテレビや印刷物などのマスメディア

から，インターネットへと重心を移しつつある。たとえば日本のインターネット広告に投じられた費用は2019年に約二兆円を超え，テレビメディア（地上波・衛星合計）の広告費を抜き去っている（経産省商務情報政策局，2020）。

インターネットは，もともとアメリカで軍事や研究用に構築されたARPANET プロジェクトに起源がある。その後，さまざまな情報システムで相互接続が可能な開かれたネットワークとして広汎な情報技術のプラットフォームとして発展した。たとえば初期の電子メールやWorld Wide Web にはじまり近年の SNS（social networking service），遠隔会議などの多種多様なオンライン・コミュニケーションツールが普及し，現在も成長を続けている。その結果，インターネットは社会を支える不可欠なインフラとなっただけではなく，国際政治や国際紛争の行方も左右するほどの影響力を発揮していることはご存じの通りである。

総務省の情報白書（令和 3 年版）を見ると，2020年の個人のインター

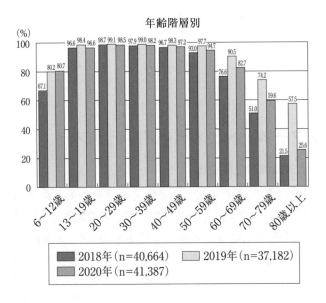

図 3-1　**属性別インターネット利用率**（令和 3 年度「情報白書」データの出典は総務省「通信利用動向調査」）

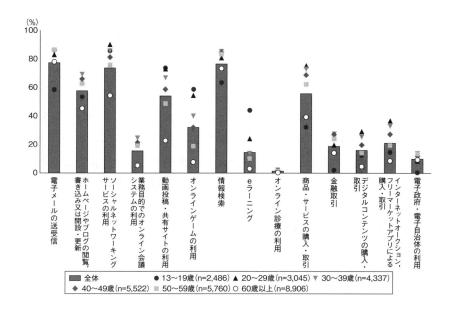

図3-2　インターネットの利用目的（令和3年度「情報白書」データの出典は総務省「通信利用動向調査」）

ネット利用率は83.4％であり，年齢別に見れば13〜59歳までの年齢層で9割を上回っている（**図3-1**）。その利用目的・用途（**図3-2**）では，電子メールの送受信がすべての年齢層で高く，また近年はSNSの利用が20〜30歳代で特に高くなっている。これと並んで利用率が高いのが，天気や交通情報，ニュースサイトの「情報検索」であり，これは幅広い年代で利用されている。しかし，これらSNSや情報検索は，初心者でも簡単に使いこなせるように見えて（実際に非常に多くの人に使われていながら），適切な活用のためにはクリティカル・シンキングが欠かせない代表的なツールなのである。

　本章ではクリティカル・シンキングを実践とするために，次の二つの

視点から考える。一つは，ネットに存在する膨大な情報の中から自分に必要な情報を入手する過程で，バイアスのかかった情報が選択されてしまう点である。これは人の認知特性と，インターネット・テクノロジーが相乗的にもたらすバイアスである。もう一つは，インターネットは単に情報を取りに行く図書館ではなく，そこでは多くの人が自分の意見を表明し，そこで議論がかわされ，世論が形成されるコミュニケーションの場だという点である。ここには集団での議論や意思決定に生じるバイアスが，ネットの特性によって増幅される形で強く表れるようになる。

（2） インターネットと知的生産

　「考える」という営みは，頭の中だけの閉じられた知識操作ではない。文献や資料を調べ上げ，他者と議論し，それらをもとに新たな価値ある情報を作り出す行為を知的生産の代表的なあり方とすれば，インターネットという情報インフラは，知的生産の現場をも一変させた。現在では，資料を活用して何かの価値ある情報をまとめていく過程で，インターネット抜きに知的生産が成り立つ分野はごく限られていると言ってよいだろう。

　一昔前，私たちが何か調べ物をしてレポートや論文をまとめようとしたとき，まずは図書館に通って関連書籍や文献を調べ上げて，必要な情報を収集するのが当たり前であった。分厚い資料集や目録カードを一つひとつチェックし，目指す貴重な資料を求めて遠隔地まで出かける必要もあった。しかし，いまや古い貴重な資料や専門的な学術文献から最新の統計データまで，私たちの知的生産を支える資料の多くがインターネット上に記録・公開され，知的生産のための距離や時間的な障壁は著しく低くなったのである。

（3）インターネット情報活用のために必要なこと

　インターネットにおける情報リテラシー向上は，従来のテレビや新聞のメディア・リテラシーと共通する部分と，それらとは異なるネット特有の部分がある。ここでは後者に関連する要因を考えていこう。

　第一に，インターネットは，人が容易に入手できる情報量が他のメディアより圧倒的に多い。利用可能な情報の増加は基本的に望ましいが，それは程度問題で，大量の情報の洪水に見舞われると，判断のために必要な情報が埋もれてしまう情報のオーバーロード（過負荷）が生じる。そうなると私たちはもはや適切な判断ができなくなってしまう。しかも，それらのほとんどはジャンク（利用価値のない）情報かもしれず，これらを効率的に切り捨てる技術が重要になる。

　情報の増加がかえって情報の確実性を失わせる現象は「情報化社会のパラドックス」とも呼ばれる。たとえば，ある事項について，たった一つの情報しか手にしていなければ，それは本人にとって確かなことである。しかし，同じことに二つの情報があれば，最初の情報の確かさは大きく減じられる。素朴に考えれば，利用可能な情報が増えれば増えるほど確実な判断が下せると思えるが，このように確実性がかえって低下する可能性がある。この現象が，たとえば伝統的文化の解体に大きな役割を果たしたと考えられている（井上，1999）。

　第二の点は，ネット上の情報は，一つひとつの情報の確実性・信頼性が担保されないことである。インターネットは基本的に誰でも情報を自由に発信できる開かれたネットワークである。しかし，それと同時に，従来のメディアでは編集者などによってチェックされていた情報の真実性や適切性が損なわれてしまう。個人による自由な発信の中には，メディアのフィルターを経ない貴重情報が含まれる一方で，デマやフェイクニュースの紛れ込みを止められない。もちろん従来型マスメディア

においてもバイアスは生じるが，インターネットでの情報の質保証は著
しく難しくなっているのである。

（4）コミュニケーションとしてのインターネット

SNS やブログなどのパーソナルな情報交流の特徴は，参加者の匿名
性が比較的高く，直接的な対面コミュニケーションに比べて，しばしば
テキストに限定された情報伝達がなされることである。

匿名性は自由な意見表明を促せる一方で，デマ情報だけでなく差別的
な発言や誹謗中傷や個人攻撃にしばしば発展し，それがネットでのコ
ミュニケーションを歪んだものにする。ツールによっては日常のパーソ
ナルな空間で独り言を言うように情報発信ができてしまうため，セルフ
モニタリングが効きにくく，それが世界に広く配信されることをイメー
ジしにくい。また現実の制約を離れて自由な言動が可能になることは無
責任な発言の抑制を難しくする。

心理学では，こうしたネット上でのコミュニケーションは，CMC
（コンピュータ媒介コミュニケーション）と呼ばれて，多くの研究の知
見が蓄積されてきたが，そこで指摘されているのが，対人情報手がかり
の欠落が生じることである。目の前に相手がいる対面場面では，言語内
容だけでなく，相手の風体や表情，音声の調子など非言語的要素が情報
の適切な伝達の手がかりとなる。相手の地位や相互の立場といった周囲
の状況も，対人コミュニケーションを規定する。しかし，CMC でやり
とりが行われると，こうした重要な情報の多くが欠落してしまう。そう
なると，誤解や齟齬が増幅されるばかりか，普通の対面状況であれば，
とても言わないような暴言・誹謗中傷の類いの発言であっても簡単に
発信されてしまう（オンライン脱抑制）。たとえば CMC では絵文字
（＾▽＾）が多用されるが，これは失われた対人手がかりを補う努力の

一つなのである。

2．極端に走るインターネット情報と分断される社会

（1）集合知？集合的無知？

　自由な議論によって，信頼性の高い知識が生成され，誤情報は修正・淘汰されていく「集合知（collective Intelligence）」の実現は，初期のインターネットコミュニティが理想としたものである。すなわち，誤情報やバイアスのかかった情報が発信されたとしても，それに懐疑的な意見も広く即座に発信されて議論が行われ，世界規模の相互作用により確実な知識や問題解決が促進されると想定されていた。Wikipedia のようなプロジェクトは，この考え方にもとづいている。

　しかし，この理想は簡単には実現されないどころか，現在ではインターネットが社会の分断を引き起こすとすら考えられている。まず，人の特性として，たとえ多くの情報が利用可能であってもそれらを公平に処理するのではなく，さまざまに偏った情報の収集や評価を行う認知バイアスが働く（第 8 章，第 9 章）。そして，インターネットはその特性から認知バイアスを増幅させやすい特徴を顕著に備えているのである。これらが結びついて，ネット上では極端な意見が誇張・増幅され，多様な意見が排除される「集団極性化」が起こりやすくなる。これを法学者サンスティーンはサイバー・カスケードと表現した。カスケードとは，いくつかの段が連続した小さな滝や流水のことで，サイバー・カスケードは，この流れに多くの人が押し流されてしまう比喩である。もともと「情報の」カスケードとは，先行する他者の行動を見て無批判な追従行動をとって集合的な連鎖行動（雪崩）が起こる現象として知られている。ネット上では，同じ関心を持つ人たちが，ブログや掲示板，SNSを通して情報を容易に共有し，意見交換ができる一種のコミュニティが

短期間のうちに大規模に無数に成立しうる。こうした集団では，同じ興味関心を抱く人々が集まり，その中での主流の主張に異論を唱える者は排除されるようになる。その結果，集団内での議論は，平均的な方向に収束するのではなく，しばしば極端で先鋭的な方向に急速に流れるようになる。つまり個人が取る行動が他者に影響を与え，それが他者に追従され閉鎖的な言論空間を作り挙げていく連鎖が短期間のうちに起こるのである。

（2）集団極性化

　集団極性化とは，集団で討議した結果が，単独判断よりも極端なものになる現象で，インターネット以前から社会心理学で研究対象となってきた。よく知られているのが，議論の結果がリスク（危険性）の高い方向に偏るリスキー・シフトである。古典的な研究では，たとえば「成功すれば完治するが，失敗すれば命を失うかもしれない心臓病手術が提案された。あなたならば成功確率何％であれば手術を受けるか？」といった意思決定を，個人が個別に行う条件と，討議による集団決定の条件で比較する実験が行われている（**表3-1**）（Wallach, Kogan & Bem,

表3-1　討議の有無とリスクテイキング（Wallach, Kogan & Bem, 1962）

条件	回答測定時点	討議前の個別回答	討議による集団決定	討議直後の個別回答	長期間後の個別回答
実験群	男　性	55.8	47.9	47.1	——
	女　性	54.7	46.8	47.8	——
	男性・追跡調査群	55.8	——	46.8	45.5*
統制群	男　性	56.9	——	——	58.2
	女　性	53.8	——	——	58.0

成功確率がこれ以上なら冒険的選択をするパーセント

1962)。その結果，冒険的選択をする成功確率は，個人条件よりも討議後の方が一貫して低くなった（成功確率が低くても手術を選択する。つまりリスキーな選択）。

　集団での議論でリスキー・シフトが引き起こされやすい原因はいくつも指摘されている。一つは，人が他者の目を意識し，危険や失敗を恐れない自己像を提示しようとすることである。第二に，責任の所在が拡散して無責任な意見が優勢になりやすい。第三に，いったん多数派の意見が形成されると，それに同調する人々によって，集団の意見が誘導され，それが個人にフィードバックされると，自分の意見がさらに強く確証され，強化される過程が生じる。こうして多数派の意見が支持，補強しあって，社会的アイデンティティ維持のための同調がさらに促される。ただし，この同調の要因の働き次第では，集団極性化は逆方向に，すなわち，より安全な方向に極端に振れる場合もあり，これはコーシャス・シフトと呼ばれる。この現象は，集団の中に強く安全志向の人がいてその意見が積極的に発信される場合，その慎重な意見に対して多数の人が同調して生じると考えられている。

　この集団極性化は，ネット上で非常に強く働くと予想される。たとえば，SNSでは自分の投稿が継続的にどれくらいの読者に読まれたか，そして読者にどう評価されたか数値で表される。また，自分がいいと思った投稿を引用して再投稿したり，他の人と共有したりすることもできる。こうした仕組みによって，現実のコミュニケーション以上に不特定多数を意識した「ウケを取りやすい」発言が促されていく。また，匿名性の高さも，無責任な発言を強く促す原因となる。

　そして，どのような原因であったとしても，それがいったん多数派の意見として認識されてしまうと，その後の状況を変える影響力を持つ。政治学者ノエレ＝ノイマンが提唱した沈黙の螺旋理論は，自分の意見が

少数派であると自覚すると，人は孤立を恐れて意見表明を控えるように
なり，優勢な意見のみが共有され，その結果，少数派はさらに沈黙して
しまう過程が生じるとする仮説である。

　こうなると，ネット上では自分と同意見ばかりが目に付き，自分と同
じ考えを持つ人が実際より多くいるような錯覚も促進される。こうした
サイバー・カスケードは，特定の人への誹謗中傷が集中的に行われる炎
上事件（フレーミング）を引き起こしたり，フェイクニュースを瞬時に
拡散させたりする原因になる。一方で，場合によっては募金や人助けと
いった向社会的な行動がネットを舞台に一気に広がるような現象にもつ
ながる。

　また集団極性化の過程の中で，自分の考え方と異なる意見であって
も，その考えを集団の成員の多くが同じように持っていると思い込んで
しまう集団的無知（多元的無知 pluralistic ignorance）も生じる可能性
がある。これは，「裸の王様」だと自分は思っていても，他の人はみな
「王様は裸でない」と考えていると思い込んで，お互いに自分の意見
「王様は裸だ」と言い出せなくなる現象である。

（3）反響し増幅される信念

　インターネット上を流れる膨大な情報の中から，私たちが実際に利用
できる情報は限定されたものにならざるを得ない。したがって，より良
い思考のためには，信頼できる情報や有益な情報を取捨選択するスキル
が要求される。しかし，現実の私たちは，たとえば，自分がすでに持っ
ている態度に合致した情報のみに注意を向けるようなバイアスのかかっ
た情報利用をしてしまう。この情報の選択的接触は，認知心理学の観点
からは確証バイアスの働きと言えるが，ここでは選択的接触を増幅する
ネット・メディアの構造から考えてみる。

　インターネットの普及以前から，政治的な態度に影響を与える現象として研究されてきたのが「エコーチェンバー」現象である。エコーチェンバーとは，エコー（共鳴）を生じさせるように設計された残響室を指し録音スタジオなどに設置されている。この部屋の中に入った人の声や歌は，周囲の壁で反響してエコーがかかった状態で自分に返ってくる。こうした現象が集団コミュニケーションの中で起こると，自分の意見の正しさが過度に確信される原因になるのである。たとえば，ある政党の支持者が，同じ支持者を集めた集会の中で意見交換をすれば，基本的にその政党の立場に反するような主張はなされない。そうなると，自分が言ったことと，ほぼ同じ主張やさらに過激な主張が，周囲からも返ってくる。こうして人はエコーチェンバーの中に自ら閉じ込められていくのである。この現象は，政党の支持者グループだけではなく，カルト的な宗教集団など，等質性が強い集団で発生する。内部で互いに補強し合って，極端な意見が形成され，結果として，社会が極端な意見に分断されていく危険性が指摘されている。

　このエコーチェンバーは，インターネット社会の中で形成されやすい。たとえば web サイトには，しばしば別のサイトへのリンクが貼られているが，このリンクは，もとのサイトの持つ主張に賛同するサイトを記述する傾向がある（**図3-3**）。つまり，このサイトからたどれば，自分と同じ主張ばかりが世の中に存在するかのように見えるのである。反対意見へのリンクは，少数あったとしても，たいていの場合，誤った主張がなされている例として紹介される。

　また，SNS では，他者の投稿を引用して再投稿したり，その投稿者をフォローしたりしてユーザー同士がつながることでエコーチェンバーが生じやすい。SNS は，参加や離脱が自由であり，同じような考えを持つ人だけが集まって価値観を強化させるプラットフォームになってい

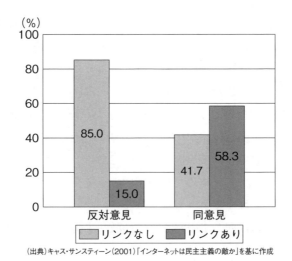

(出典)キャス・サンスティーン(2001)「インターネットは民主主義の敵か」を基に作成

図3-3　政治系 web サイトのリンク先の政治的志向
（令和元年　情報白書より）

る。この共鳴箱の中で行われる議論は，類が友を呼ぶようにもともとの主張をさらに極端なものにし，社会を分断する（分極化）危険が指摘されているのである。

　計算社会学や情報科学の研究者たちは，インターネット上のビッグ・データを利用してネット上での情報の流れや人の行動や態度の特性などを研究している。ユーザーの行動データは，閲覧や投稿ログだけでなく，リンクや評価のクリック，それらの時期や引用関係・フォロー関係などからさまざまな指標として記録されており，これらを利用した研究知見が次々と得られている。たとえば，ネット上でのエコーチェンバーを分析した Quatrociocchi（2017）のグループが行った大規模な研究では，科学ニュースを扱う34サイトと陰謀論39サイトの百万人以上の閲覧者のデータを対象に分析を行った。その結果，これらの性質が異なるサ

イトの読者は，自分の関心のあるページのみにはまり，異なる見解の
ページを読むことは少ないことが明らかにされた。そして特定のタイプ
の話を好む人の数が増えるほど，同様のプロファイルのユーザーだけか
らなる社会的ネットワークがオンライン上に形成される確率が高まるこ
とが見いだされた。こうした同質グループは，自分たちの世界観と一致
しないものはすべて排除する傾向があり，加えて興味深いのは，ユー
ザーは，それが誤った情報の可能性があったとしても，自分がすでに
持っている態度，信念，予期や期待，に合致している限り，都合よく切
り取って受け入れてしまうことである。このようにしてエコーチェン
バーは，デマや陰謀論，ニセ科学を蔓延させてしまう一つの要因になっ
ている。

　また，SNSでの相互の引用関係から，ユーザーのつながり（ネット
ワーク）を可視化した研究からは，時間の経過に従って，徐々にエコー
チェンバーが形成されることが示されている（石戸，2019）。2011年の
福島原子力発電所の事故の直後，SNSでは科学者がまず冷静で客観的
な情報の発信を行い，著名ジャーナリストやマスコミの公式アカウント
とつながることで，さまざまな意見を持つ人たちが一つのネットワーク
を形成して冷静な議論が続けられていた。しかし，一年後にはこうした
科学者の発信はSNSの主流からははずれて一部の人にしか届かなく
なった。代わって反原発活動家や陰謀論者などのいくつものグループが
タコツボ化して成立し，ネット社会の分断が急速に進んだ様子が見て取
れる。

　その一方で，日本人の政治的態度においては，インターネットは社会
的な分極化を引き起こしていないという研究結果もある。田中・浜屋の
報告では，政治的意見がもともと強かった人の態度がSNS利用でさら
に強まる結果は限定的に見られたものの，全体としてみれば日本のネッ

トユーザー（特に若年層）は，ネットを介して自分と意見が異なる情報にも高い率で接触することで政治的態度を穏健化していることが示された（まとめは田中・浜屋，2019）。ただし，ネットにおいては個人の情報発信力が強すぎるために，穏健で中庸な意見がネットから消えてしまい，極端な意見ばかりがネット上で流通するようになることこそ問題とも指摘されている（田中，2022）。

（4）泡のように　フィルターバブル

　エコーチェンバー現象は，ある程度は自分で集団を選択する行動で強化される。一方で，本人も気がつかないうちに，テクノロジーが選択的接触を促進する現象がフィルターバブルである。インターネットで多用される検索エンジンや，ニュースサイト，ショッピングサイトでは，個別のユーザーの情報を収集して，その個人の行動や特性にあわせて表示コンテンツを最適化するパーソナライズ・システムが働いている。たとえば検索エンジンの検索結果は，たとえ同じキーワードで検索したとしても，ユーザーによって異なる検索結果が提示される。検索エンジンは，そのユーザーのクリックや検索行動，ログインの場所などの手がかり情報を追跡（トラッキング）し，それをパーソナライズアルゴリズムによって分析して，そのユーザーの求めそうな情報を予測して優先的に提示してくるのである。たとえばある大手の検索エンジンでは，2009年には57種類のユーザーの手がかり情報（シグナル）を使ってパーソナライズを開始した。

　ショッピングサイトでは，これまでの買い物情報や参照ページ情報などから，個別の消費者のニーズに的を絞って訴求力のある情報をピンポイントで届けてくる。深層学習を活かしたこうしたマイクロ・ターゲティングは，対象者の属性，態度，行動，興味関心，意見をモデル化し

て，個々の最も効果的な反応を引き出す刺激（リコメンド，広告，コンテンツ）を提示することができるのである。この結果，たとえばニュースサイトに提示される情報は，あなたの嗜好，趣味，態度に最適化されたニュースが重点的に表示され，あなたにあわない情報は自動的に隔離しているのである。この状態が，情報の大海にいながら，ユーザーはあたかもそこに浮かぶバブル（泡）の中に孤立しているかのようにとらえられるところから，フィルターバブルと呼ばれる。

　従来のテレビや新聞などのマスメディアでは，視聴者はその中の特定のコンテンツを能動的に選択していることをある程度は自覚している。まがりなりにも公正な報道番組であれば，異なる複数の見解を紹介することもあるだろうし，たとえば家族と見る番組を通して自分の見解に反する情報にもある程度接触機会が生じる。しかし，インターネットにおいては，自分の態度に反する情報を簡単に遠ざけることができるだけでなく，一部の情報のみが選択的に自分に届いていることを意識できない。フィルターバブルの命名者である作家のイーライ・パリサーは，これによって人々が孤立し，その傾向がさらに加速していることを危惧している。そして次のように述べている。「他人の視点から物事を見られなければ民主主義は成立しないというのに，我々は泡（バブル）に囲まれ，自分の周囲しか見えなくなりつつある。（略）異なる並行世界がひとり一人に提示されるようになりつつある」（パリサー，2012）。

3. インターネット情報の活用をめぐって

（1）フェイクニュースとデマ

　誤情報の拡散をめぐって，「フェイクニュース」という表現がしばしば使われる。フェイク（fake）は捏造を意味し，ニュースに擬態されたでっち上げの偽情報の意味で一般に使われる。こうしたフェイクニュー

スに対抗するため，情報の真偽を公平に検証することはファクトチェックと呼ばれる。

　フェイクニュースは必ずしも明確な定義があるわけでなく，虚偽情報としての共通の性質と，動機や拡散の様式などの特徴によって，さまざまな分類が可能である。たとえば，騙そうとする意図がほとんどない風刺やパロディのようなものから，明確に騙したり陥れたりするための情報の捏造まで，さまざまなレベルの事象が含まれる。Wardle（2019）らはこれらを3もしくは7つの視点から分類している（図3-4）。

　ただし，フェイクニュースという用語は政治的な文脈で多用され，社会の分断を加速する象徴的な事象として言及されることが多い。その原因は，この言葉が広く認識されたのは，2016年のアメリカ大統領選挙でマスコミ報道や特定候補の主張を攻撃するために使われ，そこから社会

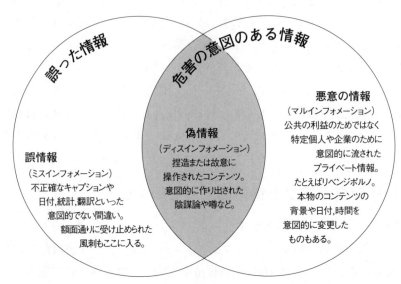

図3-4　ウォードとデラクスハンによるフェイクニュースの分類

的に大きな混乱が引き起こされたことによる。これは，ある主張にフェイクニュースのラベルを貼って攻撃するだけではなく，この名称のもとに陰謀論までも含めたさまざまな有害な情報の存在が浮かび上がり，それらを信じることが社会の混乱を象徴する言葉となったのである。インターネットを介して過去とは比べものにならないほど早く強力に情報が拡散することは，この状況に拍車をかけ，客観的な事実報道よりも，裏付けのないフェイクニュースの方が人々の感情を刺激することで世論形成に強い影響を与えるようになった。この社会状況が「ポスト・トゥルース」と表現されるようになった（さまざまな研究は笹原（2018）が参考になる）。

（2）デマはなぜ広がるのか

　デマや流言といった現象はインターネット以前から，社会心理学の重要な研究対象となってきた。現代のフェイクニュースを考えるために，そのごく初期の古典的研究を振り返ってみよう。

　Allport & Postman（1947）は，流言やデマの流布量（R）は，当事者にとっての重要性（ I ）と証拠の曖昧さ（A）の積（ I × A ）に比例することを提唱した。

　これに従えば，流言が広がるのは，当事者にとって重要な事態が発生しているにもかかわらず，確実な情報が入手できずに，あいまいな情報に頼らざるを得ない状況が代表的なものである。歴史を振り返れば，大災害やパンデミック，戦争のような緊急事態の発生時には，デマや流言は多く発生し，それが人から人へと伝えられていった。

　デマを信じたり拡散させたりするのは，メディアリテラシーの欠如や騙されやすい愚かな人であるとか，悪意のあるデマを疑って見抜く能力をつけなければならない，といった常識的な見方は確かに重要であり一

面の真実ではある。しかし，流言の多くは，危機に直面しながらも前向きに対応しようとする社会過程としての性格があることを忘れてはならない。流言は，混乱して不明確な状況の中で，強い不安感情にとらわれた人から人へと伝わっていく。人々が流言を伝えたり受け入れたりするのは，困難であいまいな状況を説明することで，緊張の緩和や感情の正当化を促し，不安定な状況から明確な世界を取り戻してくれる働きをするからだ。たとえば大きな地震が起こると，次は○月○日に次のさらに大きな地震が来るといった「災害再来流言」がしばしば見られる。これも，最初の地震に襲われた後，次がいつ来るかわからない漠然とした不安に対して，具体的な日時を特定することで，先の見えない状況を解消し，また多くの人に伝えて心構えを促し，共有して助け合っていこうとする姿勢の表れととらえられる。

　デマの発生や拡散は，欺瞞的な意図や悪意をもってなされる以上に，こうした不確実な状況に巻き込まれた人々が，自分の手持ちの知識や情報を振り絞って，互いに努力して状況を合理的に解釈しようとするコミュニケーションの形態としての性質がある。この点で，デマ情報に対して，欠如モデルの観点から，正しい情報の啓発のみで矯正できるという考え方は，有効ではない場合が多いのである。

（3）インターネット上の情報を活用するため

　ネット・リテラシーの基本は，インターネット上の情報がどの程度信頼できるかを評価できるクリティカル・シンキングの能力である。誰でも簡単にPCやスマートフォンを使いこなして情報資源にアクセスできるようになった現在，情報格差はこうした情報検索や情報吟味の能力の違いにこそあらわれる。以下に，情報の評価にあたって，完全ではないものの，ある程度の指針になるチェックポイントを示しておく。

　ネット上の情報を吟味する上では，情報の中身の前に，まず，その情報のソース・出所を確認することが必須である。出所が特定できない情報，出典が明らかでない匿名の情報などは基本的に信頼せずに，意思決定に利用を控える必要がある。ただし，情報の発信者の信頼性をもってその主張自体を攻撃することは，非形式論理学でいう対人論法（人身攻撃）と同じ誤謬となる可能性がある（第5章）。ソース・出所が明確でない情報は，なぜそれらが明確でないのかという前提を丁寧に吟味すべきである。

　一方で，情報の発信もとが，公的機関や研究ジャーナルなどの，複数のチェック機能を備えたものであれば，ある程度は信頼がおける情報として扱う。その点で web ページの信頼性チェックに使えるのは，go.jp（政府機関），ac.jp（高等教育機関，学術研究機関）などのドメイン名である。逆に，SNS のフェイク情報に特有なワード，たとえば「拡散希望」とか「みんなに伝えて」「大至急」などの言い回しや，「関係者に聞いた」「特別に教えてもらった」といった「ここだけの話」といった表現は，まず疑ってかかる特徴である。

　ちなみに，自分が情報を発信するときにも，一つひとつの情報に，どのような根拠で誰が発信しているのかを明記しなければ，信用されないことを忘れないようにしたい。

　発信者が特定出来る場合でも，その背景も考慮しておこう。その発信者が，どのような意図で発信しているのか，利害関係を持つのか，などがチェックポイントになる。たとえば，科学的研究が特定の企業の助成を受けていたり，そもそもその企業内の研究プロジェクトだったりすれば，厳しく吟味の目を向ける必要がある。

　加えて，そこでどんな情報が発信されているかだけでなく，何が発信されて「いない」のか，にも注意を払わなければならない。たとえば，

前章の生存者バイアスを念頭におけば，ある成功例の要因についての情報はあっても，失敗例については情報として出てこない。情報の中身と同様に，そこで見えないことや報じられないことにこそ情報として意味が見いだせる。

　ただし，情報の信頼性のチェックでは，単に信頼できる・できない，の二分法で考えるべきではない。何がフェイクで何が真実かは，簡単に決定できないことも多い。第14章で見るようにエビデンスのレベルを段階的・量的にとらえて比較する発想が必要である。それも，単一の方法でなく，つねに他の情報とつき合わせる必要もある。また，その情報が一次情報なのか，二次三次情報なのかも，重要なチェックポイントになる。

　情報の中身にかかわる信頼性のチェックには，内在的チェックと外在的チェックの考え方がある。内在的チェックとは，その情報の内容自体に矛盾や飛躍，誤謬や詭弁が含まれないかをチェックすることである。これが適切に機能するためには，論理的な誤謬に関する知識とともに，その領域固有の知識がある程度は必要になる。外在的チェックとは，他の外部情報（たとえば利害関係のない専門家の意見）と照らし合わせて，当該の主張に無理がないか確認することだ。この外在性チェックは，新聞やテレビ，書籍など複数の情報源から多面的に試みるべきである。多様なメディアに接すること（ポリメディア度）が，個人が特定の政治的意見に固執している程度（エコーチェンバー度）と負の相関を持つことが，大規模な調査の結果から示されている（木村，2020）。こうした多面的チェックにあたって念頭に置くべきは，インターネット上の記事は，負担なく読めるように，短く断片的な記述になることが多く，その情報の前提や根拠，関連情報などが省略されることである。重要な意思決定にあたっては，多面的にチェックするだけでなく，ある程度厚

い記述になっている書籍や論文資料を参照する必要がある。

　いずれの情報の吟味においても，念頭に置くべきは，インターネットで得た情報は，いかに自分が公平に検索・入手しているようでも，実際にはエコーチェンバーやフィルターバブルにとらわれて，特定の傾向に偏ったものが届いている可能性があることだ。さらに自分自身にも，確証バイアスの働きによって好都合な情報にのみ注意を向けがちであることを考えなければならない。

　こうした情報のバイアスを防ぐためには，自分の考えに反した情報や意見を積極的に取得しようとするクリティカルな態度が必要である。たとえば検索エンジン利用時には，その対象ワードだけでなく「ウソ」や「否定」といった用語とともに検索をかけるべきである。ある情報に対して否定情報をあえてぶつけてみる手法は，集合的無知や集団極性化を

表3-2　ネット時代におけるデマやフェイクニュース等の不確かな情報の確認方法

・他の情報と比べてみる 　　ネットを検索し，複数の情報を読み比べましょう。本や新聞など，ネット以外で調べるのもお勧めです ・情報の発信元を確かめる 　　発信元が明らかであっても，信頼できる人なのか，信頼できる Web サイトなのかを確認しましょう ・その情報はいつ頃書かれたものか確かめる 　　元の情報が古いものだった場合，現在とは状況が異なるかもしれないので注意しましょう ・一次情報を確かめる 　　その情報が引用や伝聞だった場合は，元になったオリジナルな情報源を探して確かめてみましょう

（総務省　上手にインターネットと付き合おう）

防ぐために有効な技法である。たとえば，集団で議論を行う時に，あえ
て多数派の意見に対して反論・反駁を試みる役割の人を置く場合があ
り，これを悪魔の代弁者（Devil's advocate）と呼ぶ。クリティカル・
シンキングは，いわば自分の心の中に悪魔の代弁者を置いて，常に対話
しながら情報を吟味していく行為ととらえられるだろう。

（4）ネットユーザーとして覚えておきたいこと

　ネット・リテラシーは，自分が情報を発信していく場合にも発揮して
いく必要がある。クリティカルな考え方を欠くと，デマやフェイク
ニュースを自分自身が転送・拡散してしまうだけでなく，個人情報の流
出や誹謗中傷に当たる有害情報の発信者となったり，いわゆるネット上
の炎上事件を引き起こしたりする可能性もある。個人の SNS などの
ネットへの発信の多くが，他者不在の時間や空間で行われることから，
セルフモニタリングが失われやすく，感情にまかせた不適切な内容も修
正されにくい。そして，フェイク情報は感情を刺激する要素が強いた
め，通常のニュースよりも速く広く拡散する。また，ネット情報は匿名
性が高いように見えて，さまざまな法的な取り組みによって完全な匿名
はあり得ないことも忘れてはならない。そして，一度，インターネット
上に発信された情報は，完全に消去することは困難なデジタルタトゥー
（入れ墨）とも呼ばれるのである。ネットでの情報発信は，たとえ自分
に誹謗中傷の自覚がなくても，また単なる情報の転載であろうとも，人
の尊厳や企業価値を毀損することで損害賠償請求の対象となりうること
も念頭に置く必要があるだろう。

　インターネットを基盤とした自由な情報コミュニケーションは，人間
の文明に革命的な進歩をもたらし，多様性と民主的な社会の実現を大い
に促した。インターネットは社会を分断することも，また分断された社

会をつなぐ働きもする。たとえば，社会が都市化，核家族化し，身近な相談できる人が少なくなったとき，従来はその相談の受け皿になっていた伝統的な宗教などの役割が，いまや SNS やインターネット上のコミュニティに移行しつつある。

　私たちは単なるネットサービスの享受者ではなく，インターネットの参加者としてこのインターネットの力を十分に活かして，世界をよりよい方向へ向ける責任も持っている。そのため，インターネット上でのクリティカル・シンキングは，一人の市民として習得すべき，より良い思考のための重要なスキルと位置づけられるだろう。

■学習課題

　あなたが日常的に利用している SNS やネット上のグループに，エコーチェンバーが生じていると仮定し，他者の視点でネット上の議論や情報を考えてみよう。

参考文献

坂本旬・山脇岳志（編著）（2022）．メディアリテラシー　吟味的思考を育む　時事通信社

笹原和俊（著）（2018）．フェイクニュースを科学する　拡散するデマ，陰謀論，プロパガンダのしくみ　化学同人

引用文献

Allport, G. W., and Postman, L. J. (1947), The Psychology of Rumor, Holt, Rinehart, and Winston. (南博（訳）（1952）．デマの心理学　岩波書店)

井上順考（1999）．若者と現代宗教　筑摩書房

石戸諭（2019）．SNS が加速するタコツボ社会，日経サイエンス，574, 44-51.

木村忠正 (2020). マスメディア社会からポリメディア社会へ　ポリメディア社会におけるエコーチェンバー　マスコミュニケーション研究, 97, 6584.

Pariser, E. (2011). The filter bubble: What the Internet is hiding from you. Penguin UK. (イーライ・パリサー (2012). 閉じこもるインターネット　早川書房)

Quatrociocchi, W. (2017). Inside the echo chamber, Scientific American. (クアトロチョッキ, W. (2017). 陰謀論を増幅　ネットの共鳴箱効果　日経サイエンス, 553, 54-58.)

田中辰雄 (著) (2022). ネット分断への処方箋　勁草書房

田中辰雄・浜屋敏 (著) (2019). ネットは社会を分断しない　角川書店

Wardle, C. (2019). An new world disorder. Scientific American, September. (ウォードル, C. (2019). 情報操作社会に生きる　別冊日経サイエンス, 236.)

Wallach, M. A., Kogan, N., & Bem, D. J. (1962). Group influence on individual risk taking. The Journal of Abnormal and Social Psychology, 65, 75-8.

4 | 論理的・合理的に考える

| 菊池　聡

《**目標＆ポイント**》　クリティカル・シンキングは「合理的」な思考であり，しばしば「論理的」思考とも表現される。私たちは日常的にも，合理的とか論理的といった言葉を口にするが，そもそもこれらは，いったいどのような意味なのだろうか。

　本章では，こうした疑問を追究したさまざまな学問の基本的な知見を概観して，合理性や論理のとらえかたを整理していく。それらを通して，人の自然な認知が合理性や論理性とどのように違うのかを理解し，クリティカル・シンキングに役立てることを目指す。

《**キーワード**》　帰納推論，演繹推論，類推，アブダクション，ロジカル・シンキング

1．合理的とはどういうことだろうか

（1）合理的とは何か

　クリティカル・シンキングの定義の一つとして，エニスは合理的（reasonable）な思考を挙げている（第1章）*注。一般にも，合理性はよ

※注　一般には「合理的」は reasonable よりも，rational で表現される。どちらも合理的と訳されるが，rational は感情や欲望を抑制する理性に重きが置かれており，reasonable にはそうした道徳的な意味はない。reason には，「理由」や「推論」の意味があり，reasonable には正当化できるとか説明可能といった含意があり（岡部，2007），「根拠のない思いつき」ではなく，「理由に関する明確な思考によって最善の結論を見いだせる」という意味での合理性を指す（樋口，2013）。エニスもこの概念を初期には rational と表現していたが，後に思考の役割を重視して reasonable へと用語を変更したのは，こうした意味が込められていると解釈できる。ただし，rational も reasonable もどちらも語源は同一のラテン語の reri（計算する，考える）であり，哲学分野では reasonable を「理性的」「筋の通った」などと訳す場合もある。

い判断に必要なものであり，逆に「非合理的」な考え方が，さまざまな失敗や問題を引き起こす原因になるとの指摘は，頷けるものがある。「合理」性という表現は広く使われるが，字義どおりに読めば，理由や根拠のある「理」（ことわり）に「合」致した・かなったもの，を表す。したがって，合理性は，少なくともその思考や判断，行動が，根拠を持った何らかの規準に従うという意味になる。

　合理性の意味については哲学や経済学，言語学，心理学など，広い分野で考察の対象となってきたが，合理性には，根拠のあり方によって，おおまかに二つの種類があると考えられている（Evans & Over, 1996）。

　一つは，私たちが日常的に合理性ととらえる概念であり，いわば認識的合理性や理論的合理性，客観的合理性と呼ばれるものである。これは，その思考が，論理学や科学，数学などの世界を説明する規範と整合していることで，Evans はこれを合理$_2$性と呼んだ。論理学や科学がこの合理的規準になるのは，それが個人的な認識を超えた非個人的で公共的な性格を持ち，汎用的に妥当性を発揮できるからである。

　もう一つの合理性は目的合理性や道具的合理性などと表現される。これは Evans が合理$_1$性と呼んだもので，「個人の目標に到達するのに，おおむね信頼でき効果的な方法で行われる思考，発話，推理，意思決定，行為」とされる。すなわち個人の目的達成への有効を規準として，そこに最適化されているものであれば客観的基準がどうあれ，個人的には合理的と考えられる。

　たとえば「重要な試験に合格することを祈願して，学問の神様としてまつられる神社にお参りに行く」のは，科学的な合理性の規準からは，全く合理的ではない。学問の神様がいて，それが参拝者の成績を向上させる力を持つというのは，端的に言って迷信に過ぎない，しかし，緊張する試験を前に，学問の神様が見守っていると考えると落ち着いて試験

に臨める，と考えれば，この行為は合理的なものになる。このように個人的観点から見れば，迷信や錯覚，誤信の中にも合理性は認められるのである（道田，2008）。

　規準としての役割を考えるなら，目的合理性（合理$_1$性）にもとづいた行為が合理的であるためには，その行為が目的に照らして最善の手段でなければならず，認識論的合理性（合理$_2$性）は信念が世界のあり方と対応していなければならない（Stanovich, 2017）。クリティカル・シンキングは，合理的な規準に従うと同時に，目標のために何をすべきかの意思決定に焦点をあわせている。論理や科学のような規準のみを合理的な思考とするのであれば，それは最善の思考にはならない可能性がある。逆に目的合理性のみを規準にしてしまうと，明らかに非合理的な主張まで合理的と評価できてしまう。その狭間にあって，クリティカル・シンキングは，まず議論や主張がどの意味での合理性をそなえているのかを複数の視点でとらえて，議論の出発点にすることが大切である。

（2）限定合理性と期待効用理論
　合理的な意思決定の問題に長年取り組んできた経済学の研究知見から考えてみよう。
　経済学では，選択の結果による個人の主観的な満足度を効用（utility）と呼ぶ。そして結果が生じる確率と効用をかけあわせたものを期待効用と呼ぶ。期待効用理論では，期待効用の最大化を伴う選択がよい意思決定であると考える（効用最大化原理）。伝統的な経済学では，期待効用を最大化させようと振る舞う合理的経済人によって市場が形成されると想定している。また，期待効用理論でいう客観的確率を，個人的確率にしたものが主観的期待効用理論である。同じように，それぞれの選択肢を選んだ場合の効用を，主観確率を重み付けして表現し，これの

最大化がよい意思決定の規準となるとしている。

しかし，人工知能研究の第一人者であるとともに，心理学や経済学に多くの業績を残したハーバード・サイモンは，期待効用理論の前提となる合理性を現実の人に適用できないと考えた。人が完全に合理的な意思決定ができるためには，解決すべき問題とすべての選択肢に明確な知識を持って概観でき，その確率を計算した上で一貫した規準にもとづいて最適な選択肢を選ぶ能力と動機を持つことが必要である。しかし，私たちは，現実にこうした理想的合理性・実質的合理性を満たせない。自分や所属集団をもとにした主観的合理性に従って意思決定を下すのである。

だからといって人は非合理的な意思決定のみを行うのではない。サイモンは，行動や手段が生み出されるプロセスも考慮すると，十分に考えられて計画されているとき，その行動は手続き的に合理性を持つとした。そして限られた知識や能力，時間の制約の中で，受け入れられる満足化基準をもとに意思決定を行う「限定合理性」の概念を提出した。この限定合理性の考え方は，後の認知研究に大きな影響を与え，意思決定の記述理論としてよく知られているプロスペクト理論の基礎となった。

2. 論理学と推論の基礎分類

（1）演繹的推論

客観的合理性の代表的な規準が，論理学が示す論理の規準である。しばしば合理的イコール論理的ととらえられるが，論理的な妥当性は，合理的であるための規準の一つであり，それにもとづいた情報の評価が合理的な思考と言える。

正しい（妥当な）推論の形式を追求し分類整理してきた標準的な論理学では，推論の形式を大きく演繹（deduction）と帰納（induction）に

分ける。演繹とはいくつかの前提から，はっきり規定された論理形式だけによって，結論を導き出す推論のあり方である。その際に前提や結論の内容は問題にしない。しばしば普遍的な理論や概念から個別の例を導く際に使われる。妥当な演繹であれば，前提がすべて真と認められたなら，必ず結論も真だと認めなければならない。この演繹の性質を「真理保存性」と呼ぶ。すなわち，演繹は前提にもともと含まれている情報を，正しい論理から引き出す推論であると言える。

　一方，帰納は経験的な事実から一般的結論を導く推論である。広義には，演繹以外の推論形式をすべて帰納と呼ぶが，通常は個別のいくつかの事例から一般化する推論を帰納（枚挙的帰納）と呼ぶ。他にも広義の帰納には，アブダクション（仮説形成）やアナロジー（類推）も含まれる（**表4-1**）。

　演繹には，主として条件的なものと定言的なものがあり「もしPならばQ」という条件命題が含まれるものが，条件的演繹である。

表4-1　推論の形式とその特徴（戸田山，2007より）

| | 演繹
(deduction) | 広い意味の帰納 (induction) | | |
		枚挙的帰納法	アブダクション	アナロジー
例	AならばB, A, ゆえにB（モードゥ ス・ポネンス） AならばB, Bで ない，ゆえにAで ない（モードゥス・ トレンス）	a₁はPである a₂はPである ⋮ ───── （きっと）すべて のAはPであ る	Aである Hと仮定するとなぜA なのかうまく説明できる ───── （きっと）Hであ る	aはPである aとbは似ている ───── （きっと）bもP である
得意技	前提に暗に含まれ ていた情報を取り 出す	個々の事例から 一般化する	いちばん良さそ うな説明へと推 論する	類比的に知識を 拡張する
		仮　説　を　立　て　る		
真理保存性	○（前提がすべて真な ら必ず結論も真）	× （前提が真であることは結論が真であることを論理 的には保証しない）		
情報量	増えない	増やす（結論には前提に含まれていなかった情報がつけ加わる）		

たとえば,

　「P ならば Q」

　「P である」

　「よって Q である」

この推論は, 演繹的推論形式として妥当であり, 前件肯定式（モードゥ
ス・ポネンス）と呼ばれる。

同じく

　「P ならば Q」

　「Q ではない」

　「よって P ではない」

これも正しい形式で, 後件否定式（モードゥス・トレンス）と呼ばれる。

　これらが妥当な形式である一方, 前件否定や後件肯定は, 正しい結論
を導出できるとは限らない。

　「P ならば Q」「P ではない」「よって Q ではない」や

　「P ならば Q」「Q である」「よって P である」

という推論の形式自体は, 論理的な誤謬になる（第6章）。

（2）定言的三段論法の基本

　古代ギリシャからの論理学に由来する演繹的推論の代表的なものとし
て, 一般に「三段論法」と呼ばれる推論がある。三段論法にはさまざま
なものがあるが, それぞれの命題が「定言」で断定できるものであり,
二つの前提から一つの結論を導く推論は以下のような形式になる。

　大前提1　　すべての大学生は哺乳類である

　小前提2　　私は大学生である

　結論　　　　私は哺乳類である

　このように，いわゆる三段論法は，一般的な大概念（P）と，個別の小概念（S）の関係性を媒概念（M）を介して結論づける。上記の例では，大概念（P）は「哺乳類」，小概念（S）は「私」，媒概念（M）は「大学生」である。結論には媒概念が現れず，個別の小概念（S）が，大概念（P）と結びつく。前提や結論を構成する命題には，全称（すべて〜である）や特称（ある〜が存在する）の区別があり，また肯定（……である）や否定（……でない）の限量詞が付加できる。したがって定言的三段論法を構成する各命題は，全称・特称×肯定・否定の組み合わせによって

　　全称肯定（A）　すべての〇が△である
　　全称否定（E）　すべての〇が△でない
　　特称肯定（I）　ある〇は△である
　　特称否定（O）　ある〇は△でない

の四つの判断の型を取る。また，定言的三段論法は，大概念（P）と小概念（S），媒概念の（P）の配列パターンによって第一格から第四格まで四つの格がある。

　したがって，定言的三段論法は，$4^3 \times 4 = 256$通りありうる。論理学ではこれらを整理分析して，256通りのうち19通り（厳密には24通り）が演繹的に妥当（前提が真であれば結論が真）だと明らかにされている。また，三段論法は，格によって推論の困難さに差があり，第一格が一番簡単で，第四格が一番困難だとされている。この格による難易度の差を格バイアスという。

　また，選言的三段論法とは，前提1に選言「または」（or）を用いるもので，選言命題「PまたはQ」は，PかQかどちらか少なくとも一方が真であることを示す。そして前提2で片方（P）が偽とすれば，結論はQが必ず真になる。

88

P であるか，または Q である
P ではない
したがって Q である

これは前提が真ならば結論が必ず真になる演繹的に妥当な推論である。

（3） 日常推論と論理学の食い違い

　論理学では，それぞれの前提や結論を具体的に記述するかわりに，P
や Q のように記号を用いて表現（記号化）し，命題それぞれの具体的
な中味に左右されずに推論の妥当性を考察できるメリットがある。その
一方で，論理学の妥当性の判断は，演繹の形式のみに基づいて行われ，
前提が正しいかどうかは論理学の範疇外である。この点が，より広く問
題解決や意思決定を目的としたクリティカル・シンキングと異なる。た
だし，日常的な議論や主張においても，論理学の示す論理構造の判断
は，思考の規準として非常に重要である。実際の日常的推論では，一つ
ひとつの命題があいまいになりやすく，また多くの省略が生じたり，複
数の論理が積み重ねられたりするために，論理の筋道を見失ったり誤謬
に陥る危険もある。そうした推論の中で前提から結論へとつながる筋道
の通った合理的な思考を実現するために，妥当な論理の形式に十分な知
識を持っておかねばならない。
　そもそも演繹の妥当性は厳密な論理的規準であるために，日常の言語
とは感覚が食い違うこともしばしばある。たとえば日常語のようにつか
われる「ではない」「かつ」「または」「ならば」といった言葉は，論理
学における論理語として使われる場合は，明確な否定・連言・選言・条
件の規則にしたがって厳密に定義され，記号で表現できる。もし日常語
のようなあいまい性があると，論理が表現できないのである。たとえば

日常表現では「このコーヒーは美味しくない」と言えば，「まずい」と
ほぼ同じ意味で，一種の婉曲表現となる。しかし，論理学的に否定を解
釈すれば「美味しい・というわけではない」ので，「まずい」場合から
「どちらとも言えない」場合まで含まれる。一方，日常表現の「美味し
くなくはない」と言い方は，論理学の体系では二重否定として「美味し
い」と同義となる。

　また日常的な表現では，結論を支える前提が明示されずに暗黙の前提
となっている場合も多い。日常会話の中である話題が共通認識として当
然のことと見なせれば，冗長になることを避けて省略するのが普通であ
る。たとえば「あの人の経験は十分でない。この仕事には使えないね」
という表現には，暗黙の前提として「経験が十分な人がこの仕事に使え
る」が隠されている。クリティカル・シンキングでは，こうした隠れた
前提を本当に自明のこととしてよいのかどうかを懐疑的にとらえる態度
が大切である。

　論理学においても，こうした日常的な議論や推論を評価できるように
拡張された分野である非形式論理学があり，英語圏の哲学・論理学系の
クリティカル・シンキング教育に中心的役割を果たしている。中でも，
日常の論法の中で陥りやすい誤りを分類整理した誤謬論について，続く
第5，第6章でも取り上げる。

（4）帰納

　帰納推論には，演繹のような真理保存性はなく結論を論理的に正当化
できない。演繹の妥当性は論理構造から決定できるが，帰納は蓋然性
（確率，確からしさ）によってその強さが評価される。演繹は構造とし
て前提に結論が含まれ，結論で情報量が増えないが，帰納では前提にな
い新しい情報を付け加え，経験的知識を拡張できる。

　一般に帰納と言えば，個別の事例を重ねていって一般化した結論（法則，仮説など）を導く枚挙型帰納を指す。たとえば集団の一部分のみの例から，集団全体に普遍化することができる。

1　熱心に勉強した放送大学生 A さんは100点をとった
2　熱心に勉強した放送大学生 B さんも100点をとった
3　熱心に勉強した放送大学生 C さんも100点をとった
4　……
結論　熱心に勉強した「放送大学生」はみな100点を取るだろう

　枚挙型帰納の評価では，結論を支える根拠の数と質が重要になる。たとえば上記の例では，枚挙したサンプルが母集団の放送大学生を十分に代表しているなら，結論は説得力が高まるだろう。個別の事例から上位のカテゴリに対して帰納を行う一般帰納の場合，私たちの確信度が高くなるのは，前提の数が多いだけでなく，結論のカテゴリにおいて典型性が高いことや，前提中の対象が多様なことなどが指摘されている。これらの効果は，前提が前提と結論を含むカテゴリを網羅している程度を表す被覆度という概念で説明される（類似・被覆度モデル）。
　クリティカル・シンキングにおいても帰納推論は，情報の収集や観察にもとづいて新たな仮説や知識を生み出す推論として重要な役割を果たす。帰納では前提と結論の間に飛躍があるが，限られた情報から帰納的に新しい情報を効果的に引き出す推論は，認知能力の高さとしてとらえられる。一方，不確実な一部の状況から知識を拡張してしまうのが不完全帰納であり，これが情報収集からの推論の失敗を引き起こす。
　ちなみに，個別の事例からそれが属する全体について一般化するものを枚挙型帰納とするのに対して，個別の事例から次の個別の事例を結論

づけるものを投射（プロジェクション）とも言う。

（5）類推，アブダクション，仮説演繹法

　類推（アナロジー）は，異なる二つ（以上の）対象に何らかの類似性が見いだされた場合に，片方からもう片方を推論する帰納の一種である。未知の情報が多い問題解決場面でも，過去の経験（ベース）と現在の課題（ターゲット）の二つの異なる対象に類似した状況を見つければ二つの対象を対応づけ，新しい知識の拡大や構造化を促進する。前項でも述べたように，限定された情報から新しい情報を類推できる能力は，知的能力や創造性において重要な役割を果たす。また，情報の伝達や学習にあたっても類推を活用して，受け手にとって情報の理解を促進できる。ただし，類推が効果的なのは，双方の類似点が多いことや，類似性が表面的特徴によってではなく構造によって深くつながっているかどうかを考慮しなければならない。

　アブダクション（仮説形成）は，論理学者パースによって提唱された概念で，事実を説明するために最良の説明を推論する思考であり，「最良の説明への推論」とも呼ばれる。パースは推論を伝統的な帰納と演繹の二分法ではなく，演繹，帰納，アブダクションの三分法でとらえ，演繹を分析的推論，帰納とアブダクションを拡張的推論と位置づけている（パースの思想については，米盛（2007）参照）。アブダクションは，具体的には，以下のような推論過程である。

　疑念や探求を引き起こす意外な事実が観察された
　ある特定の仮説が真であれば，その事実は説明できる
　よってその仮説が真であると考えるべき理由がある

　このアブダクションは「事実が説明できる」といっても，演繹で言う「ならば」のような厳密な関係になっていることが少なく，形式的にも妥当とは言えない後件肯定になっている（現実には後件肯定にもなっていない場合も多い）。そのために妥当な推論とはいえず，結論の正しさは保証されない。しかし前提から結論にいたる飛躍こそ，新しい科学的な仮説や理論の発見や創造的思考において最も重要だとパースは考えた。

　アブダクションを評価するためには，その仮説が前提となる事実をよく説明できるかどうかを，暗黙の前提を含めて確認するだけでなく，可能な複数の仮説を比較して他に有力な仮説がないかを検討する必要がある。この過程こそ，クリティカル・シンキングを発揮すべきポイントである。たとえば第2章で見たような相関から因果関係の推定などがこれにあたるだろう。クリティカルな思考は，対象を多面的に見て，さまざまな可能な仮説を形成する上で重要な役割を果たすが，アブダクションの困難さは説明が見つからないからではなく，あまりに多くの説明が見つかる点にある。可能なすべての説明の中でどれが最良かを見極めることが，この推論のコツである（Schick & Vaughn, 2002）。

　アブダクションが仮説や理論の生成の過程なのに対し，仮説演繹法は，そこで立てた仮説が正しいと仮定するならば，現在観察できていない対象に対して，どのような事実が観察されるかを予言して，それを実験や観察によって確認する思考である。その結果，予測と実際の観測が一致したなら当初の仮説の確からしさが高まったとみなし，不一致ならば確からしさが下がったとみなす。

3．ロジカル・シンキングのツール

（1）社会で実践される論理的思考

　ここまで見たように伝統的な論理学が対象とした演繹的な推論の規準は，推論の基本として重要な意味があっても，現実の問題解決にそのまま適用できるわけではない。ただし，論理学の基底には，前提となる事実や仮定を根拠として，そこから筋道の通った論理的なつながりによって矛盾や誤謬のない一貫した正当な結論が導く，という枠組みがある。このアイディアを発展させ，さまざまな実践的な場面で現実の問題解決に役立つ有効な思考のスキルが提案され，教育や能力向上のために活用されるようになった。こうしたコンテンツが一般に受け入れられ，いわゆる論理的思考（ロジカル・シンキング logical thinking）の技法として広く知られるようになった。

　数多い論理的思考やロジカル・シンキングの教科書の共通点は，「論理的な思考」は，適切な根拠と正しい論理的つながりによって結論や主張へと至ることを重視している。こうした推論の筋道である論理は，言語要素の関連性で表現されるため，思考を論理的に表現する言語コミュニケーション技術としての論理力に焦点を当てたコンテンツが多い。たとえば国語教育においては，特に作文や小論文といった表現において，文章表現の語や命題同士の関連性を重視し，たとえば論理を示す接続詞を正しく使って論理構造を明確にすることが論理的思考教育の基本となっている。

　論理学では論理構造が汎用的な記号で表現できることでもわかるように，論理には言語や文化に依存しない汎用性がある。しかし，広い意味でのロジカル・シンキングは，緩く概念化されたもので，必ずしもグローバルなものではなく，領域や取り組みによって何を指すか，厳密に

定義されているわけではない。たとえば「論理的」の意味は，文化や言語によっても異なることも指摘されている。読み手にとって必要な要素が統一性と一貫性を持って配列される言語学的な意味での論理性を扱った研究では，アメリカや日本での論文と，フランス語文化圏とヨーロッパでは論文構成の原理が異なっており，論理的の基準が米仏では異なると報告されている。そのためある文化で論理的とみなされる文が，別の文化で理解不能と評価されたりすることが起こる。第11章で論じるように，論理的概念も，社会的に構築される性質があると考えられる（渡邊，2021）。

（2）ロジカル・シンキングの技法

ロジカル・シンキングの教育現場や実践現場では，根拠と結論のつながりを正当に評価したり，自分の主張を説得力のあるものにするためのガイドや技法が工夫考案されている。これらは，テンプレートのような思考の枠組みとして機能するので，思考のフレームワークと表現され，数学の初学者が公式を覚えるように，各種のフレームワークを使ったロジカル・シンキングが習得可能になる。

ここでは論理的な構造を明確にする上で代表的な思考のフレームワークをいくつか見てみよう。

・MECE（ミッシー）

主張が論理的であるためには，十分な量の根拠で支えられているだけでなく，それらがごく一部の領域に偏っていたり，また相互に重なって同じことを述べていたりするなど公平性・体系性がなければ説得力を欠く。相手を説得する上で，根拠や方法について重複・漏れ・ずれがないように部分集合に分解・グルーピングしてチェックする技術としてコン

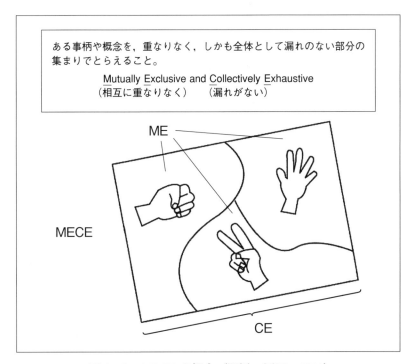

ある事柄や概念を，重なりなく，しかも全体として漏れのない部分の
集まりでとらえること。

Mutually Exclusive and Collectively Exhaustive
（相互に重なりなく）　　　（漏れがない）

ME

MECE

CE

図 4 - 1　MECE の概念（照屋・岡田，2001）

サルタント企業などで使われる技術が MECE である（照屋・岡田，
2001）。この概念は，もともと論理学や数学で使われる概念であり，日
常的な発想法では見落とされる選択肢や要素がありうるために，意図的
に抜けや重なりに注意を向ける必要からビジネス書でも取り上げられる
ことが多い。ただし，一般例として紹介されるものには，論理学的に厳
密な見方をすれば MECE とは言えないものも散見される。

・ロジック・ツリー
　情報を MECE に従って網羅的に整理するだけではなく，それらの関

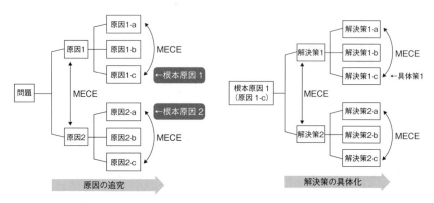

図4‐2　原因を追究する場合と，解決策を具体化する場合のロジック・ツリーの例（中村，2019）

係を複数の層で体系的に掘り下げて分析していく手法である。課題を整理しその関係性をツリー状に連結して，3から5段階に上位から下位まで，抽象的なものから具体的な事項まで分化して論理的な筋道を整理して，原因を追究したり解決策の選択をガイドしたりすることができる。

　ピラミッド・ストラクチャーは，ロジック・ツリーと似た構造だが，論理構造を三角形に積み上げて最上位の主張を強く支えて，説得力のある主張を形作る目的がある。たとえば，枚挙型の帰納においては，いくつもの実例が根拠となって MECE 的に事実を整理し，上位概念の結論を支える構造となる。

（3）トゥールミン・モデル

　イギリスの科学哲学者トゥールミン（Toulmin, S, E.）が提案したトゥールミン・モデルの図式は，議論を分析し有効な主張を行うために汎用性が非常に高い。当初は法学的議論を対象としたが，日常的な文脈がかかわる分野の議論を分析評価する図式として，現在では広い分野で

取り入れられている。

　トゥールミン・モデルでは，議論を主張（C : claim），根拠（D : data, ground），論拠（W : warrant），論拠の裏付（B : backing），限定詞（Q : qualifier），反駁（R : rebuttal）の 6 構成要素に構造化する（Toulmin, 1958, 戸田山・福澤（訳）2011）。ただし，分野によって用語は異なる場合も多い。

　ロジカル・シンキングで重視される枠組みは，根拠と結論（主張）の適切なつながりだが，トゥールミン・モデルでは，主張を支える理由を根拠（もしくは前提）D と論拠 W にわけ，さらに論拠の裏付け B を導入している。

　根拠 D は主張を支える理由であり，データや事実，研究結果などによって示される。その根拠にもとづいて主張 C がなされるが，この根拠はあくまでも経験的事実であり，「どうしてその根拠がその主張につながるのか」に対しての，概念的な仮説である論拠 W を示さなければならない。この論拠によって，根拠と結論の間のつながりの妥当性が支えられる。逆にこの論拠がなかったり不十分だと飛躍した結論と受けとらえる可能性がある。これは通常の議論であれば，暗黙のうちになされることも多いが，誰もが同じように暗黙の論拠を解釈するわけではない。

　たとえば「A さんは車を運転している。したがって免許を持っている」

　この「A さんは免許を持っている」という主張は，D が事実であるのに対して，「車を運転できるのは，免許を持っているひとだ」という論拠 W に支えられている。そして，その W は別の保証が必要であり，それが道路交通法という法律の見地（B）によって裏付けられる。この保証なしでは，論拠自体が通用しない可能性がある。また，この論証

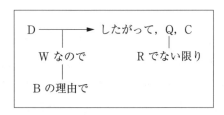

図4-3　トゥールミン・モデル

は，限定するための「推定するに」（Q）を挿入しなければならない。
たとえば，運転しているのが私有地である場合（R）に論駁されるかも
しれない可能性がある。

　このトゥールミンの論証のレイアウトは，根拠と結論のつながりを明
示するもので，さまざまな推論の評価に活用できる。これによって，あ
る主張をクリティカルに考えるだけでなく，自分の主張に説明力を持た
せる上でも有効性が高い。また，この6要素は3要素（データ＋論拠
（ワラント）→主張）に簡略化されたり，さらに三角ロジックとしても
応用されている。3要素を社会問題のクレイムに当てはめた例は第11章
で具体的に解説する。

■学習課題

　あなたが何かを友達に主張したのに，それが受け入れられなかった経
験を思い出そう。たとえば，遊びに行く先や食事する店を相談したとき
や，他に何か説得に失敗したときのことでもよい。あなたの説明をあな
たの主張を，トゥールミンのモデルに従って，説得力のあるものに再構
成してみよう。

参考文献

倉田剛（著）（2022）．論証の教室（入門編）　インフォーマル・ロジックへの誘い　新曜社

戸田山和久（著）（2005）．科学哲学の冒険　NHK 出版

福澤一吉（著）（2017）．論理的思考　最高の教科書　SB クリエイティブ

椎名紀久子・後藤希望・森川セーラ・南塚信吾（著）（2022）．図解で学ぶクリティカル・シンキング　トゥールーミン・モデルを活かして　アルファベータブックス

引用文献

Evance, J. S. B. T., & Over, D, E.（1996）. Rationality and reasoning Blackwell.（エバンス＆オーバー（著）山祐嗣（訳）（2000）．合理性と推論　人間は合理的な思考が可能か　ナカニシヤ出版）

福澤一吉（著）（2012）．文章を論理で読み解くためのクリティカル・リーディング　NHK 出版

波頭亮（著）（2004）．思考・論理・分析　産業能率大学出版部

樋口直宏（著）（2013）．批判的思考指導の理論と実践　アメリカにおける思考技能指導の方法と日本の総合学習への適用　学文社

中村力（著）（2019）．ビジネスで使いこなす「定量・定性分析」大全　日本実業出版社

岡部勉（著）（2007）．合理的とはどういうことか　愚かさと弱さの哲学　講談社

Schick, T. Jr., & Vaughn, L.（1999）. How to think about weird things: critical thinking for an new age. McGraw-Hill.（T・シック・ジュニア＆L・ヴォーン（著）菊池聡・新田玲子（訳）（2004）．クリティカル・シンキング　不思議現象篇　北大路書房）

Stanovich, K, E.（2010）. Decision Making and Rationality in the Modern world, Oxford University Press.（キース・スタノビッチ（著）木島泰三（訳）（2017）．現代世界における意思決定と合理性　太田出版）

田中俊也・北野朋子（2010）．サイモンの「限定合理性」の持つ意味　関西大学文学部心理学論集　4，7-18.

照屋華子・岡田恵子（著）（2001）．ロジカル・シンキング　論理的な思考と構成の
　スキル　東洋経済新報社

Toulmin, S, E. (2003). The Use of Argument, (2nd edition). Cambridge University
　Press. （トゥールミン（著）戸田山和久・福澤一吉（訳）(2011)．議論の技法　東
　京図書）

渡邊雅子（著）（2021）．「論理的思考」の社会的構築　岩波書店

5 | クリティカル・シンキングと哲学的懐疑

| 伊勢田　哲治

《**目標＆ポイント**》　クリティカル・シンキングという言葉が今の意味で使われるようになったのは20世紀の半ばごろからであるが，情報や意見を受け入れる前によく吟味するという考え方自体は哲学の歴史の中に古くから存在してきた。本章では，哲学的な懐疑の手法や考え方，留意すべき点について学び，そこからよく考えるためのヒントを得る。
《**キーワード**》　哲学的懐疑，デーモン仮説，ヒュームの因果の問題，ヒュームの帰納の問題，文脈主義

1. ギリシャ哲学におけるクリティカル・シンキング

（1）哲学的懐疑とは

　われわれは日常生活においてもいろいろなことを疑う。家を出るときに鍵をかけて出てきただろうか，と疑ったり，インターネットで見た情報が本当だろうかと疑ったりする。そうした疑いを持つことは，情報を批判的に吟味するクリティカル・シンキングのプロセスを始める第一歩であり，クリティカル・シンキングに欠かせないものである。

　哲学的懐疑はそうした日常的懐疑と地続きではあるものの，同じというわけではない。哲学的懐疑は，われわれの日常生活の背後にあって，当然の前提となっているもの，それを前提としていることすら意識していないようなものを疑いの対象にする。懐疑の対象は，この世界が存在するということ自体だったり，われわれがこの世界の基本構造として無

意識に受け入れているものだったりする。そうした，普通は疑わないことを疑うのだから，疑う根拠の示し方，疑いにつながる議論の組み立て方も日常的な懐疑より大掛かりなものとなる。

　哲学的懐疑には，どうやって疑うかという，「疑う技術」のヒントがつまっている。この技術は使い方次第では非常に強力なツールにもなるし，逆に強力すぎて破壊的な武器にもなりうる。そうした哲学的懐疑の両面性に注意しながら，以下，哲学的懐疑の歴史を簡単にたどっていきたい。

（2）ソクラテスとプラトンのクリティカル・シンキング

　現代においても哲学の祖の一人として名前を挙げられることの多いソクラテスは，自身では著作を残さなかったが，プラトンらの著作によってその思想の概要が知られている。ソクラテスは問答法と呼ばれる方法を用いて哲学を行った。これは，何かを知っていると思っている相手に対し，適切な質問を投げかけることで無知を自覚させる方法である。ソクラテス哲学の標語として知られる「無知の知」や「汝自らを知れ」という言葉は，こうした対話を通して自分の無知を自覚することの重要性を指している。プラトンの初期の対話篇はこうしたソクラテスの姿を生き生きと描き出している。

　たとえば，「メノン」という対話篇では，ソクラテスは来客のメノンが「徳は教えられるか」と質問するのに，「徳とは何か」と逆に尋ね返し，メノンが出す答えを一つ一つ不十分だといって却下していく（プラトン 1974）。メノンが男性と女性で別々の徳目を挙げたり，正義，節制などのリストを挙げたりすれば，「それらばらばらなものの共通項がわからなければ徳が何かわかったことにはならない」と言い，「徳とは善いものを欲することだ」という答えには，「そもそも悪いものを欲する

など語義矛盾だ」と答え，「徳とは善いものを獲得できることだ」という答えには「不正に獲得するのも徳があることになるのか」と聞き返す。結局メノンは自分が徳とは何かについて知らなかったということを認めざるをえなくなる。こうした（プラトンの伝える）ソクラテスの態度には，なんとなく知っていると思い込んでいるものを吟味するクリティカル・シンキングの原型となる態度が現れているといっていいだろう。

　プラトン自身は，ただ論駁するだけのソクラテスの態度を脱して，積極的にわれわれが何を知っているかについての考えを展開していく。対話篇「メノン」を例に挙げたのは，実は，この対話篇が前半ではソクラテス的な態度を，後半ではプラトン自身の哲学の発展を，それぞれ示しているという点で興味深い一篇となっているからである。「メノン」の後半では，「じゃあどうやって徳について知ることができるのか」と問い返すメノンに対して，ソクラテスは，魂は不死なので，いろいろな知識を生まれる前から知っており，われわれはそれを思い出すだけなのだ，という「想起説」と呼ばれる立場で答えている。

　対話篇の中でソクラテスは想起説の根拠として，幾何学について知らない召使いが，適切な誘導さえされれば自分で幾何学問題の答えを見つけることができる，という実験をしてみせている。メノンはこうした実験を見せられて想起説に簡単に同意するのだが，本当にそう簡単に同意できるものなのか，ちゃんと批判的に吟味できているのだろうかという疑問は生じる。魂なんて見たことがないが本当にあるのか，幾何学の問題が解けるのはこれまでの経験が生きているだけではないか，誘導尋問のようになっているのではないか，数学以外の問題については教えられずに答えが分かるなんてことはほとんどありえないから数学が特殊なだけではないか，など疑えるポイントは多々ある。徳とは何かについての

さまざまな説明を切り捨てる際のソクラテスがあれほど切れ味が鋭かったのに，その切れ味は想起説そのものに対しては全く発揮されていないように見えてしまう。ただ，何か建設的なことをしようとしたときに疑問を投げかけるだけでは話が前に進まないのも確かである。まず想起説のような立場が提案されることで，それに対してわれわれ読者がクリティカル・シンキングを働かせるという場面も生まれてくるのである。

（3）論理学の創始者としてのアリストテレス

　ソクラテス，プラトンとならんでギリシャにおける哲学の祖として名前を挙げられることの多いアリストテレスは，思考の技法という意味でのクリティカル・シンキングの祖の一人でもある。アリストテレスは，『分析論前書』で正しい推論のパターンの体系を整理した（アリストテレス 2014a）。これは前提が二つ，結論が一つの形を取ることが多いことから一般に「三段論法」と呼ばれるが，必ずしも前提が二つである必要はないので，「三段」の形以外をとらないわけではない。三段論法の代表例としては以下のものがよく知られている。

　　（大前提）すべての人間は死ぬ。

　　（小前提）ソクラテスは人間である。

　　（結論）ソクラテスは死ぬ。

　アリストテレスの論理学は19世紀に記号論理学が発達するまで，思考法の基礎という役割をはたしてきた。アリストテレスの考える正しい推論はすべて一般的な原則から個別の事例についての結論を導き出すという形をとっており，そうした推論は「演繹」と呼ばれた。こうして，その意味での「演繹」が正しい思考法の典型とされた。

　その後，記号論理学の発達と共に，「正しい」推論のパターンにはいろいろな形があることが認識されるようになり，「演繹」という言葉は

「前提がすべて正しければ結論も正しいような推論」というように意味が変化していく。上の三段論法も，大前提と小前提が正しければ，結論が間違っていることはありえない，という意味では確かに新しい意味でも演繹なのだが，別に一般的な原則から個別の命題を導き出すのでないような場合もこの条件を満たすことがある（たとえば前提と結論が全く同じという「推論」も新しい意味では演繹である）。そうした変遷はありつつも，アリストテレスが思考の技法に着目したことは，その後のクリティカル・シンキングの道を開くことになった。

　アリストテレスは，また，『ソフィスト的論駁について』という著作の中で，「ソフィスト的論駁」，つまりまっとうな結論に対して詭弁を用いて反論してくる人たちの議論の分類も行っている（アリストテレス2014b）。こうした詭弁の類型を前もって知っておけば対処もしやすくなるという意味で，これもまたクリティカル・シンキングの源流となっていると言えるだろう。

　アリストテレスの挙げる誤謬のうち，今でも取り上げられることが多いものをいくつか紹介する。まず挙がるのは「合成の誤謬」と「分割の誤謬」である。これらはそれぞれ，部分に対してあてはまる特徴が全体にあてはまると考えたり，全体にあてはまる特徴が部分にもあてはまると考えたりする誤謬である。近年使われる例でいえば，個々人が合理的に行動した結果が集団全体としては不合理になったり，逆に集団にとって合理的な選択が個々人にとっては不合理だったりする場合に，そうした個々人と集団の合理性のずれを無視してしまうのが合成の誤謬や分割の誤謬にあたる。

　もう一つ，アリストテレスの挙げる誤謬の中で現在でもよく言及されるのが「無関係な結論を導き出す誤謬」である。これは中世には「イグノラティオ・エレンキ」（「論駁の無視」というような意味）と呼ばれ，

相手の問いに正面から答えずわざと論点をそらすような議論全般を指す。この誤謬は現代のクリティカル・シンキングの教科書等では「燻製ニシンの誤謬」(fallacy of red herring) という名前で紹介されていることが多い。

　以上のように，古代ギリシャにおいて，現代にもつながるような思考法のヒントはすでにいろいろと見いだされていた。アリストテレスに代表されるようなギリシャ哲学の本流においては，ソクラテスのようにただ疑問を投げかけるだけという態度は次第にトーンダウンし，正しい思考法を身につけることで世界についてよりよく知ることができるという建設的な方向へと哲学が向かっていった。アリストテレス自身，今でいう天文学，物理学，生物学などにまたがる膨大な著作を残している。ただ，さまざまな思考の技法に精通していたアリストテレスが自信をもってたどりついた世界観は，地球が宇宙の中心にある天動説の世界であり，万物は（月の軌道より内側の世界においては）火，空気，水，土の4つの元素の組み合わせで構成されているという四元素説だった（月の軌道より向こうの宇宙はエーテルという第5の元素で構成されていると考えられた）。時代の制約とはいえ，正しく思考した結果がこれほど大きく真理とはずれてしまったのであれば，本当にその思考法でよかったのか，という疑念が生じることになる。

2. 懐疑主義の源流

(1) 古代哲学における懐疑主義

　このように，ギリシャ哲学は，疑う態度をある程度に留めて建設的な知識獲得の方向へむかったが，疑う態度を徹底するならば，本当にわれわれが世界について知ることができるのかというのは疑おうと思えば疑えないことはない。プラトンやアリストテレスのアテナイ哲学に続くへ

レニズム期の哲学においては，さまざまな学派の一つとして，ピュロン主義と呼ばれる，懐疑を徹底する学派が登場した。ピュロン主義は，さまざまな主張を疑い，判断を保留するべきだと主張する。この学派の懐疑主義的な思想は，次に紹介するデカルトを介して，近代哲学に大きな影響を及ぼすことになる。

　ピュロン主義の始祖であるピュロン本人については，著作も残っておらず，断片的なことしかわからない。ディオゲネス・ラエルティオスの『ギリシア哲学者列伝』では，ピュロンの逸話として，馬車だろうが崖だろうが犬だろうが避けずに歩いていったとか，彼の師匠が沼に落ちても助けようとせずに通り過ぎたといったエピソードを紹介しているが，おそらくピュロン主義を揶揄するために作られた逸話だと思われる（ディオゲネス　ラエルティオス 1984）。ピュロン主義の思想がもっとも体系的に整理されているのはセクストス・エンペイリコスの『ピュロン主義哲学の概要』と呼ばれる著作である（セクストス　エンペイリコス 1998）。ここでは，特に，「十の方式」や「五つの方式」としてまとめられている議論のパターンを紹介する。

（2）懐疑主義の十の方式

　まず「十の方式」であるが，これは，正しそうに思えるものについて判断を保留する理由になるような論点として懐疑主義の初期にまとめられたものとのことである。十の方式として名前が挙がるのは以下の項目である（Annas & Barnes, 1985 金山訳 2015）。

（ⅰ）動物相互の違いに基づく方式
（ⅱ）人間同士の相違に基づく方式
（ⅲ）感覚器官の異なる構造に基づく方式

（iv） 情況に基づく方式

（v） 置かれ方と隔たりと場所に基づく方式

（vi） 混入に基づく方式

（vii） 存在する事物の量と調合に基づく方式

（viii） 相対性に基づく方式

（ix） 頻繁に遭遇するか，稀にしか遭遇しないかに基づく方式

（x） 生き方と習慣と法律などに基づく方式

　すべての内容を紹介する紙幅はないので，いくつかを例に取る。（ii）の「人間同士の相違に基づく方式」というのは，たとえば同じ食品でもある人にとっては有毒だが他の人にとっては無害だということがありえて，「毒物」かどうかは相対的だ，といった例が挙がる。学派による意見の違いもここに分類される。（iv）の「状況に基づく方式」の例としては，体調によって味覚が変わる例などが挙げられるほか，夢を見ているときに確かにそこにあると感じられるものが起きているときには存在しないといった場合もこれに含められている（以下で紹介するデカルトの有名な懐疑の議論はこれに着想を得ていると思われる）。（viii）の「相対性に基づく方式」とは，同じものが比較対象によって「大きい」と判断されたり「小さい」と判断されたりする場合などである。（x）の「生き方と習慣と法律などに基づく方式」は，民族ごとに習慣や法律が違うために判断が異なるということに由来する相対性である。古代ギリシャで知られていた例では，父親が死んだときに火葬する文化と父親の死体を食べる文化があり，お互いにとって相手の文化のやり方はとうてい許容できないと考えられていたという。

　これらの方式は，懐疑主義者にとっては，最終的に判断を保留する論拠になると考えられていた。しかし，現在のわれわれの視点からすれ

ば，これら十項目は，最終的な判断を下す前に気をつけるべきことではあるけれども，判断を完全に保留するまでには至らないものが多いだろう。たとえば文化によって価値観が違う例については，「この文化においては父親の死体を食べるのが望ましい行為である」というように，文化に相対的に善悪を考えるという形で判断保留を避けることもできる（文化相対主義と呼ばれる考え方である）。

（3）アグリッパのトリレンマ

　セクストス・エンペイリコスは，「十の方式」のリストと別に，「五つの方式」と呼ばれるリストも紹介している。前出の『ギリシア哲学者列伝』では，この「五つの方式」はアグリッパという懐疑主義者によってまとめられたものとされている。五つのうち二つは「十の方式」のうちの第二の方式（人間同士の相違に基づく方式）と第八の方式（相対性に基づく方式）と内容が重複している。あとの三つは後の時代に受け継がれ，「アグリッパのトリレンマ」とか「ミュンヒハウゼンのトリレンマ」といった名前で知られるようになる。トリレンマというのは，三つある可能性のどれをとっても苦しい状態になるという状況を指す。

　アグリッパのトリレンマは，ある命題がどのように正当化されるかを考える状況で生じる。その命題を別の命題で正当化するなら，その別の命題はどうやって正当化されるかという問題が生じ，どこまでもさかのぼって切りがなくなる（「無限背進」と呼ばれる）。無限背進をさけようとすると，単にある命題が根拠なく正しいと仮定することになる。第三の可能性として，いくつかの命題がお互いを正当化しあうというパターンも考えられるが，これは循環論法になってしまう。無限背進，仮定，循環論法のいずれにせよ正当化として満足のいくものではない。したがって，どんな命題も正当化されていないので，判断を保留するべきだ

ということになる。

　アグリッパのトリレンマは，「十の方式」と違って，気をつければ解決というわけにはいかない。それどころか，この問題は知識の正当化をめぐる基本問題として，現代の認識論の基礎の一つとなっている。その際によく用いられる「ミュンヒハウゼンのトリレンマ」という別名は，ほら話で知られるミュンヒハウゼン男爵に由来する。ミュンヒハウゼン男爵の有名なほら話の一つに沼から自分のブーツを引っ張って自分を引き上げたという逸話があるが，これが循環論法による正当化のアナロジーになっているというわけである。

　ピュロン主義は，ある意味では非常に破壊的な性格を持っていたと言えるだろう。ああいう可能性もある，こういう可能性もある，この主張もあの主張も正当化されていない，とさまざまな主張を批判的に吟味した結果，ほとんどのことがらにたいして判断の保留という結論に至ったわけである。しかし，こんな破壊的な結論だけ出して終わりですむのだろうか。前出のピュロンの逸話はおそらく作り話だという話はしたが，確かにピュロン主義の立場を貫くなら，目の前に馬車が来るように見えたからとか，崖があるように見えたからといって回避行動を取る必然性はない。批判的態度の限度というものについて考える上で，ピュロン主義の主張は一つの参考となる。

3．近代の懐疑主義

（1）デカルトの方法的懐疑

　ルネ・デカルトは，近代哲学の祖の一人であるとともに，強力な懐疑主義の議論の考案者でもある。デカルトの議論はその後の哲学の進む道に大きな影響を与えることとなった。デカルトの議論は『方法序説』（1637）や『省察』（1641）にまとめられている。以下はより詳しく思考

のプロセスを追っている『省察』にそって紹介する（Descartes, 1637
山田訳 2010；Descartes, 1641 山田訳 2006）。これらの著作はクリティ
カル・シンキングの精神の模範的な例であるとともに，大きな反面教師
でもある。

　デカルトは，自分が書物で学んできたことが玉石混交のよせあつめで
あり，非常に不確かなものであることに失望してきた。その状況を解消
するためにデカルトが考えたのは，あやふやな知識を一旦すべて取り除
き，確実に正しいとわかっている基礎の上に知識を築きなおすという方
法だった。あくまで知識を建設するための手段として懐疑論的議論を利
用するという考え方なので，デカルトの懐疑は「方法的懐疑」と呼ばれ
る。

　さて，方法的懐疑を実際に行ってみると，ほとんどのものは疑おうと
思えば疑えることが分かる。このプロセスは『省察』の中の「第一省
察」に詳しい。知識の大半は感覚を通じて得られるが，感覚は間違いう
る。感覚が間違いうるといっても限度があるだろうと思うかもしれない
が，われわれは夢の中ではおよそありえないようなことを真面目に信じ
ていることがある。自分が夢の中にいるのではないと言い切れないな
ら，自分が信じていることが本当に確実だとも言い切れないはずであ
る。数学的な知識なら確実だと思うかもしれないが，もしかしたら，自
分を欺く神がいて，２＋３という足し算をするたびに自分が計算間違い
をするようにしむけているかもしれない。

　こうした考えに対し，「神様は人間を欺いたりしない」と言う人もい
るので，デカルトは「神」の代わりに有名な悪しき霊（デーモン）を想
定する。デーモンは神のような力を持つ存在だと想定される。もしかし
たら，自分が見ている世界のすべて，自分の体だと思っているもののす
べてが，デーモンがわたしを騙すために見せている夢かもしれない。

　デカルト自身はこのデーモン仮説についてあまり多くを説明しないが，デーモン仮説はピュロン主義の懐疑的な議論の諸方式と大きく異なる特徴を持つ。一見してわかるように，デーモン仮説は日常的な懐疑と一線を画す，世界全体についての大規模な懐疑である。大規模な懐疑であることは，デカルトの議論のもう一つの重要な特徴につながる。それは，懐疑を解消する方法が原理的に存在しないこと，もっと言えば，懐疑への反論を封じるしくみが最初から組み込まれていることである。たとえば，そんな神のような力を持つデーモンが存在するなんてまずありえないからデーモン仮説は気にする必要がない，と反論しようとしたとする。しかし，そうやって「まずありえない」と判断する根拠になる情報は，すべてわれわれが経験を通して得たものである。ということは，もしデーモン仮説が正しいなら，ほかならぬデーモン自身がわれわれに与えた幻想である。そうした反論は，デーモン仮説自体によって反論としての力を奪われてしまうのである。このように反論封じの組み込まれた懐疑的思考実験は，その後の近代の哲学で繰り返し登場するが，そのモデルを提供したのがデカルトだったわけである。

　これと関連して，もう一つ，哲学的懐疑についてよくある誤解についてふれておこう。デカルトの懐疑について紹介する際に，「デーモンが存在するというような非常に確率が低いことまであるかもしれないと想定するのが哲学的な懐疑だ」というような言い方がされることがある。しかし，これは，デーモンが存在する確率については，哲学的懐疑と関係なく客観的に決めることができる，ということを前提にしている。しかし，デーモン仮説においてはそうした確率の見積もりの根拠となっているわれわれの経験そのものが疑いの対象になっているのであり，われわれはただ「デーモンが存在する確率は低い」と（デーモンに）思い込まされているだけかもしれない。したがって，哲学的懐疑をする側から

すれば，まずありそうもない可能性まで考慮にいれているというわけではなく，そうした確率判断も含めて懐疑している，という言い方が正しいだろう。

（2）デカルト自身の解決

　さて，これだけ強力な懐疑的想定を行ったデカルトであるが，それはその懐疑を乗り越える自信があってのことだった。これだけの想定を行ったあとで，デカルトは，デーモンが騙しているかもしれないと考えている自分の存在は否定できないということに気づく。その箇所の記述は非常に興味深い。

　「私が自分に何かを説得したのなら，たしかに私は存在したのである。しかし，何か最高に有能で狡猾な欺き手がいて，私を常に欺こうと工夫をこらしている。それでも，かれが私を欺くなら，疑いもなく私もまた存在するのである。できるかぎり私を欺くがよい。しかし，私が何ものかであると考えている間は，かれは，私を何ものでもないようにすることはけっしてできないだろう。それゆえ，すべてのことを十二分に熟慮したあげく，最後にこう結論しなければならない。「私は在る，私は存在する」という命題は，私がそれを言い表すたびごとに，あるいは精神で把握するたびごとに必然的に真である。」（デカルト『省察』第二省察。訳文は Descartes, 1641 山田訳 2006, 44-45ページ）

　ここでは自分が存在することがいろいろな形で確認されている。考えているということ自体，考える自分が存在する証拠である。それだけでなく，自分を「説得する」とか「欺く」といった行為が成立するためにも，自分というものは存在しないわけにはいかない。こうして，デカル

トは，絶対に過ち得ない基礎として「考える私は存在する」ということを確立した。

このデカルトの結論自体，実は疑おうと思えば疑える（存在するのは「考え」であって，「考える自分」が存在するとまではいえないのではないか，など）。ここではその点には深入りしないことにしよう。むしろ，もっと問題にすべきは，われわれが知っていることが自分が存在するということだけだとしたら，その知識はほとんど何の役にもたたないということである。たとえば，目の前に危険が迫っているように見えても，それもデーモンが見せている幻の一部かもしれないと思っていたら回避する行動は取れないだろう。

デカルトはこの問題は回避できると考えた。まず，デカルトは，明らかに不完全な自分の心の中に「完全なもの」の観念があることに気づく。この観念は不完全なものからは生じ得ないので，完全性を備えた存在から与えられたのに違いない（とデカルトは考えた）。その完全性を備えた存在とは神である。こうしてデカルトは神の存在を証明できると考える。もし完全なものとしての神が存在するならその神はわれわれを騙したりはしないだろう（騙すというネガティブな動機は不完全さを示す特徴なので）。ということは，わたしが明晰判明に正しいと認識することは，実際に正しいはずである。こうしてわれわれは，この世界がデーモンの見せる幻ではなく，実際に存在し，その世界について知識を得ることができる，ということが示された（とデカルトは考えた）。

この議論は，少しでも疑う余地のあるものはすべて疑うという方針をたてたはずのデカルトの議論としてはあらが多すぎるように思える。完全さの観念は不完全なものからは生じない，というのはなんとなく説得されそうになるが，2＋3が5になるかどうかすら疑えるのであれば，それよりはよほど疑いの余地が大きいように見える。完全なものとして

の神が存在するなら，そうした神は我々を騙すことがありえない，というのも我々の「完全さ」についての理解が及ばないだけという可能性がありそうである。こうしてみると，デカルトの議論が「何が信じられないか」ではなく「何が信じられるか」という方向に向かったとたん，デカルトの議論の切れ味がにぶってしまったように見える。結局，その後の哲学の歴史において，デーモン仮説は長らく大きな影響を与え続けることになるが，デーモン仮説を乗り越えるためのデカルト自身の解決の影響は限定的だった。

　さて，ここで紹介したデカルトの思考が，批判的に吟味する精神の一つの到達点であることは疑いない。この世界そのものの存在について判断を一旦保留するところまで懐疑を突き詰めたこと，そしてただ疑うだけではなくデーモン仮説という根拠も示したのは，批判的な吟味の模範を示したものと言えるだろう。しかし，デーモン仮説は，建設的な議論の一部として使うには強力すぎた。デカルトがある意味で非常に苦しい議論を重ねて世界が存在することを示さなければならなくなったのも，デーモン仮説の破壊力の強さゆえと言えなくもない。デカルトの議論のこうした面は，建設的にクリティカルシンキングを行う際には反面教師として参考にすべき部分ではないだろうか。

（3）ヒュームの二つの問題

　デカルトのデーモン仮説は近代の哲学に一つの議論のパターンを示すことになった。古代の懐疑論が個別具体的なものに対する懐疑を中心としていたのに対し，包括的で根源的な懐疑を行うことで，反論をあらかじめ封じるような強力な懐疑の議論が作れるのである。この懐疑をデカルト以降の哲学者でもっともよく実践した一人がデイヴィッド・ヒュームである。ここでは，因果と帰納に関するヒュームの懐疑的議論を，主

に『人間本性論』(1739) 第一巻第三部での議論の組み立てに基づいて
紹介する (Hume, 1739 木曾訳 1995)。ただし，ビリヤードボールの事
例は，少し簡略化された形でこの問題を論じている『人間知性研究』
(1748) の方で用いられた事例を利用している (Hume, 1748 神野・中
才訳 2018)。

　ヒュームが批判的に吟味するのは，「われわれは今見ているものから
まだ見ていないものについて推論することができる」という帰納的推論
についての信念や，「われわれは因果関係について知ることができる」
という因果的知識についての信念である。ヒュームは，われわれが数学
的な知識や，目の前に見ているものについての知識（大小関係や類似性
など）を持つことは認める（この点でヒュームはデカルトとは大きく異
るところから話を始めている）。それでは，われわれは目の前に見てい
ないもの，たとえばこれから何が起きるかについてはどうだろうか。も
し原因と結果の関係，因果関係についての知識というものがありうるな
らば，われわれは目の前に見ている原因から結果を推測することができ
るだろう。しかし，われわれは因果関係について知ることはできるだろ
うか。

　ヒュームは，ビリヤードボールが一つ動いていって，もう一つのビリ
ヤードボールにあたり，2つ目のビリヤードボールが動き出す，という
ような状況を考える。この場合，最初のビリヤードボールの運動が原因
で2つ目のビリヤードボールの運動が結果であるように思われる。その
ときに実際に見ているものは，原因とされるものと結果とされるものが
時間・空間的に近接しているということ（近接性），原因とされるもの
が結果とされるものより時間的に先に現れるということ（先後関係），
そしてこの関係がこれまで繰り返し経験されてきたということ（恒常的
連接）だけである。

　しかしわれわれが「因果関係」という言葉を使うとき，そこで念頭においているのは近接性，先後関係，恒常的連接にとどまらず，原因と結果の間にある種の必然的結合があるということである。第一のビリヤードボールが当たって第二のビリヤードボールが動いたとき，それはたまたま今回もそうなった，というのではなく，ある種の必然性があって，第一のビリヤードボールが当たったならば第二のビリヤードボールはそのように動かずにはいられないはずだ，とわれわれは想定する。しかし，われわれはその根拠になるものを何一つ目にしてはいない。第一のビリヤードボールがぶつかっても第二のビリヤードボールが微動もしないというのも全く矛盾なく想像できるという意味で，第二のビリヤードボールが動くという結果は必然性を持たない。

　しかし，これまでずっと繰り返し同じことが観察されてきたのなら，次も同じことが観察されるはずだ，と考え，第二のビリヤードボールが動くさまを思い浮かべるのは自然なことではないのだろうか？　ここでヒュームはとっておきの議論を繰り出してくる。こうした過去の経験からの推論には，暗黙の前提がある。『人間本性論』第一巻第三部第六節でのヒューム自身の表現を使うなら，それは「経験されなかった事例は，経験された事例に必ず類似し，自然の歩みは常に一様に同じであり続ける」という前提である（Hume, 1739　木曾訳 1995 110-111ページ）。これは自然の斉一性の原理と呼ばれる。自然の斉一性が成り立たない状況というのは想像可能なので，これは必然的な真理ではない。では自然の斉一性が成り立つことをわれわれはどうやって示すのか。ヒュームが想定する答えは，われわれは過去の経験から自然の斉一性を導き出している，というものだが，それでは自然の斉一性が，過去から未来への推論の根拠でもあり帰結でもある，ということになる（つまり循環論法になっている）。循環論法はさすがにまずいだろう，というわ

けである。

　ヒュームはこれで自然の斉一性の原理を完全にやっつけたとは考えていない。ただ，自然の斉一性が正統な原理だと主張する側には，それを示す責任がある，と考える。そして，ヒューム自身いくつか考察するが，いずれの疑問も却下される。こうして，過去の経験から未来について推論することは正当化されない。と同時に，もともとの問題であった，原因と結果の恒常的連接から必然的結合を想像することも正当化されないことになる。

　以上のヒュームの議論は，二つの懐疑が一辺に扱われているのでややこしくなっている。再確認すると，一つは因果に関する懐疑で，われわれが知っていること（時間・空間的近接，先後関係，恒常的連接）からは，われわれが因果として想像するもの（原因と結果の必然的結合）は導けない，と論じるものである。もう一つは現代の用語でいえば帰納に関する懐疑で，過去の出来事から未来の出来事について推論する推論（帰納的推論）は根拠のない推論である（根拠として想定される自然の斉一性は帰納的推論そのものに依拠して循環論法になる）というものである。前者は「ヒュームの因果の問題」，後者は「ヒュームの帰納の問題」と呼ばれる。両者は無関係ではないものの独立の問題であり，『人間本性論』でのヒュームの論じ方は，両者が少し混同されているように見える部分がある。

（4）ヒュームの議論の影響

　デカルトの方法的懐疑の紹介で，反論封じが組み込まれた思考実験になっているということを紹介したが，ヒュームの帰納の懐疑にも似た特徴がある。過去の経験から未来のことについて推論することが本当にできるのか，という疑いに答えようとして持ち出される証拠は，証拠であ

る以上当然過去の経験に属するので，それを未来のことについての証拠として使おうとすると，まさに証明すべきことがら（過去の経験から未来のことについて推論できる）を前提とせざるをえない（これはアグリッパのトリレンマでいう循環論法に該当する）。これではこの懐疑には答えようがない。

　ヒュームはこのような懐疑から何を導き出そうと考えていたのだろうか。彼は因果や帰納についての懐疑を解消しようとはしないが，かといってわれわれが因果や帰納という考え方を使うのをやめられるとも考えていない。理屈で考えた結果がどうあれ，われわれは思考の習慣として自然の斉一性がなりたっていると考えるし，思考の習慣として恒常的連接から必然的結合を導き出す。

　ヒュームの2つの問題はカントの哲学などに影響をあたえたことが知られているが，その後19世紀ごろには半ば忘れられた存在となっていた。20世紀になってヒューム哲学の見直しがすすみ，特に，ヒュームの帰納の問題については，さまざまな解決の試みを拒む非常に根源的な懐疑であることがわかってきた。ということは，われわれは，過去のデータをどんなによく知っていても，そこから未来については何一つ予測することができない（実際には予測するけれどもそれは思考の習慣としてやっているだけで何一つ正当化されていない）ということになる。これは，科学や学問の実用性を全否定するような結論である。

　デカルトの方法的懐疑と同じく，ヒュームの二つの問題，とりわけ帰納の問題は，おそらく本人が意図した以上の破壊力をもってしまった。これもまた，クリティカル・シンキングの模範を示すとともに，むやみに強力な議論を生み出すことの破壊性のよい実例となっている。

120

（5）疑いの文脈に注意する

　以上，哲学の歴史における懐疑的な議論の歴史をたどってきた。哲学のそもそものはじまりにおいて，ソクラテスは「疑問をなげかける」という単純なやり方で，われわれがいかに無知かということを自覚するようにうながした。これは哲学の始まりであると同時にクリティカル・シンキングの始まりでもあった。哲学における懐疑は，ヘレニズム期のピュロン主義を経て，近代のデカルトやヒュームの根源的な懐疑へと発展していった。デカルトやヒュームの懐疑から分かるのは，「疑って疑えないものはない」ということ，そして「上手に構築された疑いは原理的に解消できない場合がある」ということである。クリティカル・シンキングの教科書などで「徹底的に疑う」といったことが書かれている場合があるが，デカルトやヒュームと比べるなら，そうした場面での批判的吟味はおよそ「徹底的」ではないということに気付かされるだろう。

　他方，哲学の歴史は，疑いを乗り越えて建設的に世界について知ろうとする歴史でもあった。プラトン，アリストテレス，デカルト，カントなど，名だたる哲学者たちが，自分の理論で懐疑を乗り越えることができたと考え，哲学体系を構築した。しかし，懐疑する側の議論の鋭さに比べると，こうした建設的な営みはどうしてもあやしげに見えてしまう。

　こうした鋭い懐疑への対応の方法の一つとして，近年の哲学で提案される考え方に，「文脈主義」というものがある。文脈主義という言葉は哲学においても非常に多様な意味で使われるが，ここでは「何をどこまで疑うかは，その問いの文脈に応じて決まる」という考え方を指す。

　日常的な会話という文脈では，会話の中で提供される情報にそれほど高い信頼性が求められるわけではない。しかし社会的に重要な決定をするような場面では情報に間違いがあっては困るのでしっかり裏を取る必

要がある。科学的な論文を書いているのであれば，提供される情報はただ一般的な意味で信頼できるというのではだめで，科学的方法にのっとったものでなければならない。

　哲学的懐疑も，そうした文脈の一つだととらえることができる。何の制限もつけずに疑うという文脈の中だからこそ，デカルトのデーモン仮説や，ヒュームの自然の斉一性への疑いが意味をなす。そうした文脈での批判的な吟味は知識というものの本質についてより深く理解する上で有用である。しかし，日常的な文脈や科学的探究の文脈では，そうした根本的な疑いは何一つ生産的でないばかりか，判断が必要な場面での判断保留にもつながってしまいかねない。同じことは他の文脈間でも言えるだろう。今，自分が置かれている文脈において，どういうことを検討する必要があるのか，逆にどういうことは検討しなくていいのか，その区別を常に意識するのが重要だというのが，哲学的懐疑の歴史からわれわれが学ぶことができる一つの教訓である。

■学習課題

1．十の方式の（x）「生き方と習慣と法律などに基づく方式」で指摘されるように，文化によって習慣が異なることはいろいろある。日本で当然の礼儀やマナーだと思われていることが他の文化ではむしろ失礼だったりマナーに反したりするという例がないか調べてみよう。
2．文脈主義の考え方をあてはめて，日常の文脈と科学の文脈のどちらで考えるかによって疑うべきかどうかの判断が分かれるような事例を一つ考えてみよう。

参考文献

伊勢田哲治（著）（2005）．哲学思考トレーニング　ちくま新書

楠見孝・道田泰司（編著）（2015）．ワードマップ批判的思考　新曜社

引用文献

Annas, J., & Barnes, J. (1985). *The modes of scepticism: ancient texts and modern interpretations*. Cambridge: Cambridge University Press.（アナス　J．・バーンズ　J．（著）金山弥平（訳）（2015）．古代懐疑主義入門　判断保留の十の方式　岩波書店）

アリストテレス（著）今井知正・河谷淳・高橋久一郎（訳）（2014a）．新版　アリストテレス全集　第 2 巻　分析論前書　分析論後書　岩波書店

アリストテレス（著）山口義久・納富信留（訳）（2014b）．アリストテレス全集 3　トポス論　ソフィスト的論駁について　岩波書店

Descartes, R. (1637). *Discours de la méthode pour bien conduire sa raison, et chercher la vérité dans les sciences*.（デカルト　ルネ（著）山田弘明（訳）（2010）．方法序説　筑摩書房）

Descartes, R. (1641). *Meditationes de prima philosophia*.（デカルト　ルネ（著）山田弘明（訳）（2006）．省察　筑摩書房）

ディオゲネス　ラエルティオス（著）加来彰俊（訳）（1984）．ギリシア哲学者列伝（下）岩波書店

Hume, D. (1739). *A treatise of human nature, book I, Of the understanding*.（デイヴィッド　ヒューム（著）木曾好能（訳）（1995）．人間本性論　第 1 巻　知性について　法政大学出版局）

Hume, D. (1748). *An enquiry concerning human understanding*.（ヒューム，デイヴィッド（著）神野慧一郎・中才敏郎（訳）（2018）．人間知性研究　京都大学学術出版会）

プラトン（著）加来彰俊・藤沢令夫（訳）（1974）．プラトン全集 9　ゴルギアス　メノン　岩波書店

セクストス　エンペイリコス（著）金山弥平・金山万里子（訳）（1998）．ピュロン主義哲学の概要　京都大学学術出版会

6 │ 誤った論法を知る

│ 菊池　聡

《**目標＆ポイント**》　世の中に流れるさまざまな言説には，明らかに「詭弁」くささを感じ取ることがある。また，自分自身も，その意図の有無にかかわらず，詭弁に近いもの言いをしてしまう時もあるだろう。しかし，どこがどのような意味で詭弁なのか，と問われると，それはなかなか説明が難しい。単に不正確な表現や誤った主張がすなわち詭弁ではないからだ。

　日常的な議論の中に現れるこうした誤謬や詭弁に注意を向け，適切に識別できることは，クリティカル・シンキングのスキルとしても優先度が高い。そこで利用できるのが，論理学で蓄積されてきた正しくない（妥当でない）論理についての知見である。これらのエッセンスを知ることが，より良く考える技法のための有益なツールになるだろう。

《**キーワード**》　非形式論理学，論点先取，循環論法，無知へのアピール，論点ずらし

1．日常の推論を誤謬から分析する

（1）誤謬と詭弁

　ある主張をクリティカルに吟味するためには，前提となる根拠や仮定の正しさを確認し，そして，それらと結論のつながり（論証の過程）が，論理的に妥当かどうかを考える必要がある。このつながりが妥当性を欠くと，前提がすべて正しかったとしても，その主張は説得力のないものになる。たとえば，前提と結論が無関係だったり論点を無視したりすれば結論は受け入れ難いものになる。

　論証の中に現れるこうした論理の誤りは誤謬（fallacy）と呼ばれ，こ

れらを正しく検出・評価することがより良い思考の技法の一つになりうる。

　誤謬の識別や分類は哲学・論理学では誤謬論と呼ばれ，アリストテレスが最初の一覧表を作って以来，現代まで数多く試みられている。第4章で取り上げたように，演繹的推論は，前提がすべて正しく論証形式が妥当であれば，結論の正しさは保証される論法である。形式論理学では演繹における妥当な論証と誤謬を区別・分類してきた。しかし，私たちが日常的に触れる主張，議論，推論の多くは，形式論理学の守備範囲外になるため，こうしたニーズに応える非形式論理学と呼ばれる分野も発展してきた。

　本章でいくつかの代表的な誤謬を見ていくが，まず念頭に置いていただきたいのは，誤謬はあくまでも論証の誤りであって，必ずしも結論自体の誤りを意味するわけではない。同様に結論が正しいからといって論証が正しいとは限らない。誤謬は，前提と結論のつながりの関係にかかわるものであって，特に帰納推論においては，どこまでが誤謬で，どこからが妥当な推論なのかの境界が明確でない場合もある。

　論理学の諸研究から，誤謬は少なくとも百種類以上にカテゴライズされ，その分類や定義，訳語については明確な合意がない場合もある。一般に fallacy を誤謬と表現するのは，主として意図しない誤った論証の場合で，同じ論法であっても，意図的に人を騙す意図があって使われると「詭弁」と表現される。また，それが「偽り」である点を重視すれば「虚偽」とも訳される。本書では，クリティカル・シンキングへ活用する観点から，代表的な誤謬を一般的な訳語と共に整理した（塩谷，2012：山本・石川，2018）。

（2）演繹の論理にかかわる誤謬

　演繹推論を扱う論理学では，妥当でない演繹の形式という意味での誤謬が分類整理されている。その代表が，第 4 章（p.86）に示した条件での「後件肯定の誤謬」や「前件否定の誤謬」である。

　これは「もし P ならば Q」（P が前件，Q が後件）という条件（前提）を使い，前件肯定と後件否定のみが妥当な形式になる。

　後件肯定は，前提で Q が肯定され，結論で P が肯定される形式であり，これは結論が必ず正しいとは言えないという意味で妥当とは言えない。

　同じく前件否定も，前提で P が否定され，結論で Q が否定される妥当ではない形式である。

　たとえば，「気象警報が発令されたら，休校」では

　後件肯定「休校である。したがって気象警報が出ている」

　前件否定「気象警報が出ていない。したがって休校ではない」

　これらは気象警報以外にも休校はありうることから，いずれも論理的には誤謬である（**図 6 - 1**）。

　日常のコミュニケーションでは気がつかないうちに前件否定や後件肯定がしばしば生じる。

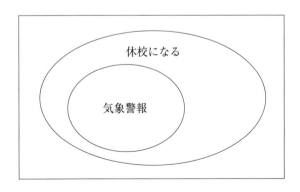

図 6 - 1　気象警報が出れば（P），必ず休校（Q）

「成績が良い人は，みな努力している」→「成績が悪いのは，君の努力が足りないためだ」

といった論証は，前提が正しいのかは別として，前件否定の誤謬が含まれているのがわかるだろう。

　この誤謬を受け入れてしまう原因の一つが，日常会話などで条件文をそのまま双条件文として理解することにある。条件文「P ならば Q」には，P でない場合が明示されていない。しかし，私たちは「P ならば，かつその時に限って Q」の実質的含意があるととらえて，双条件「P⇔Q」（同値）で解釈する傾向がある。

　たとえば，「宿題をしない子は，おやつがもらえない」は，普通なら「宿題をすればおやつがもらえる」と解釈するが，あくまでも論理的には，宿題を済ませてもおやつがもらえることを保証していない。

　別の観点から言えば，これらは必要条件と十分条件，必要十分条件を混同する誤謬である。「P ならば Q」の P は Q であるための十分条件であり，Q は P であるための必要条件である。「P ならば，かつそのときに限り Q」が必要十分条件になる。クリティカル・シンキングのスキル向上にあたっては，日常的な会話の中に現れる条件が，必要条件なのか十分条件なのかを適切に識別できることが，第一歩と言える。

（3）さらに三段論法の誤謬

　定言的三段論法に特徴的な論理の誤謬を考えよう。

　三段論法では，大概念・小概念・媒介概念の三つの概念で論理的に結論が導かれる。そして正しい論法では，媒介概念があてはまるものすべてについて述べる命題が，推論に含まれている必要がある。ある概念があてはまるものすべてについて述べる命題においては，その概念は「周延されている」と言い，媒介概念が不周延だと「媒介概念不周延の誤

謬」になる。

　この概念の周延・不周延にかかわる誤謬としては，大概念不当周延の誤謬，小概念不当周延の誤謬などもある。また，三段論法で使われる三つの概念が四つになるのが「四個概念の誤謬」で，媒介概念を複数の意味で解釈できてしまうと三段論法のつながりが失われてしまう。これらについては，形式論理学の専門的な解説を参照されたい。

　三段論法をクリティカルに吟味する上で，注意すべき二点を挙げておきたい。まず，三段論法が使われているにせよ，日常の会話などでは，前提の省略が多いことである。論理構造の妥当性について考える前に，まず隠された暗黙の前提は何なのかを把握する必要がある。第二に，教科書的な文例と異なって，通常の主張ではいくつもの三段論法による論証が連結され積み重なって（たとえば結論が次の前提になって）最終的な結論が導出される。連結の中で前提や結論がすべて述べられているわけではなく省略されるのが普通である。日常の表現の中では，こうした省略や複合的なつながりを慎重にチェックするように心がけなければならない。

（4）それは本当に説明になっているのか

　「論点先取の誤謬」とは，推論で結論づけるべきことが，すでに前提に含意として含まれる論法である。これは論理的に正しい結論になるが，主張として不適切である。代表的な論点先取が，何かを証明する際の「循環論法」である。この論法では，「P であるゆえに P である」と言っており，実は何も説明していないが，複数の命題が環状に連鎖したものが多量の情報の中に埋め込まれていると発見が困難になる。

例「神は全知全能である，よって神に不可能はない」

　この論理構造は論点先取の代表的なものだが，「先決問題要求の誤謬」ともとらえられる。つまり，それ自身の証明が必要とされる命題を前提とした議論になっており，まず証明すべきはその前提なのにそれを無視する誤謬である。

　先決問題要求の誤謬が日常的に使われるケースとしては，さりげなく恣意的な表現を断定的に潜り込ませる手法が要注意である（第2章）。たとえば，「オンラインゲームのやり過ぎは，健康に悪影響がある」といった簡単な表現の場合，「やり過ぎ」自体に，すでに「過度でよくない」の含意がある。であれば，まず過度な・適度な，の区別が先決問題として要求されるはずだ。

（5）二つに分けて片方を消去する　そこに誤りはないか

　論理学の規準に従えば，少なくとも一つの選択肢が真になることがわかっている二つの選択肢があり，そのうちの片方が偽だとわかれば，もう片方は真だと結論づけられる（選言的三段論法）。この考え方を応用して，偽だとわかる選択肢を消していって真を残すのが，いわゆる消去法である。

　こうした消去法は日常的な推論でもよく使われるが，これを誤用すると「偽りのジレンマ，誤った二分法（false dilemma, false dichotomy）」に陥る危険がある。二分法が妥当な論法になるのは，二つの選択肢が可能性を網羅している場合に限られる。他にも選択肢がある場合，最初の二つともに偽の可能性もありうる。

　「これを成功させないと，もう終わりだ」「これをやる以外に方法はない」といった言い方に出会ったときには，本当にその二分法が成り立つのか，他に可能性がないか，がまずチェック・ポイントである。

例）好きならばメールをくれるはず。きっと私を嫌いなのだ

例）仕事と私のどちらを選ぶのか

　こうした二分法的思考に偏りがちな個人の傾向は，臨床心理学分野では白黒思考とも呼ばれ，心理的適応や精神的健康に悪影響を及ぼすとされている。たとえば「完全な成功でなければ，すべてダメ」や「味方してくれないなら敵」といった非合理的な推論が代表的なものである。

　また，この「ジレンマ」自体は，論理学では「両刀論法」とも呼ばれる。これは通常は二つの選択肢のどちらを選んでも同じ結果（多くは否定的な結果）になる状況を指す。有名なヤマアラシのジレンマは，寒さに身を寄せると互いに痛く身を寄せないと寒い，いわゆる板挟みの状況である。

（6）論理の評価も，認知バイアスに引きずられる

　推論の「結論」がもっともらしかったり信じやすいものであると，その結論に至る推論も論理的に妥当なものだと判断してしまう傾向が信念バイアスである。

　演繹推論の妥当性は，あくまでも論証の筋道・形式によって決まる。しかし，自分の信念や期待，もしくは経験的な事実や常識と結論が合致しているかどうかで論理の妥当性を判断する傾向が生じるのである。

　この信念バイアスを検討した研究では，前提は正しく論理構造が同一で，結論の信じられやすさのみが異なる複数の三段論法の妥当性を評価させた。その結果，被験者は結論が信じられるものであったり，自分の信念と一致したりした場合に，その論理自体を妥当と判断した（**図6-2**）。

　また，三段論法の前提が肯定命題を含む場合，肯定的な結論が受け入

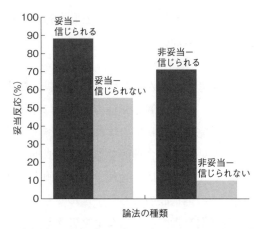

図6-2　妥当性と結論（帰結）の違いによる論法の妥当性判断
(Evans & Over, 1996)

れられやすい。逆に否定的な命題が含まれていれば否定的な結論が受け入れられる。これが「雰囲気効果（atmosphere effect)」である。同じように，前提に特称表現が含まれれば，特称で表現された結論が受容されやすい。これらは，私たちが論理の構造を理解するよりも，明示的な表現をもとに判断を行うヒューリスティックの一種であり，第8章のマッチングバイアスと似た認知バイアスと考えられる。

2．論理のすり替えによる誤謬

（1）論証の筋道がズレてしまう

　論理的な議論や主張では，前提が結論と妥当なつながりを持っている必要がある。この道筋をずらす「論点の無視，論駁の無視，すり替えの誤謬（ignoration elenchi)」もしくは「論点転嫁」と呼ばれる一連の関連性の論法がある。これらは，相手の注意を論理の筋道からずらす効果があり，燻製ニシンの虚偽とも呼ばれる。燻製ニシンにたとえる理由に

は諸説あるが，その強い臭いで相手を惑わせたり気を逸らせたりする慣用表現になっている。

　論点のすり替えはさまざまな方法があるが，その代表が「対人論法の誤謬（ad hominem）」であり，「人に訴える議論」とも呼ばれる。たとえば論理の妥当性は，誰が言ったかは基本的に関係ない。にもかかわらず，主張している「人」に対する評価が，結論の評価を決めてしまう論法である（詳細な分類や特徴は香西（2007，2009）に詳しい）。この論法は，論証がその起源によって評価される「発生論的虚偽」の代表的なものである。

　日常的によく見られるのは，ある主張を攻撃するため，論理や根拠ではなくその人の特性を対象とする「人身攻撃」論法である。

例）あの人は根っからの悪人だ。その人が政策Ａを支持しているのだから，政策Ａは間違いだ

　このように，人身攻撃では，相手の人格や行動，過去の振る舞いを攻撃して，その人物自体を否定し，そこから主張も否定しようとする。それが，本人そのものではなく所属する集団や組織によって判断されるのも同様で，「連座の誤謬」とも呼ばれる。もちろん，「立派な行いの人の言動なので，それは間違いないだろう」と評価すれば，論理的には誤謬である。

　これに類似した対人論法として，その人の動機に注目する「不純動機への転嫁」がある。ある事柄を主張する動機が良くないから，その事柄も受け入れないとする誤謬である。

例）この道路建設は，住民の利便性よりも政治家の私腹を肥やすためではないか

　人身攻撃の中には，主張と本人の行動の矛盾を指摘する「お前だって論法」（tu quoque）がある。これは「お前も同じことをやっているだろう，そっちこそどうなんだ」的な攻撃にあらわれる。主張者の行動と論理的な妥当性とは関係ない。しかし，人は公平性に敏感であるがゆえに，こうした論法に一定の影響力がある。

例）地球環境の保全のため自然保護を訴える先進国に対して，「先進国が散々自然を破壊してきたんだろう」と攻撃する途上国

　ただし，こうした対人論法すべてを，誤謬として退けてよいか，という点に目を向けておきたい。主張をクリティカルに吟味する上では，誰がどのような状況で言ったのかの情報は一定の役割を果たす。現実の社会での主張やコミュニケーションは，それが発せられた文脈と切り離せないからだ。たとえば，「バカ」という単一の言語表現が，上司から部下への罵声なのか，恋人同士のささやきなのか，関係性や文脈によって，背負っている意味が全く変わってくる。論理構造の評価は重要ではあっても，すべてではない。たとえば，論点のすり替え自体も，すり替えではなく新しい問題設定としてとらえ直せば，異なる議論に移行していると考えることも可能なのである。

（2）権威は本当に権威なのか
　対人論法と同じように，論理の中身ではなく，人から判断する論法に「権威へのアピール，権威論法（appeal to authority）」がある。これは

ある主張について権威のある人物や機関が言ったのだから，それは正しいとする考え方で，その主張の論理的正しさは，それを誰が言ったかとは関係ない点では誤謬となる。しかし，言うまでもなくそれが権威ある人の主張であれば，判断の手がかりとして利用できる可能性は高い。権威者は，その領域固有の知識に精通しているからこそ権威者なのであって，そこに危険があるのは確かだとしても，現実の議論においては，それ自体が間違った情報評価とイコールではない。

　こうした権威へのアピールでまずクリティカルに考える必要があるのは，その主張者が何の権威なのか，本当の権威なのか，という点である。その点で，誤謬が明確になるのは「偽りの権威へのアピール」である。名の通ったテレビタレントや評論家が専門外の商品を推薦する場合など，無条件で信頼すればこの誤謬に陥る。たとえ何らかの専門家であっても，科学技術が細分化した現在においてはちょっとした専門性の相違で，専門的な議論が難しくなるのが現実である。マスメディアやネットでは，市民にわかりやすく伝えるコミュニケーション力に長けた人物が情報発信を担う傾向が強い。それ自体は望ましいことだが，問題はそうした人物が限られているために，本当は専門外の事項まで発信してしまうことである。こうした権威の領域の違いは，たとえば悪質商法やニセ科学などに悪用されやすく，「伝統に訴える論証」や「多数派に訴える論証」を用いる場合にも共通する。

　クリティカルに考えるためには，複数の，利害関係のない，専門性の高い権威者の一致した見解と，それ以外の見解を十分に識別しなければならない。ただし，問題領域による見解のとらえかたの相違も当然ある。科学技術や自然科学にかかわる事実の確認なら専門訓練を受けている権威者の意見の一致度は比較的高い。しかし文化や社会に関する領域であれば，権威者の立場や考え方によって見解が異なることは珍しくな

いのである。

（3） 相手をわら人形にする

　論点自体を巧みにすり替えるテクニックに「わら人形論法（Straw man）」がある。相手の主張を攻撃しやすいように歪めて表現しなおして，わら人形のように容易に撃破できるようにする。表現の言い換えは，たとえば，極端な強調，枝葉末節のみを取り上げる，前提条件を無視した単純化，文脈からの切り離し，などがある。相手の主張を極論にしてしまえば，極論であるがゆえにサンドバッグのように攻撃しやすい。

例）ダーウィンはわれわれの先祖が動物園にいるようなサルだと言った。こんな暴言を許していいのでしょうか？

（4） 否定する証拠がない，が証拠

　さらに危ういすり替えとして，結論を否定する証拠がないことを根拠に，その結論の正しさを主張する「無知へのアピール」「未知論証（ad ignorantiam）」がある。この誤謬は，それが偽と証明されていないことを根拠に，ある命題を真と主張する論法であり，あるいは，真であると証明されないので偽と主張する場合にも使われる。

例）「超能力が存在しないことは証明されていない。それゆえ超能力は存在してもおかしくない」

　クリティカルに考えるなら「証明されない」は，決して「あり得ない（否定）」ではないが，あることの可能性が証明の根拠になるなら，この

世の中に「否定される学説」などあり得ない。UFO でもネス湖の怪物でもサンタクロースの実在であっても，それを否定する証拠がない以上，何でも証明されてしまう。陰謀論的思考はその極端なものだ。新奇な主張に出会ったとき，こうした誤謬に陥らず，個々の主張や現象に即して蓋然性で評価するとともに，その立証責任は誰が担うのかを十分に考えるべきである。

（5）事実と価値を切り離す

　真偽判断（事実判断）と価値判断の区別でも，主張を評価する重要ポイントである。その主張が，事実を論点としているのに価値判断にすり替えるとしたら，それは誤謬となる。他にも，議論で問うているもの（たとえば定義，方法，意図，価値など）に，別の文脈から答えると，論点や論理のつながりが失われた論理的な誤謬になる。ただし，こうした別の文脈からの見方は，対象を多面的に見るクリティカル・シンキングには必要なスキルでもある。これらに配慮した上で，その議論の文脈を適切に識別して，不用意に混在させない態度を心がけるべきだろう。

例）これは超能力が存在する科学的な証拠になるかもしれない。超能力があるというのは夢のある素晴らしい話だ。

3. クリティカル・シンキングへ応用する

（1）帰納的推論を評価する規準

　帰納的推論は，演繹的推論のように確実な妥当性の評価はできない。そして，その評価にあたっては上述のようなさまざまな誤謬に注意を払う必要がある。一般に，帰納的推論を適切に評価するためには，以下の

ような三つの視点がある（Zeckmeister & Johnson, 1992)。

1　前提の容認可能性がある
　　前提が事実と認められるか，もしくは価値判断であれば，その分野
　の専門家の意見と一致する
2　前提と結論の関連性がある
　　論点のすり替えなどがない
3　前提が結論のための十分な根拠になっている
　　妥当な前提がすべて示されており，もし経験の一般化であればサン
　プルは十分なものである

　3に問題がある場合，「早まった一般化（hasty generalization)」の誤
謬が生じる。これは，少数のあるいは不適切な事例の観察から，母集団
全体の性質に決めつける誤謬であり，枚挙的帰納が構造的に持つ問題で
ある。

　これは，ごく一部の事実から一般化へと飛躍する推論のバイアスとし
ての問題と，第2章で見たようにサンプリング自体の歪みや代表性の欠
落などの観察データ自体の問題がかかわる場合がある。

　帰納における誤謬は，常に誤りというわけではなく程度の問題でもあ
る。帰納は，前提にはなかった情報が付け加わる形式である以上，どの
ような帰納的推論にも一般化の失敗が起こりうる。しかも主観的な期待
や予期があれば，過度の一般化が起こりやすいことを想定しておこう。

（2）誤謬を知るのは第一歩
　本章では，典型的な誤謬のいくつかを確認してきた。誤謬についての
知識を獲得することで，日常的に接する一般的な主張や情報に含まれる

誤謬に敏感になるだけでなく，自分自身の推論に生じる誤謬を抑制でき，クリティカル・シンキング・スキルの向上に総合的に寄与すると考えられる。

　一方で，こうした誤謬論的なアプローチには否定的な意見もある（岩崎，2002）。すなわち，こうしたトレーニングは過度に批判的で粗探し的な態度につながり，よい議論も誤謬と判断させてしまう傾向を生じかねない。誤謬を摘出したり回避できたとしても，それだけでよい推論ができることを保証するわけではない。悪い議論の特徴を教えるよりも，よい推論の規準の教育にこそ注力すべきという意見である。

　もちろんクリティカル・シンキングは，誤謬の検出を目的とした思考ではない。現実社会の問題解決では，多くの人とコミュニケーションを取り，互いに協力しながら最適な意思決定を求めていく過程でもある。そこでは，受動的に議論を分析して含まれる誤謬を識別するだけでは，やはり不十分である。これらの論理についての知見を基礎として，さらに能動的にクリティカル・シンキング・スキルを向上させる取り組みが必要になる。そうした過程があってこそ，粗探しではない誤謬の知識の活用につながるのである。

　もう一点，こうした誤謬の数々を知れば，自分を含めた人がいかに誤謬を犯しやすいか（現実にそうした論法を無自覚に使っているか）を認識できるだろう。そこから人は基本的に誤謬に陥るという可謬主義的なメタ認知が促されれば，それがクリティカル・シンキングの態度的基盤を形作る上でおおいにメリットがあると考えられる。

■学習課題

　イエス・キリストは，当時ユダヤ教で罪とみなされていた姦通を犯した女性に対して，民衆が石を投げつけている様子に出会った。そして

138

「罪を犯したことのない者のみが，石をもて」と述べた（ヨハネ福音書）。これを聞いた民衆は，みな自分の行いを恥じたという。しかし論理学者は，その主張に誤謬があると指摘した。どのような種類の誤謬と言えるだろうか。

参考文献

鈴木美佐子（著）（2008）．論理的思考の技法〈2〉三段論法と誤謬　法学書院
加藤浩・土屋俊（著）（2014）．記号論理学　放送大学教育振興会
香西秀信（著）（2007）．論より詭弁　光文社

引用文献

Evans, J. S. B. T., & Over, D, E. (1996). Rationality and reasoning Blackwell.（エバンス＆オーバー（著）山祐嗣（訳）（2000）．合理性と推論　人間は合理的な思考が可能か　ナカニシヤ出版）
岩崎豪人（2002）．クリティカルシンキングの目指すもの　京都大学哲学研究室紀要　5, 12-27.
香西秀信（著）（2007）．論より詭弁　光文社
香西秀信（著）（2009）．論理病をなおす　処方箋としての詭弁　筑摩書房
塩谷英一郎（2012）．言語学とクリティカル・シンキング　誤謬論を中心に　帝京大学総合教育センター論集, 3, 79-98.
松浦明宏（2020）．反論の実践　篠澤和久・松浦明宏・信太光郎・文景楠（著）．はじめての論理学　伝わるロジカル・ライティング入門　有斐閣　pp.124-141.
山本輝太郎・石川幹人（2018）．科学議論における「誤った論法」の分析と教材化 ―誤謬論を中心に―　日本科学教育学会研究報告, 32, 58.
Zechmeister, E. B. & Johnson, J. E. (1992). Critical thinking: A functional approach. Pacific Grove, CA: Brooks/Cole.　E.B.ゼックミスタ，J.E.ジョンソン（著）宮元博章・道田泰司・谷口高士・菊池聡（訳）（1996-1997）．クリティカル・シンキング：あなたの思考をガイドする40の原則（入門篇・実践篇）　北大路書房

7 | 認知心理学から，人の推論プロセスを知る

菊池　聡

《**目標＆ポイント**》　より良い思考の技法を身につけるために，まず私たちの日常思考が無意識のうちにどのように働いているのかを知り，その長所・短所をよくふまえた上で，具体的な改善に取り組むことが有効である。そのために役に立つのが，認知心理学が積み上げてきた長年の研究知見の数々である。特に，人の心の中で性質が異なる二つのシステムが働いているという二重過程理論は，クリティカル・シンキングを向上させるためにぜひ理解しておきたい。本章では二重過程理論が想定する直観的・自動的処理の一つとしての確率推論とそのバイアスについて具体的な課題を体験する。
《**キーワード**》　二重過程モデル，ヒューリスティック，モンティ・ホール問題，確率推論

1. 基礎：認知と情報処理モデル

（1）認知心理学とメタ認知

　コンピュータの登場と情報処理理論の発展は，20世紀後半以降の社会のさまざまな分野に大きな影響を与えてきた。たとえば，こうした情報処理についての科学をもとに，人の「心」の働きをとらえる試みは，「認知革命」とも呼ばれ，科学的な認知心理学の発展を促し，言語学や神経科学，計算機科学，そして人工知能研究を推進する大きな潮流となった。

　「認知（cognition）」とは，知覚や記憶，思考，学習，言語といった

「知的な心の働き」を意味している。それまでの心理学は刺激と行動の結びつきをもとに心を理解しようとする行動主義が中心であった。ここでは，頭の中の過程はブラックボックスとして扱われていたが，コンピュータや情報処理理論は，そうした認知システムをモデル化して解明していく重要な手がかりとなったのである。

　認知心理学（認知科学）の共通の方法的特徴は，表象主義と計算主義にある（海保，1991）。表象主義とは，外界は私たちの頭の中で抽象化された表象（representation）として表現されており，認知を頭の中の表象操作としてとらえていくものである。ただし，表象による過剰な説明を避けるために，こうした操作はコンピュータ上でも実行可能な形式を持つように制約するのが計算主義である。また認知を頭の中に閉じられた記号の操作とみなすことへの疑義から，認知を外界の状況との相互作用を通じて構成されるプロセスとしてとらえる状況理論も重要な考え方として認められている。

　認知心理学の主要な研究方法論については専門科目でぜひ知っていただきたい。本書で強調したいのは，これらの認知心理学の知見が，クリティカル・シンキングの向上において数多くの知見を提供しうることである。私たちの認知の働きの大部分は，自覚しないまま無意識に遂行されている。こうした情報処理をモデル化して把握することは，自分自身の認知自体をもう一段高いレベルから客観的にモニタし，コントロールしていくメタ認知におおいに寄与する。

（2）認知の二重過程モデル：論理と直観

　認知システム全体をとらえる基本的枠組みもしくは説明理論として重要視されているのが，二重過程理論（Dual Process Theory，あるいは二重過程モデル）である。

　この理論は，いくつものバリエーションがあるが，基本的には人の認知には，無意識的に自動的に素早く実行される過程（システム１／タイプ１）と，意識的にシステマティックな処理を行う過程（システム２／タイプ２）の二つが働いているとする。システム１は進化的に古い起源を持つと考えられ，領域固有的なモジュール（特定の反応に自動的な出力を生じる機能単位）の集合体ととらえられる。この過程での処理は自動的に行われるために意識的な修正は難しく，直観や経験則にもとづいて，ある程度適応的に日常の判断を行うことができる。一方，後者は意

表7-1　二重過程についての分類と各々の諸特徴
（Evans & Stanovich, 2013をもとにした山（2017）より）

システム１過程（直観的）	システム２過程（内省的）
定義的特徴	
ワーキングメモリは不要	ワーキングメモリは必要
典型的関連項目	
速い	遅い
高容量	容量に限界
並行的	系列的
無意識的	意識的
バイアスがある反応	規範的反応
文脈的	抽象的
自動的	制御的
連想的	ルール基盤的
経験則的意思決定	帰結主義的意思決定
認知的能力とは独立	認知的能力と相関
進化的に古いシステム	進化的に新しいシステム
古い進化	新しい進化
動物の認知に類似	人類独自
潜在的知識	顕在的知識
基本的感情	複雑な感情

142

識的な分析や抽象的表象の概念など，操作に多くの処理容量と時間を必要とする進化的に新しいシステムで，古いシステムを制御する働きをする（**表7-1**）。

　人間は，その歴史の中ですぐれた数学や科学，論理学を作り上げてきたにもかかわらず，なぜ日常的な推論において非合理的な失敗をしたりバイアスにとらわれた判断をしてしまうのだろうか。その疑問に答えるのが，この二重過程理論である（Evans & Over, 1996）。

　二重過程理論では，主としてタイプ1の無意識的直観的な過程の中で，合理的な規準から逸脱した認知バイアスが生じやすい。これは第4章で見たように，論理や科学などの規準に照らしての合理性（規準合理性）が古いシステムでは対応が難しいためでもある。しかし，タイプ1も進化の歴史の大半を占める野生の環境に適応するために理にかなった合理性（進化的合理性）を備えている。たとえば，脅威から逃れるために無意識のうちに素早く行動を起こすことは生き残るために合理的なシステムであった。しかし，人類をめぐる環境が大きくかわり，高度で複雑な情報を適切に評価するためにはそうした古い合理性は役に立たない場面も多くなった。この乖離が，一見非合理に見える人の意思決定となって現れるのである。

　この二重過程理論は，広範な心理過程を分析する基本的な枠組みとして，推論研究に限らず，説得（態度変容）における精緻化見込モデル（第12章）や，日常の判断を広く対象としたパーソナリティ理論としてのCEST（認知的経験的自己理論）など数多くのバリエーションがある。クリティカル・シンキングの過程をふまえたモデルとしては，システム2の処理を，アルゴリズム的精神と，それをコントロール的にとらえる省察的精神としてとらえる三部構造モデルが提唱されている（楠見，2015）。

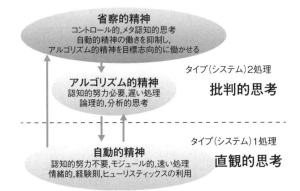

図 7-1　クリティカル・シンキングに関する三部構造モデル
（Kahneman（2003）と Stanovich（2012）にもとづいて楠見（2015）が改変）

（3）ヒューリスティック

　システム 1 で素早く直観的に働く代表的な処理がヒューリスティックである。ヒューリスティックは，思考の発見的手法や簡便法とも呼ばれ，論理的に厳密な手続きによらずに経験則にもとづいた直観的で簡略化された思考を指す。無意識のうちに働いて素早く結論を出す一方で，しばしばバイアスのかかった認知処理を生じ，誤った結論に至ることも多い。

　これに対して，意識的に行われる論理的思考は，正しい結論に至る可能性が相対的に高い。しかし，現実の人間の推論は，能力や時間などさまざまな制約のもとで，できるだけ効率的に行う必要がある。そのため，人は限られた認知のリソースを節約し，確実ではないが，効率よく迅速に，それなりに適応的な近似解に至るヒューリスティック処理に頼ることになる。

　ヒューリスティックにはさまざまなものがあり，問題や状況によって

144

利用される。認知心理学や行動経済学の分野で，不確実状況下での人の認知や行動を明らかにしたカーネマン（Kahneman, D.）が挙げたのは次表のようなヒューリスティックである。

表7-2　カーネマンが指摘したヒューリスティックとその働き

代表性	そのカテゴリを最も良く代表する典型的な事象にもとづいて判断する
利用可能性	認知的に利用が容易な情報にもとづいて判断する
アンカリングと調整	手がかりとなるアンカー情報を基準として採用し，そこからの調整で判断する
シミュレーション	シミュレーションを行いやすい状況や情報を利用して判断する

　他にも，多分野の研究から，再認ヒューリスティック，満足化ヒューリスティック，感情ヒューリスティックなど，数多くのヒューリスティックが指摘されている。

2．直観を裏切る確率推論

（1）確率と偶然性

　人の意思決定において確率推論は重要な役割を果たす。確率推論という表現は硬く聞こえるが，私たちは日常において，その事象がどれくらいありがちかを見積もることは珍しくない。「それはめったにないだろう」「よくあることだろう」「きっとそうなるに違いない」といった予測は，生起確率を見積もる確率推論を行っていることに他ならない。

　確率の概念についてはさまざまな考え方があるが，代表的なとらえ方として，理論的確率（数学的確率）と，経験的確率（統計的確率）としてとらえるのが一般的である。理論的確率はその事象の生起について理

論的な背景をもとに導かれる値である。経験的確率は，実際にその事象がどれくらい生起したのかという事実によって推定される。たとえばサイコロを投げるとき，正常なサイコロであれば，各目が出る確率は1/6というのは確率論から導かれる数学的確率である。実際には目の出方にはばらつきがあってこの理論値の通りに出ることはなく，試行回数を増やせば1/6に近づいていく。これが経験的確率である。

　理論的確率でも経験的確率でも，正確に計算・推定されれば，それが確率推論の規範になる。しかし，現実の問題解決場面で確率を推定する際には，入手可能な情報も処理能力も完全なものには及ばない。したがって，私たちは認知の簡便法としてヒューリスティックをもとに主観的確率を見積もることになる。そして，この確率の直観解は，しばしば数学的な規範解とズレることが，報告されている。このズレを検討することで，人のヒューリスティックの特徴やその修正法について，多くの知見が明らかにされてきた。

（2）直観と確率をめぐる思考の例題

　確率推論におけるヒューリスティックが関連する以下の例題を考えていただきたい。

例題1

　オンラインのクジ（ガチャ）では，一定の確率で当たりが出る。あるクジでは当選確率10％であった。であれば10回引けば，1回くらい当たるだろうと考えて10回引いた。クジの中にあたりが含まれる確率は？

例題2

　ある高校のクラスには40人の生徒がいる。その中に誕生日が同じ人の

組み合わせが，少なくとも一組以上存在する可能性（確率）は，何%くらい？

例題3

　ある先生の家には子どもが二人いる。少なくとも一人は女の子である。もう一人の子の性別が男の子である確率は？
（男女が生まれる確率は1/2とする）

解答と解説
例題1

　当たる確率が1/10であれば，10回引けば1回くらいは当たりが含まれていると直観的に考えてしまう。複数回引いても確率が1/10で変わらなければ，数学的には，すべてのクジではずれを引く確率を求め，1から引く（余事象）とこの確率を求められる。すると，$1 - (0.9)^{10}$で，約65%となる。確率が1%の場合，100回引いても一度以上当たる確率は約63%にすぎない。

例題2

　二人の誕生日が一致する確率は1/365（0.27%）なので，40人いたとしても同じ誕生日のペアがいる確率は低いと考えがちである。実際の調査結果からも，10%前後から数%の間の非常に低い値に集中することが知られている。この確率も，40人の誕生日がすべて一致しない確率を求めて，それを1から引くことで求められる。正解は89.1%になり直観解と大きく食い違う。この場合，自分と誰かの組み合わせで誕生日が一致する確率は低いことにとらわれて，誰かと誰か（任意の二人）のペアをほとんど想定しない。40人の中から二人組を取り出す組み合わせは，

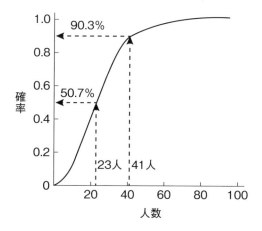

図7-2　クラスの人数と誕生日が一致するペアが生じる確率

$_{40}C_2$で780のペアができる。しかし，人は非常に多くの組み合わせがあることに気がつかず，自分の身の回りの利用可能な例で考えるのである。計算してみれば，**図7-2**のようにクラスの人数が23人を超えれば誕生日が一致する確率が50%を超えることがわかる。

　このように一つ一つの生起確率は非常に低くても，膨大な事例があれば観察できてしまう現象は，奇跡に関する「リトルウッドの法則」と呼ばれる。百万回に1回しか起こらない奇跡でも，日常の中でさまざまな出来事が発生しているので，奇跡は一ヶ月に一回は起こるという指摘である。

例題3

　その子どもが男か女かは，きょうだいが男か女かとは関係がない（独立している）。したがって，一人が女であろうと，もう一人が男である確率は1/2である，と考える誤りが多い。

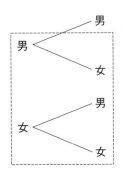

図7-3　きょうだいの男と女の組み合わせは四通り。少なくとも一人が女であるという条件に当てはまるのは点線内

　確率を求めるため，考えられる組み合わせの樹形図は**図7-3**のようになる。ここでポイントは，四通りのケースのうち，「少なくとも一人は女である」ことがわかっている組み合わせは3通りであり，その中で，男と女の組み合わせは2通りある。これはある条件の中で対象とする事象が起こる確率を求める「条件付き確率」を問う問題となり，2/3が正解となる。

3. 確率をめぐる難問

(1) モンティ・ホール問題

　次の問題は，アメリカでかつて放送されていた視聴者参加型のゲームショー番組，「Let's make a deal」の中で，司会者のモンティ・ホール（本名：Monte Halperin）が行ったゲームがもとになっているために「モンティ・ホール問題」と呼ばれる難問である。

　ゲームに勝ち残ったプレーヤーには，最後に豪華賞品をゲットできるチャンスが与えられる。

　ただし，豪華賞品は閉じられた三つのドアの向こうに一つだけあり，プレーヤーはそのドアの一つを選ばなければならない。賞品の自家用車が一つのドアの裏にあり，残りの二つのドアの裏には「はずれ」を意味するヤギがいる。

　プレーヤーが一つのドアを選んだ後，司会のモンティは，残りの二つのドアの片方を開けて，そこにヤギがいることを見せる。この時点で閉じているドアは二つである（プレーヤーが選択したドアと，もう一つ）。ここでモンティはプレーヤーに「最初選んだドアを，もう片方の閉じているドアに変更してもよい」ことを告げる。

　プレーヤーは，当初のドアを変更すべきだろうか？

　この問題に，コラムニストのサヴァントが雑誌のコラムで書いた解説は「変えるべき。最初に選んだドアで車にあたる確率は1/3，変更したドアで当たる確率は2/3」であった。この「変更すれば確率が2倍になる」という解説が社会的に大きな反響を巻き起こした。雑誌には数学の専門家や教育者を含む反響が寄せられ，その多くが「ドアを変えても，

図7-4　モンティ・ホール問題

確率は1/2のままで変わるわけがない」と主張していたという（Savant, 1996）。

（2）モンティ・ホール問題の解法とベイズの定理

　モンティ・ホール問題は，人の確率推論が，規範解と著しくずれてしまう問題としてよく知られており，しかも正しい確率の求め方を説明されても，依然として納得できない人も多い。

　ここで暗黙の前提となるのは，最初に三つのドアのどれに賞品が隠れているかは全くランダムであり，どれかを選べば当たる確率は1/3ということ，および司会者はどのドアの後ろに賞品があるか知っていることである（知らなければ，選択変更を提案する前に当選ドアを開いてしまう可能性があり，そうなれば番組は番組の盛り上がりを欠く）。

　この問題の解法は複数の考え方があるが，基本的にはすべての条件を書き出してみるとわかりやすい。図7-5のように，賞品がAにある場合をケース1，B，Cにある場合をケース2，3とする。プレイヤーが最初にAを選択した場合，ケース1では選択を変えると外れてしまうが，ケース2，3では選択を変えると当たりになることがわかる。これはB，Cのドアを選んだ場合でも同じで，最初にどのドアを選ぶかは等確率と考えられる。よって，最初にどのドアを選んだとしても，選択がそのままであれば当たりは1/3の確率なのに対して，変更した場合には2/3になる。

　別の方略としては，最初の選択で当たる確率は1/3で，選ばなかった残り2つのドアの「どちらか」に当たりがある確率は2/3だと考えてもよい。一つドアが開いたとしても，この選ばなかったドア二枚のどちらかで2/3という確率は変わらない。この場合，一つは確実にはずれであることが見えたので，残りのドアで当たる確率は2/3である。

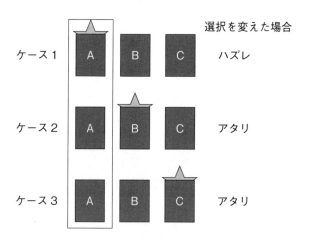

選択を変えた場合

ケース1　A　B　C　ハズレ

ケース2　A　B　C　アタリ

ケース3　A　B　C　アタリ

図7-5　最初の選択が A だったとき，選択を変えると結果がどうなるかを，当たりの位置ごとに三通りに示す

　この問題を考えるときに見落としてしまうのが，「司会者は当たりの位置を知っているために，必ずはずれのドアを開いて見せる」ことである。ここに注目して，司会者がなぜドアを開いたかの因果推論を促した場合には正答率は上昇することも知られている。

　また，多くの人が直観的に導く「選択を変えても，変えなくても，当たる確率が1/2」という解に従うなら，選択を変える人と変えない人が同数程度になると考えられるが，実験してみると8割以上のプレイヤーが「変えない」を選ぶバイアスがある。この傾向は，変更による損失を避けようとする現状維持バイアスによると解釈されるが，司会者への不信感も影響を与えている可能性がある。

　前項で触れた条件付き確率は「ある事象 A が起こったという条件のもとで，事象 B が起こる確率」を求めるものであった。この条件付き確率の考え方をもとに，ある結果が起こった場合にその原因事象の確率

を求められるのが，ベイズの定理であり，これにもとづく推論がベイズ推論である。この問題にもベイズの定理を当てはめれば，「司会者が特定のドアを開けたという結果（条件）」をもとに，「当初のドアに当たりがある」確率を求めることができる。

　このベイズ推定やベイズ統計学の考え方は，現実のデータから過去にさかのぼって原因の確率を探る方法として，さまざまな分野で応用されている。これが，クリティカル・シンキングにかかわるのは，なんらかの確信がある仮説があり，それに関係する証拠を得たとき，仮説についての確信をどの程度にすべきなのかを示す点である。すなわち，私たちが日常的に出会うさまざまな意思決定においても，後から入手したり調べたりした情報を利用して，当初の確率推論を変更すれば正確な推定に近づくことができる。モンティ・ホール問題では「司会者が特定のドアを開けた」という情報によって，推測をより正確に更新できる。しかし，多くのプレイヤーはこの更新を考慮せず，現実の問題でもこうした確率の柔軟な変更がなかなかできない。

　補足すると，一般的なモンティ・ホール問題では二つのドアを無作為に開けるならば，その確率が1/2というように，扱っている対象の確率分布がわかる前提で説明されている。これに対して，そうした確率は未知とする無情報的事前分布を仮定するとベイズの定理から異なる結論が得られるとの指摘もある（詳しくは豊田（2016）を参照）。

（3）応用：三囚人問題

　続いて次の二つの例題を考えてほしい（市川，1997を修正）。

三囚人問題

　死刑を宣告された三人の囚人 ABC がいる。しかし，一人だけ恩赦に

なることが決まった。三人のうちの誰が恩赦になるか，囚人は知らない
し，看守も処刑や恩赦される本人に情報を伝えることは禁じられてい
る。

　囚人 A は，「B と C のうち少なくとも一人処刑されるのは確実なの
だから，二人のうち処刑される一人の名前を教えてくれ」と看守に頼ん
だ。

　看守は，A の運命に言及しなければいいだろうと考えて「B は処刑
される」と正直に答えた。

　それを聞いた A は「これで釈放されるのは自分と C だけになったの
で，自分が助かる確率は1/3から1/2に増えたと喜んだという。

　実際には，看守の返事を聞いた後の囚人 A が助かる確率はどれだけ
か？

　ただし B，C がともに処刑される場合は1/2の確率でどちらかの名前
を言うものと仮定する。

解説

　この問題は，A が助かる確率は1/3のままであり，当初と変化してい
ない，が正解である。

　処刑されるのは二人に一人となったので，直観的にはこの囚人 A の
推論は正しいように思える。考え方はモンティ・ホール問題と同じ構造
で，モンティ・ホール問題では新しい情報を聞いたプレイヤーが選択を
変えられたので確率が変化した。しかし，三囚人問題では囚人 A は選
択を変えられないバージョンになっている。ベイズの定理を用いて事後
確率を求めると，B が処刑される条件のもとで，A が助かる確率は1/3
であり，変化はないことがわかる。このオリジナルな三囚人問題では，
A が処刑される確率が1/3のまま変化していないので，正解にあまり違

和感がないかもしれないが，以下のバージョンの三囚人問題ではどうだろう。

変形三囚人問題

　前出の三囚人問題と基本的に同じで，三人のうち一人が恩赦で，二人が処刑は変わらない。ただし，それぞれが恩赦になる確率は，罪の大きさを考慮して A＝1/4，B＝1/4，C＝1/2とされ，クジによって恩赦の囚人が決まった点が異なっている。

　やはり A が看守に処刑される一人を聞いたところ B が処刑と教えられた。

　この返事を聞いたあとの，囚人 A が恩赦になる確率は本来の1/4からどう変化したか？

解説

　恩赦対象のライバルとも言える B が処刑という情報を得たことで，A が処刑を回避できる確率が上がったと直観的に感じられる。しかし，ベイズの定理にもとづいて確率を求めると，事前確率で1/4だった A の恩赦確率は，看守から情報を得た後にはさらに小さく1/5になってしまう。これは，直観と著しく反する解であり，ベイズの定理を適切に適用できないと正しく求めるのは非常に困難である。次節の図式を参考にしていただきたい。

4．人の直観のエラーを防ぐために

（1）確率推論を向上させる

　モンティ・ホール問題や三囚人問題は，数学的な訓練を受けていたとしても簡単には正解に至らない難問である。多くの人が直観的に推定し

た確率は，規範解と乖離が生じる。理屈としては正解を理解したとして
も，感覚的には納得しがたいと考える人も多いことが，こうした問題を
使った研究から示されてきた。

　一方で，こうした直観的な確率推論をより正確にしていく方法につい
てもいくつかの知見が得られており，これらがクリティカル・シンキン
グのスキル向上のヒントになりうる。

　直観がベイズの定理と食い違う一つの原因として，私たちは，さまざ
まに入手する情報によって，確率推定を更新すべきところを，目立つい
くつかの手がかりのみに頼ってしまい，適切に更新できないことが重要
である。**例題 3**のきょうだい問題では，一人が女という情報を得ていな
がら，男女は1/2という基本的な確率に拘束されてしまうし，モン
ティ・ホール問題では，司会者の行動が手がかりを与えていながら，複
数のドアを偶然で選べば，確率は等しいという考えにとらわれてしま
う。また，代表性ヒューリスティックの研究からは，基礎確率など考慮
すべき事前確率を無視して，状況を典型的に表す（代表性のある）確率
に応じて判断してしまうバイアスが生じることが示されている。つま
り，こうした手がかり情報を利用して確率を柔軟に更新していく発想
が，より良い思考のために必要であることを覚えておきたい。

　また，確率推論を正確な値に近づける一つの方略として，「1/3」や
「50％」と表現されていた確率を，「100人中30人」や「1000回の試行中
500回」というように頻度情報として提示することが有効である。もし
くは，確率から頻度に認識を変えるように促すことで，成績が向上する
ことが報告されている。統計的確率という概念は，前出のように多数の
試行によって収束する相対頻度である。こうした値を抽象的な確率では
なく，人が環境の中で自然と経験する具体的な頻度に置き換えること
で，成績が向上しうるのである。クリティカルに考えるためには問題を

所与のものとしてそのまま扱うのではなく，より自然で具体的な状況に
置き換える方略が有効であり，抽象的な概念を人に馴染みのある情報処
理に落とし込むことで，認知能力を有効に利用して直観的なバイアスを
抑制できる可能性がある（第8章課題素材効果も）。

　また，確率の数値自体を扱うのではなく，同じ構造の図として視覚的
に表現することで理解が促進される。市川（1997）は，これを同型的図
式表現と呼んでいるが，**図7-6**は変形三囚人問題の問題状況を同型的
図式の一つであるルーレット表現で表したものである。変形三囚人問題
はそのままではかなりの難問だが，図にすれば B は処刑されるという
条件（C 領域すべてと A 領域の半分）のもとで，A が恩赦される確率
は1/5であることが理解できる。

　他にも，モンティ・ホール問題でプレイヤーとしての視点で理解する
だけでなく，司会者の視点に立って，どのような行動が行われているの
かを考えれば，気づかなかった重要な手がかりが利用できるようにな
る。この視点を変えることの重要性についても，次章でウエイソンの選

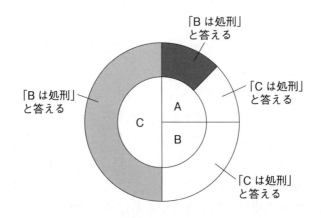

図7-6　変形三囚人問題の同型図式表現（市川，1997）

択課題の中で再度指摘する。

　また，モンティ・ホール問題の解説として，サヴァントはドアの数を増やせば直観的にも理解しやすいとした。すなわち，ドアが1000個あり，プレイヤーがドアを一つ選択した後に，司会者が二択に持ち込むために998個のはずれドアを開いた場合を想定すれば，司会者の意図と選択を変えた方がいいことが直観的に理解できる。規範解や理論的な数値にもとづく判断が難しい場合，課題の構造を崩さないようにしながら，極端な頻度に変更して，状況を把握する技術もこのように役にたつであろう。ただし，極端に高い・低い確率に対して人はバイアスのかかった受け取り方をすることがあり，これはプロスペクト理論における確率加重曲線でも示されている。

（2）バイアス矯正の方法について

　本章では，規範解が直観と食い違う確率推論課題をもとに，人の直観が持つ認知バイアスを考えてきた。クリティカル・シンキングの視点からは，こうした認知バイアスの性質を理解するだけでなく，それらをいかに修正し，コントロールしていくか，というメタ認知の姿勢が大切になる。本章のまとめと今後の指針として，意思決定バイアスを改善・矯正し，意思決定を支援する処方的アプローチについての知見を概観しておこう（相馬・都築，2014）。

　表7‑3に示すように，バイアス矯正のための研究の着目点には，改善主義，弁明主義・技法主義がある。本章の内容に即して考えれば，

1　バイアスの生じる課題を実際に経験し，自分で考えることでメタ認知を改善する知識や技術を身につける改善主義

2　人にとって不自然な課題状況を日常的なものに変え，たとえば確率を頻度に変えることで推論が改善するとする弁明主義

3　図式表現やベイズ統計などの外的な決定ツールを使うことで規範に
　近づけていく技法主義

ということになる。

　このほかにも，バイアスの矯正のためにはさまざまな取り組みがあ
り，後続の章でも取り上げていく。ただし，これらの方略を単に知識や
技術として知るのではなく，適切な意思決定を目指してバイアスを矯正
していこうという態度こそが重要であり，そこに働きかける動機付けの
大切さを再確認しておいていただきたい。

表7-3　Stanovich（1999）をもとに相馬・都築（2014）がまとめたバイア
　　　　ス矯正の研究アプローチ

立場	主張
改善主義	多くの熟慮は合理的な考えに至らないが，経験や教育を通して，バイアスは改善
弁明主義	自然な状況において，ヒューリスティックスは優れるため，自然な状況づくりをすることで，バイアスは改善
技法主義	道具・ツールを使用することで，バイアスは改善

■学習課題

　高校で学んだ数学の中でも，確率の計算は苦手としていたり，忘れて
しまった人も多いであろう。本章で取り上げた条件付き確率をはじめと
した基本的な確率の概念や計算について，高校の頃を思い出して復習し
ておこう。クリティカル・シンキングのために確率・統計の基礎知識は
非常に役に立つものである。

参考文献

市川伸一（著）（1997）．考えることの科学　推論の認知心理学への招待　中央公論社

ジェイソン・ローゼンハウス（著）松浦俊輔（訳）（2013）．モンティ・ホール問題　テレビ番組から生まれた史上最も議論を呼んだ確率問題の紹介と解説　青土社

引用文献

Evans, J. St. B. T., & Over, D. E. (1996). Rationality and reasoning. Hove, UK: Psychology Press.（山祐嗣（訳）（2000）．合理性と推理　ナカニシヤ出版）

海保博之（1991）．認知の科学　行動の科学から頭の働きの科学へ　海保博之・原田悦子・黒須昌明（編）認知的インターフェース　新曜社

相馬正史・都築誉史（2014）．意思決定におけるバイアス矯正の研究動向　立教大学心理学研究，56，45-58.

市川伸一（著）（1997）．考えることの科学　推論の認知心理学への招待　中央公論社

豊田秀樹（著）（2016）．はじめての統計データ分析　ベイズ的〈ポスト p 値時代〉の統計学　朝倉書店

山祐嗣（2017）．二重過程理論　進化的に新しいシステムは古いシステムからの出力を修正しているのか　日本認知科学会第34回大会発表論文集　114-119.

8 | 認知バイアスを克服する1

菊池　聡

《**目標＆ポイント**》　人の推論の特徴を明らかにするため，認知心理学者はさまざまな推論課題を考案し，一般の人々がどのように推論を進めるのかについて多くの研究を積み重ねてきた。これらの知見を知ることは，クリティカル・シンキングの重要概念であるメタ認知の向上におおいに役立つ。本章では，長年にわたって研究が取り組まれ，多くの関連研究を生み出したウェイソンの選択カード問題（4枚カード問題）を手がかりとして，人の認知の特徴を知り，認知バイアスの克服を考えてみる。

《**キーワード**》　確証バイアス，4枚カード問題，感情情報説

1．4枚カード問題からのメタ認知

（1）ウェイソンの選択カード問題（4枚カード問題）

　イギリスの心理学者ウェイソンは次のようなシンプルな質問によって，人の推論の特徴を明らかにしようとした（Wason, 1968, 1966）。

　テーブルに4枚のカードが置かれている。いずれのカードも片面には数字が，他方の面にはアルファベットが書かれている。
これらのカードについて
「片面が母音であれば，その裏面の数字は偶数である」
というルールが成立しているかどうかを調べたい。カードをめくってみればよいが，すべてをめくる必要はない。最小限どのカードをめくればよいか。

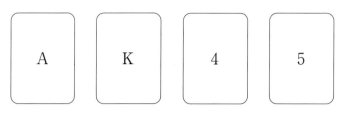

図 8 - 1　Wason が用いた 4 枚カード問題（1966）

　この問題は「もし P ならば Q」という条件文であり，演繹論理の規則に従って前件肯定の「P である」（母音）カードをめくり，後件否定の「Q ではない」（奇数）カードの 2 枚をチェックすればよい。**図1**の場合，「A と 5 のカード」が正解である。

　たいへんシンプルな推論課題だが，この正答率は低い。Wason & Shapiro（1971）が 4 つの研究で回答した128人の結果をまとめているが（それぞれ条件文を本題にあわせるとすると），45％が「A と 4」，35％が「A のみ」，7 ％が「A と 4 と 5」を選択，正解の「A と 5」は約 4 ％にすぎなかった。

　正解についてもう少し詳細に検討すれば，まず「A」をめくって偶数ならば良いが，奇数が出れば，これはルールに違反しているので A はチェックする必要がある。これは条件文「P ならば Q」の P の直接の確認になっている。

　次の「K」については，ルールでは子音の裏は特に規定していない。そのため，めくった結果，偶数が出ても奇数が出てもルールと関係がない。したがって K はめくる必要がない。

　次の「4」をめくろうとする人は多いが，上述の通り，母音・子音のどちらも，偶数（4）と裏表になりうる。したがって 4 をめくっても意味がない。

　必要なのは「5」である。これをめくって「母音」が出るとルール違

反になる。

　よって「Aと5のカードをめくる」が正解となる。

　ウェイソンは，同じ問題の構造を持ちながらも，たとえば「赤い色の
カードなら四角が書いてある」というようにカードの種類を変えて研究
を重ね，また多くの研究者も追試を繰り返した。いずれも論理構造は
「PならばQ」と条件文があり，Pと¬P，Qと¬Qに相当する表示が
見えるようになっている。妥当な演繹は前件肯定と後件否定であり，前
件否定¬Pや後件肯定Q（この場合はKや4）を選ぶと誤りである。
教育程度の高い成人や大学生であれば，こうした形式的操作が身につい
ていると想定されるのに，抽象的なルールを使った研究のほとんどで正
答率は10％前後となるのはなぜなのか，といった疑問が認知心理学者の
共通した問題意識となった。

　以降数十年にわたって，この課題はさまざまなバリエーションを使っ
て研究され，重要な知見が示されてきたのである。それらはクリティカ
ル・シンキングを支えるメタ認知の向上に応用することができる。

（2）確証バイアスとマッチング・バイアス

　ウェイソンの選択カード問題で，「母音が書いてあれば裏は偶数」とい
う仮説を検証するために，多くの人が仮説に一致する（規則に合致す
る）正事例Aと4を選択し，仮説の反証となる5（¬Q）を選ぶ率が低
かった。研究当初は，これは人の持つ代表的な認知バイアスである確証
バイアス（confirmation bias）の影響だと解釈されていた。

　人の認知には，現在持っている信念，理論，仮説を支持し，確証する
情報を求め，反証となる証拠の収集を避ける強固な傾向がある。もしく
は，反証情報を適切に利用するのに失敗してしまう。この確証バイアス
は広汎な状況や認知で一貫して見られるもので，社会的な認知や行動に

も強い影響を及ぼしている。

　一方，単に確証バイアスからの解釈では，この課題の結果は説明できないことも実験で示された。最初の条件文が「母音が書いてあれば，その裏面の数字は偶数<u>ではない</u>」のように後件に否定辞が含まれている場合，確証バイアスに従えば正事例「偶数ではない」カードを選択して正しさを確証しようとすると予想される。しかし，実験の結果からは，多くの被験者は偶数を選択することが明らかになった。これはマッチング・バイアスの影響とされる（Evans & Lynch, 1973）。つまり，ルールの記載を見て，否定の有無にかかわらず，そこに言及されている（マッチする）カードが選ばれるのである。他にも双条件文として誤解釈した可能性も指摘されている。いずれにせよ，この課題で生じているバイアスは，二重過程理論でいうタイプ 1 の自動的・直観的処理にもとづくヒューリスティックス方略によって引き起こされるという解釈である。

（3）課題素材効果

　4 枚カード問題は，さまざまなバリエーションが作られた。その代表的なものが以下のようなものである。

　飲んでいる飲料と，それを飲んでいる人がカードの表裏に書いてある。
　あなたが警察官の立場であると想定して，「未成年は必ずコーラ」というルールが成り立っているかどうかを調べるために，どのカードをめくるか。
　この課題では「16歳」と「ビール」を選ぶのが正解であり，オリジナル課題に比べて格段に高い73%の正答率が得られた（Griggs & Cox,

164

16歳

22歳

コーラ

ビール

図8-2　飲酒をテーマとした4枚カード問題（Griggs & Cox, 1982）

1982）。興味深いことにオリジナルの条件文「母音なら偶数」問題とこの「未成年はコーラ」問題の論理構造は，「PならばQ」の条件で，妥当なPと¬Qを選択する点で全く同じ「同型問題」である。

　ここからわかるのは，人は両方の問題で同じように論理的思考を適用して考えているわけではなさそうだ，ということである。このように選択の手がかりが母音や偶数のような抽象的な概念から，16歳やコーラのような具体的でなじみのある素材に変わったことで，ルールに反した事例も想起しやすくなったのではないだろうか。これは，課題素材効果と呼ばれ，他にも目的地と乗り物の組み合わせや郵便物に貼る切手の組み合わせなど，いくつもの具体的な素材で再現された。その結果，人の情報処理は抽象的な操作が苦手であり，自分の経験から想像できるような文脈であれば解決のための推論能力を発揮しやすいと解釈された。

　その一方で，この問題を答えることを容易にしたのは，素材の具体性ではなく問題解決場面におかれた人物の視点の効果であり，条件文が知識や状況について記述した直接法条件文ではなく，社会的規範やルールなどの義務論条件文になっている点が重要だとも指摘されている。たとえば上記の課題であれば，警察官の立場に立って問題状況をとらえれば，どのカードに目をつければいいかは，かなり容易に理解できる。また，被験者にとってなじみのない素材や抽象的な素材であっても，カー

ドをチェックする理由や目的を教示すると同様に課題成績が向上することも報告されている。

　情報の吟味にあたって明確な視点が導入されると，推論のガイドとなって処理を促進するという知見は，クリティカルな情報の吟味に貢献しうる。たとえば，レポートや論文を書く際に「読む人・評価する人の視点」に立つことで，どのように論を組み立て情報を提示していくべきかを考えることは，アカデミックライティングの基本とも言える。批判が情報のあら探しではなく，目的に即して適切なものになるためにもこうした視点や目的の明確化は十分に考慮すべきである。

（4）推論をガイドする：実用論的推論スキーマ，裏切り者検知

　4枚カード問題での課題素材効果や視点の効果から，Cheng & Holyoak（1985）は，人は実用論的推論スキーマを用いて推論を行っているとした。つまり，人は形式論理にもとづいた汎用的な論理規則を適用した推論をいかなる場合にも行えるわけではない。かといって，具体的な経験的知識のみにもとづいて場面固有の推論を行っているわけではない。その中間にあって，通常の生活経験から引き起こされたある程度抽象的な知識構造が，実用論的推論スキーマである。たとえば「未成年―コーラ」のような義務論的条件文であれば，日常生活の中で何かを許可する経験から引き出された「許可スキーマ」が，機能する。これは，ある行為Aが許されるなら，条件Bが満たされなければならない，というある程度汎用的なものだが，経験に立脚しつつも自分の経験したことのない問題空間においても適用できるものである。この実用論的推論スキーマには，許可の他にも，義務スキーマや因果スキーマといったものが考えられている。

　一方，Cosmides（1989）は，こうした選択課題では「裏切り者を検

知する」形式になっている場合に正答率が高くなると指摘した。たとえば，4枚カードのルールの形式を「社会的に利益を得るならば，条件を満たさねばならない（対価を払わなければならない）」といった社会的な交換や契約として設定し，条件を満たさないのに利益を得ているという社会契約に対する裏切り者を探す時に，特に正答率が高くなった。その一方で，具体的でなじみのある素材を使った課題であっても，社会的契約になっていない場合は，正答率はそれほど高くない。この社会契約仮説では，人には，社会的生活を形作り，維持する中で身につけてきた「裏切り者検知モジュール」が組み込まれていると考えている。

　このようにウェイソン4枚カード問題が最初に取り組まれたのは，1976年でありながら，現在でもさまざまに研究と議論が続けられている。これらの研究が浮き彫りにしたのは，人の論理的思考は，汎用的に発揮される抽象的な能力ではなく，取り組む問題の文脈に支えられていることである。現在に至る研究レビューは小林（2021）などを参考にしていただきたい。

2. 確証バイアスをめぐって

（1）ウェイソンの2-4-6問題

　「認知バイアス」とは，推論過程に限らず，知覚や記憶，思考など，認知システムの働きの諸側面において，情報を公平に処理せずに，一定の方向へ偏ったり歪んだりした処理を行う現象である。クリティカル・シンキングの向上においては，この認知バイアスの適切な克服が重要な目標となる。

　こうした認知バイアスの中でも，最も広汎に見られ，そして強力であることが知られているのが4枚カード問題の解釈で触れた「確証バイアス」である。

　これを考えるために，ウェイソンが用いて諸研究に多大な影響を与えた「2 - 4 - 6 問題」（Wason, 1960）を考えてみよう。

2 - 4 - 6 問題

　正の三つの整数でできた 2 - 4 - 6 のような数の組を三つ組み数と呼ぶ。この三つ組み数は，数字の並びに関するルールに従っている。

　被験者に求められるのは，できるだけ早くそのルールを見つけだすことである。

　ルールを推測するため，被験者は，新たに三つ組み数を作って，それがルールに従っているかどうかを，実験者に質問することができる。実験者は質問された三つ組み数がルールに従っているかどうかを「イエス」「ノー」で正直に答える。これを何度か繰り返して手がかりとすることで，ルールを探し出していく。

　まず 2 - 4 - 6 がルールに従っていることを示された後，多くの被験者は自分で仮説を形成し，それを確かめるために質問を行った。その質問では仮説の確証方略が多く取られた。たとえば「2 ずつ増える数」がルールと考えて「1 - 3 - 5」や「8 -10-12」などを質問し，「偶数」がルールと考えれば「4 - 6 - 8」「8 -10-12」を質問した。つまり，自分が持った仮説に適合する正事例を提示して，イエスが返ってくることで仮説の正しさを高めていく方略であった。ここに人の確証バイアスがよく現れている。

　これらの問いには，いずれも「イエス」がフィードバックされた。しかし，正しいルールは「増えていく数列」であり，被験者のほとんどは，少なくとも一回は間違ったルールを答えてしまう。反証方略を最初から取る被験者は少ないが，このタイプの問題の場合，成績が良かった

被験者は反証方略を使って効率的に仮説を検証する傾向が見られた。

4枚カード問題は演繹的推論の規則にかかわる課題だったのに対して，2‐4‐6問題は，情報探索から仮説形成，その検証に至る帰納的推論がかかわる課題になっている。いずれにも影響が見られた確証バイアスは，仮説を手がかりとすることで，少ない情報で効率的に問題解決を導く人の認知的傾向の現れでもある。そのため，認知の非常に広い領域で強く生じることで知られており，「すべてのバイアスの母」と呼ぶ心理学者もいる（Gilovich & Ross, 2015）。

（2） 日常の中での確証バイアス

人は一度，仮説や期待，知識を持つと，その仮説に拘束され，仮説が切り取ったものが世界の姿だと認識する。そして，仮説に合致しない例は，無視して当初の仮説の枠組みの正しさを確かめるように世界を解釈する。たとえば情報の探索や検証では，雑多な外界の情報の中から，自分の考えに適合するものだけを選択し，無意識のうちにピックアップする。また評価にあたっては，あいまいで多義的な情報や，材料不足の情報から，仮説に一致する解釈を導き出すようにも働く。こうした確証情報は記憶に残りやすく，推論に利用されやすくなる。私たちは，こうして自分に都合がいいように世界を切り取るのである。

確証バイアスは，システム1の処理（第7章参照）として無意識のうちに自動的に働く。これに対して，仮説の反証や仮説が誤っている可能性を意図的・クリティカルに考えるためにはシステム2が働く必要があり，これは認知的負荷が高い。より良い思考として規準に沿ったクリティカル・シンキングを志向するのであれば，情報は先入観なく収集し，公平に吟味・解釈し，合理的な評価を行うべきである。しかし，確証バイアスの研究からは，人のデフォルト処理では，こうした公平な方

略が取られないことが明らかにされている。この傾向は現実の社会で
も，さまざまな問題を引き起こす。第14章で解説する科学的な仮説の誤
評価による疑似科学の危険，特殊詐欺悪質商法の被害，災害時のリスク
認知の歪みなど，さまざまな局面で深刻な影響を与えうる。

3. さまざまな認知バイアス

（1）感情が認知に与える影響

　「感情的になって，つい……」という表現は，私たちが的確な判断が
できなかったときによく使う。つまり，冷静で正確な認知を歪ませてし
まう要因の一つが，私たちの「感情」と考えられる。

　感情と認知の働きの関連は，多くの研究の対象となっており，またク
リティカル・シンキングのために考えておくべきことも多い。なお，こ
れらの研究では感情を分類し，明確な原因で引き起こされる一時的なも
のを情動，持続的な弱いものを気分と呼ぶことが多い。

　まず，認知と感情の研究の中で広く扱われているのが，気分一致効果
（mood-congruent effect）である。これは，私たちの記憶や判断が，ポ
ジティブな気分のもとでは肯定的な方向にバイアスがかかり，またネガ
ティブな気分の時には否定的に偏る現象である。ある感情が高まると，
感情と一致した概念が活性化されて判断に利用されやすくなるメカニズ
ムが想定されている。

　こうした現象やそのメカニズムは，日常生活の中で感情によって判断
が引きずられることからも納得できるものであろう。たとえば対象のリ
スクや便益などについて合理的判断が必要なとき，それらを論理的・総
合的に判断するのではなく，対象への肯定的・否定的感情を理由にして
判断する方略は，感情ヒューリスティックと呼ばれる。対象自体を多面
的に熟考せずに，感情的評価という一面的な手がかりで即断する方略で

ある。こうした認知方略が有効な場面はもちろん多いが，非合理的な結論に至ったり対人関係などでトラブルのもとになりかねない。

　ただし，こうした感情による判断にもメリットがある。Schwarz（1990）が唱えた感情情報説（感情シグナル説）では，ネガティブ感情やポジティブ感情は，状況や環境について手がかり情報を通知する信号として機能すると考えられている。私たちが外界から受け取る情報はすべてが意識的に分析されているわけではなく，ほとんどが自動的にシステム1によってまず処理されている。この過程で，自覚はなくともネガティブな感情は，対象や状況によくない危険な要素が含まれているシグナルであり，これに応じてリスクに対して自動的に注意を向けるだけでなく，状況に関する情報を精査する分析的でクリティカルな思考方略が促されるようになる。このシグナルは未知の状況や，逆に手がかりが多すぎてすべてを考慮することができない状況などで有効に働く。たとえば，なんとなく直観的にいやな感じや危険な予感がする，という無意識のシグナルをもとに迅速な行動を促されることが，進化の中で有利に働く合理的適応メカニズムだったとも考えられる。

　一方，ポジティブな感情が喚起されるということは，状況が安全であることのシグナルになる。そのためさまざまな可能性に関心を広げ，創造性が高まる認知の拡張が生じやすい。たとえば，「私は○○したい」という文章を思いつくだけ書くような実験課題では，ポジティブ感情下にある方が，多くのバリエーションを想起することができる。こうしたポジティブ感情によって，行動や思考のレパートリーが増え，それが社会的・個人的な資源の獲得形成につながり，そこからまた個人のポジティブな生活や考え方を促すと考えるのが「拡張形成理論」である。

　ただし，こうした好ましい効果を多くもたらすポジティブ感情が，逆にリスクに対する分析的な思考を抑制する可能性を十分に考慮しておか

なければならない。また，特にネガティブな感情の高まりで注意しなければならないのは，感情の処理に認知資源が多く振り向けられて，システム2がかかわるような認知資源を多く必要とする認知が妨げられる「認知の狭小化」につながることである。たとえば，災害発生時のような緊急事態においては，この狭小化によって思考が硬直化し，ヒューリスティックにもとづいた不適切な判断や行動につながってしまうのである。

　また，感情は，二重過程理論でいうシステム1の過程と深くかかわっている。本書では直観的なシステム1が，熟慮的分析的なシステム2によって修正される側面を強調してきたが，感情にもとづく直観では，システム2はそれを精査するよりも，積極的につじつま合わせをして，感情を正当化する証拠を探す働きをしやすいことに注意が必要である。

（2）認知バイアスはゆがんだ認知なのか

　認知バイアスは，確かに規範に違反する歪みであり，非合理的な意思決定につながる可能性を持つ。しかし，4枚カード問題や感情にかかわる認知バイアスの例でも見たように，人が進化の中で身につけてきた環境適応的な情報処理システムの反映でもある。

　たとえばバイアスのかかった処理によって，人は認知的負荷の高い処理から解放される。確証バイアスはその代表的なものであり，外界から入ってくる情報をすべて偏らずに公平に処理して判断に利用するようなことは，人の処理資源にとっては非現実的である。人は，多くの場合，情報をボトムアップ的に理解していくのではなく，事前の予期や，自分が持っている知識からの仮説に沿って，必要な情報を優先的に処理し，不要な情報は切り捨て，反証のような負荷の高い処理をできるだけ避けて，整合性のある一貫性した認知を機能させようとする。この傾向は，

「認知的節約家」であるとか「認知的節約の原理」とも呼ばれて，人の認知を規定する主要な原理の代表的なものである。

　私たちが外界から入手する情報は，必ずしも完全なものではなく，また知覚や記憶のシステムも完全にそれらをとらえきれず，断片的な情報のみしか利用できないこともありうる。しかし，人はこうした不完全な情報であったとしても，そこに予期を働かせて，自分の知識を活性化させて補うことで，一貫した認知を形作ることができる。これは人の優れた認知特性で，一から十まですべて正確に確認することなく，一を聞いて十を知ることができる。こうした働きが，人の進化の過程の中で，生存の危機を回避するために働いてきたのである。

　また，認知バイアスの適応的な働きのもう一つは，自己概念にかかわるもので，無意識のうちに自己の評価を高く保ち，自己概念への脅威を巧みに回避しようとする。こうした側面でも，認知バイアスには，適応的な意味が多くある。したがって単に排除すれば済むものではなく，また完全に排除することも不可能である。であれば，クリティカル・シンキングは，バイアスを完全に排除するといった硬い思考ではなく，適切な意思決定に至るために，自分のバイアスとうまく付き合っていく柔軟な発想が必要となるだろう。

■学習課題

　日常の中で，あなたが思わぬ失敗をしてしまったり，誤った思い込みにとらわれてしまったりする背景には，さまざまな認知バイアスが影響している可能性がある。マッチング・バイアスや確証バイアスなどの観点から，それらを分析してください。

参考文献

山祐嗣（著）（2015）．日本人は論理的に考えることが本当に苦手なのか　新曜社

引用文献

Evans, J St. B. T., & Lynch,. S.（1973）. Matching bias in the selection　task. British Journal of Psychology, 64, 391-397.

Cheng, P. W., & Holyoak, K. J.（1985）. Pragmatic reasoning schemas. Cognitive Psychology, 17, 391-416.

Cosmides, L.（1989）. The logic of social exchange: Has natural selection shaped how humans reason? Studies with the Wason selection task. Cognition, 31, 187-276.

Gilovich, T., & Ross, L.（2015）. The Wisest One in the Room: How You Can Benefit from Social Psychology's Most Powerful Insights.（トーマス・ギロビッチ＆リー・ロス（著）小野木明恵（訳）その部屋のなかで最も賢い人　青土社）

Griggs, R, A., & Cox, J, R.（1982）. The elusive thematic materials effect in Wason's selection task. British Joural of Psycology, 73, 407-420.

北村英哉（著）（2003）．認知と感情　理性の復権を求めて　ナカニシヤ出版

小林佳世子（2021）．4 枚カード問題からわかること　裏切り者検知・予防措置・利他者検知　南山経済研究，35，315-334.

Wason, P. C.（1960）. On the failure to eliminate hypotheses in a conceptual task. The Quarterly Journal of Experimental Psychology, 12, 129-140.

Wason, P. C.（1966）. Reasoning. In Foss, B. M. Ed., New horizons in psychology. Harmondsworth: Penguin.

Wason, P, C.（1968）. Reasoning about a rule The Quarterly Journal of Experimental Psychology, 20: 3 , 273-281.

Wason, P. C., & Shapiro, D.（1971）. Natural and contrived experience in a reasoning problem. Quarterly Journal of Experimental Psychology, 23, 63-71.

9 | 認知バイアスを克服する2

菊池　聡

《**目標＆ポイント**》　私たちが社会生活を営む中で，自分や他者の行動を評価する際には，しばしば強い認知バイアスが生じる。そのため，ある人や集団をステレオタイプ的に見て，その本質を見誤ったり，出来事の原因を誤解してしまうなど，さまざまなネガティブな事態が引き起こされる。しかし，こうしたバイアスは，円滑な社会生活を送るために必要な自然な仕組みでもある。

　本章では，こうした社会的認知に生じる数々の認知バイアスの具体例と抑制方法を検討していく。そして，無意識の先入観や偏見にとらわれがちな対人認知をとらえなおし，クリティカル・シンキングを促すポイントを考えていく。

《**キーワード**》　対応バイアス，内集団外集団，ステレオタイプ，公正世界仮説

1. クリティカル・シンキングとステレオタイプ思考

（1）社会認知場面での認知バイアス

　社会的認知研究とは，日常的な場面で接する他者や出来事などの対象を，私たちがどう知覚，記憶，評価判断するのかを扱う分野である。その研究領域は多岐にわたるが，中でも重要な研究分野が，他者やそのメッセージをどう認知するのかを扱う対人認知研究である。

　前章まで，演繹や帰納推論における人の認知の特性を，形式論理学の規準と比較したり，4枚カード問題や確率推論のような認知課題から考えてきた。こうした認知バイアスやヒューリスティックは，社会的認知

でも基本的には同じように現れる。ただし，前章の課題状況が比較的シンプルだったのに比べて，社会的場面では非常に多くの要因が複合的にかかわってくる。たとえば認知の主体としての自己を防衛・高揚しようとする動機や対象との関係性，それらを含めた社会的な文脈などが人の情報処理のいくつかの段階に影響を与える。さらに，こうした複雑で大量の情報を処理するため，認知資源の節約としての認知バイアスが強く表れると考えられる。

　クリティカル・シンキングは，形式論理学のように日常と切り離された論理の世界ではなく，私たちが暮らす社会的な関係性や文脈と深くかかわりながら，日常的なより良い思考を追求していく思考である。この点で，社会的認知をめぐる諸研究の知見は，私たちがいかにして無意識の思い込みにとらわれるかを示すことで，特に対人場面でのクリティカル・シンキングの向上に貢献すると考えられる。

（2）ステレオタイプの働き

　クリティカル・シンキングは，対象を多面的に吟味し，見かけにだまされずに本質をとらえる熟慮的思考である。これに対比されるのが，物事を一面的に見て，よく考えずにうわべから即断するステレオタイプ（stereotype）的思考である。であれば，クリティカル・シンキングが目指すのは，ステレオタイプ的思考の排除と言っても過言ではない。

　対人認知研究の初期から，このステレオタイプの特性や機能は研究の対象となってきた。ステレオタイプはもともと印刷術に起源のある言葉で，判で押した印刷物のように同じに見えるもの，を意味する。ここから，多くの人が持っている固定的な観念，紋切り型のとらえ方を指す。対人認知研究では，特定の人々を何らかのカテゴリに結びつけて，その共通属性を過度に一般化してとらえる先入観や固定観念を意味する。た

とえば，性別はもとより，日本人，アメリカ人，関西人，警察官，政治家，学生，など，これらの人に共通して持たれるカテゴリイメージをもとに判断すれば，そこはステレオタイプ的な判断がなされていることになる。

　人や集団をこうしたカテゴリやステレオタイプでとらえるのは，基本的に望ましいことではない。カテゴリ化されると，同じカテゴリに属する人は多様性や個性を無視されて画一的にとらえるだけでなく，異なるカテゴリに属する人は，その違いが過大視されるようになる。こうした同化と対比は，根強い偏見や差別の原因となり，またそれらの改善を妨げる強力な要因になる。たとえば，人種や性別，職業，集団など，さまざまな社会的カテゴリについて特定のイメージがステレオタイプ的に共有され，それが日常生活の中でネガティブな意味づけを帯びた場合が偏見であり，その偏見が具体的な行動に反映すれば，それは差別となる。

　ステレオタイプは，偏見をもたらす歪んだ認知として否定的な機能が強調され，その解消のためにさまざまな研究や教育，実践が行われてきた。しかし，認知情報処理の観点からは，ステレオタイプは複雑な情報処理を効率化する機能を持ち，人の自然な認知のあらわれと考えられる。すなわち，認知的節約家（第8章参照）としての人が情報過多で複雑化する社会の中で，相手がどんな人であるかを素早く判断する手がかりとしてステレオタイプを用いるのである（上瀬，2002）。

　人の認知システムは，外界から情報を収集する役割以上に，入力されてくるほぼ無限の情報にフィルターをかけて，そこから必要な情報だけを拾い出すシステムと考えた方が実情にあっている。こうした情報の選別のためには膨大な認知資源（リソース）が必要である。それを軽減する機能をステレオタイプ化が提供してくれるのである。

　ステレオタイプ化では，カテゴリ間の差異とカテゴリ内での類似性が

強調される。こうした処理によって，そのカテゴリの構成員の行動や態度はある程度効率的に予測可能となる。

　たとえば，私たちが知らない人と出会い，その人の印象を形成していく過程を考えてみよう。この印象形成の過程にはさまざまなモデルが提案されているが，対人認知場面においても，まず自動的処理が生起し，その後に必要性に応じて一部が分析的な処理に進むという二重処理モデルで理解される。

　カテゴリ化は初期の直観的自動的過程（システム1）に相当する部分で働くことを想定している。たとえば初対面の人や集団と出会ったときには，まず性別や年齢のような外見的にとらえやすい次元でカテゴリ化

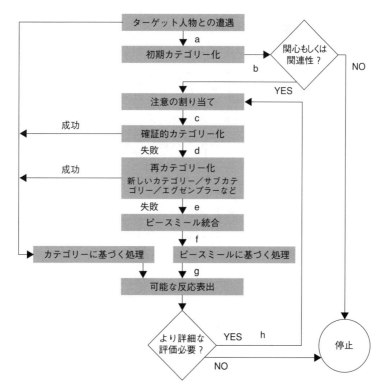

図9−1　Fisk & Neuberg による印象形成の連続体モデル
（田中（2021）より）

が自動的に行われる。そして，対象者と自分との関連が薄ければ，それ以上の詳細な処理は行われないが，関連が認められればさらにシステム2に相当する統制的で分析的処理が行われる，というように関連性の有無によって二つの処理が選択されると考える。二重過程モデルを発展させた連続体モデル（**図9-1**）では，二つの過程が分岐するのではなく，最初にカテゴリ化が行われた後，相手の実際の特徴との照合が行われ，さらに必要に応じて詳細な再カテゴリ化やサブカテゴリ化の処理へと連続的に進む。そして，それでもカテゴリと適合しない場合，対象の特徴を個別に分析的に吟味し統合していくピースミール統合処理が行われると考えられる（ピースミール＝情報の断片）。

（3）内集団・外集団のバイアス

　対人認知におけるステレオタイプ化は，相手を集団に当てはめる思考でもある。多様な個性を一人一人とらえるよりも，おおよその共通点に沿って把握する方が認知資源を節約できるため，効率化のオーバーランとも言える認知バイアスが生じるのである。しかも，社会的認知においては，そこに認知者自身の所属集団の視点が加わるために，さらにバイアスが助長される。

　その代表的なものが，内集団・外集団バイアス（in-group, out-group bias）である。自分自身が属する内集団と，それ以外の外集団というカテゴリ化によって，両者の違いが強調されるだけでなく，自分が属する内集団のポジティブな評価が促進されるのである。この内集団びいき（in-group favoritism）こそ，外集団への偏見やステレオタイプの基礎になる（唐澤，1998）。

　内集団びいきは，内集団と外集団で利益の対立がある時に生じるとは限らない。内集団びいきが生じるメカニズムを明らかにするために，

Tajifel らは最小集団パラダイムと呼ばれる実験方法で研究を行い，ほぼ意味のない基準で分けられたり，誰が内集団かわからなかったりする状況でも一貫して内集団びいきが生起することを観察した。こうした知見をもとにした「社会的アイデンティティ理論（Tajfel & Turner, 1979）」によれば，人は自分の所属する集団が優れたものだと考え，その集団との一体感を感じることを通して，自尊心を感じ自己の評価を高めていくとされている。

　また，この内集団びいきは外集団均質効果ももたらす。これは，内集団の構成員は，それぞれの多様な個性や複雑な属性が認識される一方で，外集団構成員は過度に一般化され，均質な集団にとらえられるバイアスである。

（4）偏見やステレオタイプは意識されない

　こうしたステレオタイプ化や差別・偏見は，システム1の自動的・無意識的過程が強くかかわるために，自覚的に意識しにくい。つまり，自分がステレオタイプ的なものの見方をしているとか，偏見を持っていることは，なかなか把握できないのである。

　たとえば人種偏見の強さをとらえるためにアンケートや質問が行われたとしても，おおよそ「自分は偏見や差別はしていない」という回答が返ってくる。これは自分をよく見せようと思って意図的に偽っているというよりも，ステレオタイプは潜在的なものとなっており，そのため偏見や差別自体は自覚されないうちに，日常の行動や意思決定などの側面に直接現れることを示している。

　無意識のうちに歪めた処理が行われることはあらゆる認知バイアスに共通した性質である。こうした偏見や差別につながるような潜在的なステレオタイプについては「アンコンシャス・バイアス」という呼称が社

会的に広く用いられている。これは，あからさまな差別偏見が排除される現代の社会，組織，共同体において，当事者が意識しないうちに差別的な判断や言動が生じる要因と考えられている。

　また，こうした潜在的な認知過程を研究する社会心理学領域では，二つの対象同士の連想関連が強ければ判断に要する反応時間が短くなることを手がかりとした潜在連合テスト（IAT, implicit association test）などが工夫されている。

2. 社会的出来事に関する帰属のバイアス

（1）対応バイアスと帰属理論

　出来事の原因が何なのかを推論する「帰属（attribution）推論」は，社会的認知において重要な役割を果たす。たとえば，原因を推定することで，他者の意図を察知したり，次にその現象がどのように引き起こされるかを予想したり制御することができる。他者の行動の推論の過程には，いくつかのモデルが提案されているが，やはり対象となる行動を同定したりカテゴリ化したりする自動的な過程と，そこにさまざまな情報を加味してその原因を考えていく統制的な過程へと進むことが想定されている。そして，この自動的な過程において，さまざまな原因帰属のバイアスが入り込みやすい。

　最も基本的な帰属バイアスは，他者の行動の原因は，その人の内部に行動に対応した特性や能力，性格，意思などの内部要因があって，そこから生じると考える「対応バイアス（correspondence bias）」である。人が何らかの行動を取る原因として，環境や状況が大きな役割を果たしているかもしれないが，それらは無視されやすい。たとえば，列車でお年寄りに席を譲る人を見れば，それは「親切な人」すなわち親切心が原因だと考えやすいが，本人の視点では席を譲った原因は「お年寄りが

乗ってきたから」という状況要因になる。このように，立場によって原因帰属が異なることは行為者観察者効果と呼ばれる。

　対応バイアスをめぐっては，たとえば悪役を演じる俳優は，性格が凶悪だと思われたりするように，明らかに他人に強制されたり，役割として行ったりした行動であっても，強固にその人の内部要因と対応した行動であると思われやすいことが多くの実験の結果示されている。このようなバイアスが生じる原因の一つとして，その行動を観察し，そこから推論を行う場合には，行為を行った人自身が最も目立つ手がかりになることが挙げられる。その一方で，背景にあったり隠れたりしている状況要因は直接は見えないことが多いために，手がかりになりにくい。そこに注意を向けることは，明らかに認知的負荷が高まるのである。また，たとえば性格や能力はある程度の一貫性があると素朴に考えるため，予測のための手がかりに使いやすい。

（2）帰属にかかわるさまざまなバイアス

　帰属推論の過程に，自己に関するバイアスや内集団・外集団バイアスがかかわることで，さらにさまざまなバイアスが強化される。たとえば究極的帰属錯誤（Ultimate attribution Error）と呼ばれるバイアスでは，自分や内集団の構成員が成功したときは，才能や努力などの内的要因に帰属されやすく，失敗したときは状況要因に帰属されやすい。これは自己防衛的な帰属の表れでもある。しかし，これが外集団の構成員の場合は，成功は状況要因に帰属され，失敗したときは才能や努力などの内的要因に帰属されやすい。たとえばスポーツの自チームの勝利は努力の結果であり，敗北は時の運としやすく，逆に敵チームの勝利は運よく得られたもので，負ければ力が足りなかったと原因帰属を行う傾向が生じるのである。

　こうした帰属バイアスは，確かに自己高揚的に働き，失敗や敗北の心的ダメージを和らげる点で，環境適応的であると言える。ただし，クリティカルに考えるためには，こうしたバイアスによって，自他の本来の力量や状況が関与する割合といった，将来を予測する重要な情報を正しくとらえることが難しくなる。

　また，こうした帰属のバイアスとして，公正世界仮説（just-world hypothesis，もしくは世界公正信念）が知られている（Lerner, 1980）。これは，世界は突然の理不尽に見舞われない公正で安全な場所であり，人はそれぞれ，その行いにふさわしい報いを受けるという信念である。

　私たちはこの信念を維持するように動機づけられている。すなわち良い行動をすれば（それが原因となって）良い結果が帰ってくるし，悪い行いをすれば（それが原因で）報いがあると考えるのである。これは因果応報や自業自得といった表現で言い習わされていることでもある。この信念には，ある出来事（特に負の結果）が起こった原因を，過去の行い（負の投入）によるものと信じる内在的公正世界信念と，不公正によって受けた損失が将来的に埋め合わされると信じる究極的公正世界信念がある（村山・三浦, 2015）。もちろん，この社会ではたとえ自分に全く非がなかったとしても理不尽な目に遭うこともあれば，悪人が我が世の春を謳歌することもある。こうした理不尽さに対抗する考え方の枠組みとして，自己が善良な行いをすれば，それは自分に善良な結果となって帰ってくると考えることで，世界をより安定した不安のないものととらえようとするのである。

　内在的公正世界信念のもとでは，たとえば不運にも犯罪の被害に巻き込まれたり感染症にかかったりといったネガティブな事態に陥った人には，たとえ過失がなかったとしても，そうなる原因が被害者の側にもあると考えられて，不当に被害者が非難される事態が生じることに注意し

なければならない。また，不公平な社会システムの中で，自分自身が被害者となったり不当に差別をこうむったりした場合でも，そうした社会システムを正当化する心理メカニズムが働くことが知られている（システム正当化理論）。自分に不利な立場を強いている社会システムでも，人は不安定で無秩序な状態を嫌うため，それを擁護し受け入れる心理が働くようになるのである。

3．社会の中でどのように認知バイアスとつきあっていくべきか

（1）どのように認知バイアスとつき合っていくべきか

　クリティカル・シンキングの実践では，意識的統制的思考によって，直観的で自動的なシステム１の思考を抑制し，メタ認知的にコントロールしていく。しかし，自動的に生起するステレオタイプ的な処理やバイアスがかかった処理は，効率的に情報を処理して人の負担を軽減し，それでいておおよそ適応的な行動に導くことが多い。そのため，これらを抑制的にコントロールすることには，かなりの心理的負担がかかる。確かに認知バイアスは不適切な結論をもたらすことがあるが，おおよそうまく行っている処理全体に抑制をかけることは現実的ではないし，不可能でもある。それでも，誤解や失敗，ひいては差別や偏見に結びつくバイアスは抑制していかなければならない。その点で前章でも述べたように認知バイアスとは「うまくつきあって，適切に抑制していく」（共存する）スキルが重要であり，それがさまざまなバイアスが複合する社会的場面でのクリティカル・シンキングに求められるものであろう。

　そうした中で，考慮すべきは抑制的メタコントロールの逆説的効果である。たとえばリバウンド効果とは，意図的にステレオタイプや認知バイアスを抑制していると，その後で逆にステレオタイプ的な判断や行動

が促進されてしまう効果である。「女性だから仕事ができない，などと考えるのは偏見なので，そんな考え方をしないようにしよう」といった抑制によって，かえって「女性が仕事ができない」が意識されやすくなるのである。何らかの思考を意図的に抑制しようとするならば，行動を操作するだけでなく，それにもとづいて対象の概念を確認し続ける自動性の高い監視過程を働かせる必要がある。しかし，常に監視過程がバックグラウンドで働くことで，その概念は頻繁に活性化されてしまい，結果としてその概念にかかわる思考が意識にのぼりやすくなってしまうのである（アクセシビリティの上昇）。つまり，「そうした考え方をしないようにしよう」と意図的に修正すると，いったんその抑制が弱まったとき，あたかもリバウンドするかのようにステレオタイプの影響が強く現れてしまうのである。こうした逆説的効果を無理なく低減させるスキルとして，偏見にはならないような別の拮抗する特性に注意を向け，さらにその特性に置き換えることで，結果として問題のステレオタイプを抑止する方略が有効と考えられる。ただし，こうした置き換えは，また別のステレオタイプ的な判断の危険もあることに注意しておきたい。

　もう一つ，ステレオタイプ的な見方や認知バイアスと適切につきあっていくためには，個人内で生じるバイアスを他者の視点でとらえるスキルが重要である。認知バイアスは自分で意識することは難しいし，また認知バイアスの存在自体は知っていても，自分はその例外だと考えるバイアス（バイアスのブラインド・スポット）も強固に見られる。偏見や差別に対しては「相手の立場に立って考える」ことの重要性はしばしば指摘されるが，クリティカル・シンキングのためには，そうした相手の立場だけでなく，全く無関係な第三者の視点へと積極的に視点を転換することが有効である（特定の役割の他者の視点を取ることでバイアスが低減しうることは前章で説明した）。

　社会的な関係が生じている当事者同士では複雑なバイアスが生じるが，距離をとった他者であれば認知バイアスから生じる具体的な言動の問題に気がつきやすい。つまり，自分自身のものの見方についての気づきをもたらすメタ認知的活動の一つとして，自分自身から第三者へと視点を移す視点の取得（パースペクティブ・テイキング）スキルが有効と考えられる。また，こうした視点の取得を含めて，直接知ることができない相手の意図や思考について理解することをマインド・リーディングと呼ぶ。

　ただし，一般論として，日常的に個別の相手の感情や希望，意図を，どの程度正しくマインド・リーディングできるのかと言えば，私たちは自分の洞察力を高く錯覚しがちなのである。エブリーのまとめでは，「一般に人は他人の考えをある程度予測できるが，特定の人から自分がどう思われているか，については当てずっぽうで答えた確率か，それをわずかに上回る程度だとされている。家族や恋人についてさえ，相手のことを正確に読み取ることはできないという」（エブリー，2015）。

　ステレオタイプ的な思考や内集団・外集団思考から人は逃れることができないが，その悪影響を可能な限り排除するためにも，相手の立場に立って理解し，社会的な観点から判断していく視点取得は常に念頭に置きたい。この第三者の視点取得スキルを向上するために有効と考えられるのが，ロール・プレイである。これはある場面を設定してそこで割り当てられた役割にもとづいて演じる疑似体験である。こうした体験を通して，他者の視点を取得し，意図を読む能力が高まると考えられている。

（2）開かれたクリティカル・シンキングへ向けて

　人種差別や人種偏見を低減させるための具体的な処方としての諸研究

186

の知見はクリティカル・シンキングに有益な示唆をもたらすかもしれない。初期から取り組まれているのが，異なる集団間で接触がないことが互いに偏見を生じさせる要因であり，たとえば人種や性別などを混合させて相互の知識と理解を深めることで偏見を低減できるという考え方（接触仮説）である。多様な集団と接触して対等なコミュニケーションを取ることで，当初の集団カテゴリーから脱却（脱カテゴリー化）したり，別の上位のカテゴリー化（再カテゴリー）を促すことができる。印象形成において初期にステレオタイプ的な処理が行われるのは，カテゴリーが相手の理解の手がかりになるためであり，接触を個人と個人の間の関与が深まるようにして，カテゴリー化を排除していくことが重要と考えられた。その結果，接触は，相互理解を促し偏見を低減させる効果はある程度認められたが，その効果は確実なものではなく，接触によってかえって両者の関係が悪化するケースも見られた。すなわち，接触体験をもとに，その偏見が維持・強化されるような確証バイアスが働き，逆にその集団間の差異が意識されて溝が深まってしまう可能性がある。

　この領域で有名な研究では，サマーキャンプに参加した互いに面識のない小学校5年生の集団を観察した実験がある（Sherif, 1961）。小学生は2グループに分けられて別々にキャンプに参加したが，最初の時点では互いの存在を知らない。その状態で，数日間集団生活をさせると，それぞれの集団が内部で協力して集団意識を高めていった。その後に，二つの集団の存在を知らせて，スポーツの試合などで競争させた結果，集団間には強い対立が生じた（集団間葛藤）。この敵対心を和らげるために，食事を一緒にしたり，映画を見たりして接触の機会を設定した。接触仮説が正しければ，このように二つの集団の接触機会を増やせば相互の対立は解消するものと考えられるが，そうはならず，かえって二つの集団は相互に対立を深めることが観察された。その後，キャンプはさ

まざまなトラブルに見舞われて両集団が協力しないと解決しない状況が設定された。こうした共通の目的をもって協力しあうことで，互いの敵意は解消したのである。こうした研究から，接触が有効に機能するためには，単に接触機会を増やすだけでなく，互いが対等な立場で，共通する目標に向かって協力する体験が有効だと考えられている。また，そうした立場や協力を保証する社会制度も必要である。

　ここまで，ステレオタイプ的な見方を修正する諸研究を概観してきた。これらを参考にすれば，多様な視点から柔軟に考えるスキルを獲得する上で，考え方の異なる他者と個別に関係を深めることの重要性が再認識できる。これは，いわばクリティカル・シンキングが私たちの頭の中でのみ進められるのではなく，現実社会やそこに生きる人々と積極的にかかわり合いをもちながら生きていく中で有効に形作られることを示している。クリティカル・シンキングは，論理学や科学といった規準に従いつつも，社会の中で生活していく私たちに深くかかわる思考という意味で，社会に開かれた活動的な思考であることを忘れないようにしたい。

■学習課題

　自分のステレオタイプ的なものの見方が，何らかの出来事がきっかけに改められた経験がないだろうか。その過程で，あなたの視点や人との接触の変化はどのように生じていたのか整理してみよう。また，それらを参考として，現在あなたの身近にある具体的なステレオタイプの解消のために，どのような方略が実現可能か考えてみよう。

参考文献

高橋昌一郎（監修）情報文化研究所，山﨑紗紀子，宮代こずゑ，菊池由希子（著）（2021）．情報を正しく選択するための認知バイアス事典　フォレスト出版

苅谷剛彦（著）（2002）．知的複眼思考法　誰でも持っている創造力のスイッチ　講談社α文庫

上瀬由美子（著）（2002）．ステレオタイプの社会心理学　偏見の解消に向けて　サイエンス社

菊池聡（著）（2020）．オタクの系譜学　山岡重行（編）サブカルチャーの心理学　福村出版

引用文献

エプリー, N.（著）波田野理彩子（訳）（2015）．人の心は読めるか？　早川書房

唐沢かおり（2010）．援助場面での社会的認知過程　村田光二（編）『現代の認知心理学　6』

唐澤穣（1998）．集団ステレオタイプの形成過程　山本眞理子・外山みどり（編）社会的認知　誠信書房　pp. 177-195.

Lerner, M. J.（1980）. The belief in a just world: A fundamental delusion. New York: Plenum Press.

Sherif, M., & Harvey, J. W., Hood, W. and Sherif, C. The Robbers Cave Experiment: Intergroup Conflict and Cooperation, Wesleyan University Press.

Tajfel, H., & Turner, J. C.（1979）. An integrative theory of intergroup conflict. In S. Worchel & W. G. Austin（Eds.）, The social psychology of intergroup relations. Monterey, CA: Brokks-Cole.

村山綾・三浦麻子（2015）．被害者非難と加害者の非人間化─2　種類の公正世界信念との関連─　心理学研究, 86(1), 1-9.

10 | クリティカル・シンキングと社会

楠見 孝

《**目標&ポイント**》 本章ではクリティカル・シンキングを土台にして，学習を通して，高次のリテラシーを身につけ，職場や家庭において実践知と叡智を獲得すること，そして，人工知能を活用しつつ，クリティカル・シンキングを拡張して，幸せな人生を築き，皆で協力して，より良い社会を作るための思考法を考える。

《**キーワード**》 コンピテンシー，リテラシー，実践知，叡智，人工知能（AI）

1. クリティカル・シンキング（批判的思考）が支える高次リテラシー

（1）未来社会のための教育の土台としてのクリティカル・シンキング

　現代は，感染症の流行や気候変動，国際紛争，デジタル社会への対応など，社会の変化が激しく（Volatility），不確実（Uncertainty）で，課題は複合的（Complexity）で，その解決策は曖昧（Ambiguity）にならざるを得ない VUCA 時代である。これまでの学校教育においては，1つの正解がある問題を一人で早く正確に解くことが重視されがちであった。しかし，よりよい社会をともに創る人を育成するためには，社会が抱えるさまざまな問題を解決するために，世界の多様な背景を持つ人々と協力して，批判的に思考し，問題解決する能力が大切である。

　こうした学びの目標の変化は，世界的な潮流である。学習者が学校で単に，知識を獲得するだけでなく，社会において自律的に生きるために

必要なコアとなる力である汎用的能力（スキル）の育成が重視されるようになってきた。欧米，オセアニア，アジアなどの各国において汎用的能力を重視した教育改革が進みつつあり，日本においても，2020年度より小学校から順次実施されている新学習指導要領において重視されている（楠見，2018）。

　これらの動きの出発点は，OECD の「能力の定義と選択」（DeSeCo）プロジェクト（1997-2002）が提起した「キー・コンピテンシー」である。コンピテンシー（個人が持つ知識，スキル，態度や動機づけ，価値などとそれらに基づいて発揮される能力の総体）は3つのカテゴリーから構成され，それらが相互に影響しあって働いている。

　第1は，認知的スキルであり，言語・（数・図表などの）シンボル・テクスト，知識や情報，テクノロジーを組み合わせて活用する能力である。これは後で詳しく述べるリテラシーに対応する概念である。

　第2は，多様な社会集団における人間関係形成能力（協調する能力，利害の対立をコントロールし，解決する能力も含む）である。

　第3は，自律的行動能力（大局的に行動する能力，人生設計や個人の計画を作り実行する能力，権利，利害，責任，限界，ニーズを表明する能力も含む）である。これら3つのキー・コンピテンシー枠組みの中心にあるのは，個人が思慮深く考え，行動するためのクリティカル・シンキングの重要性である。ここには，変化に対応する力，経験から学ぶ力，行動する力が含まれる。

　さらに，第1章で述べた ATC21S（Assessment & Teaching of 21st Century Skills）の「21世紀型スキル」は，キー・コンピテンシーを踏まえて，4つカテゴリー（認知スキルを［思考の方法］と［仕事のツール］に分け，人間関係形成能力に対応する［仕事の方法］，自律的行動に対応する［世界の中で生きる方法］）を挙げている。クリティカル・

シンキングは，１番目の「思考の方法」に位置づけられている（第１章
参照）。

（2）認知能力の土台：リテラシーとクリティカル・シンキング

　ここでは，学習者が，未来社会を生きるために，身につけるべき汎用
的な認知能力としてのその土台となるリテラシーとクリティカル・シン
キングについて述べる。リテラシーは，**図10-1** に示すように，階層的
に積み重なっているものとしてとらえることができる（楠見，2018b）。

　図10-1 の三角形の土台にあるのは，母語の読み書き（識字）能力で
ある狭義のリテラシーである。これは，文字を使ったコミュニケーショ
ン能力であり，すべての日常生活の活動を支える汎用的基礎スキルで
ある。このリテラシーを土台に展開した機能的リテラシー（functional
literacy）は，計算やさまざまな文書（説明書，表示など）の読み書き
等の能力であり，とくに，人が職業生活の中で活動（機能）するため

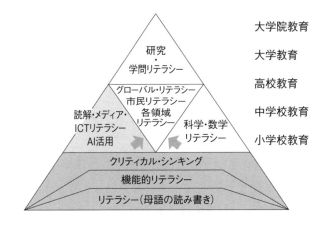

図10-1　クリティカル・シンキングが支えるリテラシーの階層
（楠見，2018b を改変）

に，必要な能力である。

　さらに，母語の読み書き能力と機能的リテラシーを土台としたものが，クリティカル・シンキングのスキルと態度である。

（3）クリティカル・シンキングの思考ステップ

　クリティカル・シンキングを使って考える思考のステップは，図10－2中段に示すように，マスメディアやインターネット，会話などの情報から，（ⅰ）問題発見のために，情報にアクセスし，主張やそれを支える根拠（証拠，理由）を取り出す「明確化」，（ⅱ）その情報の根拠や隠れた前提を検討する「推論の土台の検討」，そして，（ⅲ）情報に基づいて行う「推論」（帰納，演繹，価値判断など，第4章参照），（ⅳ）問題解決のための行動や発言や発表などを行うための「行動決定」に分かれる。

　これらのステップは，図10－2上段に示した，内省的思考である「メタ認知」によって，高い視点から，意識的にモニター（適切かのチェック）され，コントロール（必要に応じて前ステップに戻ること）がされている。また，「他者との相互作用」も，（ⅰ）から（ⅳ）のステップそれぞれにかかわる。他者からのフィードバックは，内省を促し，判断にかかわる自らのバイアスや誤りを修正することにつながる。これは，協調的な活用によって，クリティカル・シンキングを向上させていくことである。

　さらに，これらのステップは，図10－2左下に示すように，「知識・スキル」（教科・学問などの領域に固有のものとクリティカル・シンキングの各ステップにかかわる領域普遍的なもの［論法など第5章参照］）が支えている（e. g., Ennis, 1987；楠見，2018b）。

　クリティカル・シンキングの各ステップを支える思考態度は，図10－

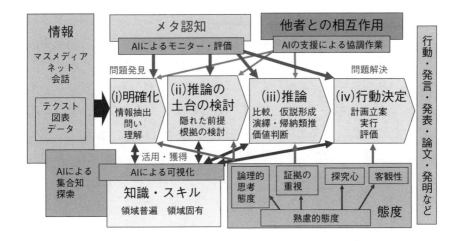

図10-2　クリティカル・シンキングのステップと AI による支援
(楠見，2018b を改変)

2 右下に示すように，大きく次の5つに分けることができる（楠見，2018b）。

（a）論理的思考態度：論理的に考えようとする態度

（b）証拠の重視：証拠に基づいて考えようとする態度

（c）探究心：多くの情報を探究しようとする態度

（d）客観性：偏見や先入観にとらわれず客観的，多面的に考えよう
　　とする態度

（e）熟慮的態度：じっくり立ち止まって考えようとする態度であ
　　り，上記4つのすべてを支えている

2. 市民リテラシーを支えるクリティカル・シンキング

（1）市民リテラシーとグローバルリテラシー

　市民リテラシーとは，市民が，第1章（2）で述べたリテラシーとク

リティカル・シンキングを土台として，市民生活に必要な情報を読み取り，行動するための能力である。**図10-1**中段に示すように，市民生活にかかわる複数の分野の知識に支えられており，とくに情報の読解にかかわるリテラシーと，証拠に基づく判断を支える理数系のリテラシーの2つが重要な役割を果たしている。さらに，これら2つに挟まれた**図10-1**の三角形の中央部に示す各領域リテラシーには，健康・リスク，経済，法律などの市民生活に必要な分野のことを理解し活用する能力としてのリテラシーが含まれている。そして，市民が，自律的に責任感をもって，社会にかかわり，問題解決，投票行動，倫理的・道徳的判断をすることを支えている。

グローバルリテラシーとは，グローバル化が進展する中で生じる社会問題を解決するために，文化によって異なる視点や価値観を理解する知識（政治，宗教，文化，環境，貧困など）と態度（文化的多様性の尊重，グローバルマインドなど），背景の異なる他者と交流するスキル，そして，世界全体の持続可能な発展と幸福に向けて行動する能力である。これは，クリティカル・シンキングと市民リテラシーを土台として，（2）で述べる異文化の情報を読む解くメディアリテラシーの影響も受けている。

ここでは，**図10-1**の図式にしたがって，クリティカル・シンキングのスキルと態度を土台として，市民リテラシーが，メディアリテラシーと科学リテラシー，さらに各領域のリテラシーに支えられていることを説明していく。

（2）読解にかかわるメディアリテラシーと ICT リテラシー

読解にかかわるリテラシー（**図10-1**の中段左）には，テキストを読み解く「読解リテラシー」，マスメディアの性質や技法を理解した上で

読み解く「メディアリテラシー」，ICT 機器やインターネットを利活用して，情報を読み解く「ICT（デジタル）リテラシー」がある。

　テレビ，新聞，雑誌などのメディア（媒体）から伝えられる情報を正しく理解し，適切に行動するための情報理解能力がメディアリテラシーであり，クリティカル・シンキングが重要な役割を果たしている。それは大きく2つに分かれる。（a）メディアの表現技法，制作過程，企業の目的の理解と，（b）メディアが伝える情報の吟味と批判的理解である。すなわち，（a）は，メディアからのメッセージは現実世界の写しではなく，ある規則（価値観や視点も含む）に基づいて構成されたものであり，新聞社やテレビ局は多くの購読者や視聴者の獲得を重視しており，そのために，表現技法が活用されていることの理解は，（b）の批判的な情報理解の土台となる。

　近年，メディアにかかわる情報通信技術（ICT）の進歩によって，市民はマスメディア以外の情報通信技術を通して情報を利用するための新しいリテラシーを身につけることが必要になってきている。コンピュータやインターネットの利活用に特化したリテラシーを，それぞれ「コンピュータリテラシー」，「（インター）ネットリテラシー」という。これらの情報通信技術の利活用を包括するリテラシーの総称を「ICT リテラシー」，これらのテクノロジーによる情報の利活用に焦点を当てた総称を「情報リテラシー」，さらに，近年は ICT を基盤としたデジタル環境にかかわる情報の利活用の総称を「（ICT）デジタルリテラシー」という。こうした新しいリテラシーにおいては，次の2つの能力が重要である。

　第1は，操作的リテラシーであり，インターネット上のテキストや画像・動画などについて能動的にツールを操作しつつ読解する能力である。第2は，クリティカル・シンキングを使って，複数の情報源から情

報を収集し，発信者の立場や背景にある動機に考慮して，その情報の有効性・信頼性を評価し，問題の解決に活かす能力である。

（3）証拠に基づく判断を支える科学リテラシーと数学リテラシー

科学リテラシー（**図10-1**の中段右）は，大きく3つに分かれる（Miller, 1983）。（a）基本的な科学用語，概念の理解，（b）科学的な手法，過程の理解（実験など），（c）科学や技術が個人や社会に及ぼす影響の理解である。

（a）の科学用語，概念の理解は，ニュースなどで報道される科学がかかわる情報（例：ワクチンの安全性）を理解するために必要である。ここには，前述のメディアリテラシーとあわせて，こうした科学リテラシー，さらにそれを支えるクリティカル・シンキングが重要である。

（b）は，データに基づいて批判的に検討する際に，データの質の評価にかかわる。たとえば，科学的手法に基づいて，データが集められたか，再現性はあるかなどの判断である（第2章参照）。

（b）は，数学リテラシーにもかかわる。数学リテラシーは，数値や図表を含む科学的な情報の理解を支えている。その構成要素には，（i）確率や比などの統計用語や概念の理解，（ii）サンプリングや確率計算などの手法理解，（iii）そしてデータに基づいて意思決定する際に，データの誤差や不確定性などを踏まえることなどがある。これらは統計リテラシーと呼ぶこともある。

（c）には，クリティカル・シンキングによって，問題を明確化し，情報の根拠を検討し，推論して，意思決定する過程がかかわる。

楠見・平山（2013）は，科学リテラシー（科学的データの見方に関する知識量）とクリティカル・シンキングの態度について，一般市民1500名に質問票への回答を求め，教育年数が両者に影響を及ぼし，クリティ

カル・シンキングの態度が，科学リテラシーに影響を及ぼすことを見出
している。

　以上述べたように，各リテラシーは相互に関連し一部は重なってい
る。各リテラシーは，日常生活の中で，クリティカル・シンキングを土
台として，情報を的確に理解した上で，行動するために，重要な役割を
果たしている。

（4）学問・研究リテラシー

　「学問リテラシー」（academic literacy）（**図10‐1**上段）は，大学生
が大学における学びを進めるために必要とするリテラシーである。大学
生は，学習において，批判的に読む・聞く（情報収集），話す（討論や
プレゼンテーション），書く（レポートや論文）ことが必要である。

　大学に入学する学生が多様化したことと，教育改革の流れの中で，学
問リテラシー教育やクリティカル・シンキング教育は，大学の初年次教
育，哲学，論理学などの入門科目，そして，ライティング，リーディン
グ，プレゼンテーションなどの学習（アカデミック）スキル育成の科目
で取り上げられるようになった（この科目もその一つである。楠見・子
安・道田，2011）。

　学生が効果的に学習を進めるためには，批判的に考えることが必要で
あることを**図10‐2**にしたがって考えてみよう，

　（ⅰ）の「明確化」は，文献読解や討論の際に，定義を明らかにした
上で，論理（結論，理由，事実，意見）を区別して分析すること，レ
ポートや論文を書くときに，問いを立てることを支えている。

　（ⅱ）の「推論の土台の検討」は，レポートを書くための情報収集の
際に，情報源や情報の信頼性を評価して，報告されたデータを適切に判
断するために必要である。

　そして，（ⅲ）の「推論」では，文献読解や討論の際には，著者や話し手の議論の進め方に飛躍がないかをチェックしたり，レポートを書いたりするときに，根拠から結論を適切に導くことを支えている。

　（ⅳ）の「行動決定」は，卒業研究などの研究プロジェクトにおいて，適切な計画を立案し，複数の選択肢から規準にしたがって選択をおこない実行し，成果発表などを行う際に，重要な役割を果たしている。

　また，「メタ認知」によって，これらの学習活動を，振り返ること，そして，計画通りに進んでいるかをチェックし，必要に応じて修正することが重要である。さらに，仲間や先生と対話，議論をするときに，自分の考えを根拠に基づいて伝え，フィードバックやアドバイスをもらうことが大切である。

　さらに，学生が，勉学を進め，学部専門課程・大学院に進み，学術論文を読んだり書いたりする専門家・研究者として活動するためには，「研究リテラシー」（research literacy）が必要となる。研究リテラシーは，学問領域固有の高度な知識・スキル（研究手法など）と，研究遂行のための汎用的なスキルからなり，大学院教育そして研究者としての実践を通して獲得するものである。**図10-1**の三角形の頂点で示したように，研究者は，先に述べた市民リテラシーとそれを土台にして，市民のことを考え，市民に向けて分かりやすく「伝える」コミュニケーション能力を持つことが必要である（楠見，2018b）。

3. クリティカル・シンキングの展開：人工知能の活用と叡智

（1）人工知能（AI）の活用を支えるクリティカル・シンキング

　AI（人工知能）にかかわるテクノロジーの進展は，ICT リテラシーにおける情報利活用に影響するだけでなく，日常生活や仕事の一部を代替するなどの大きな影響を与えている。

　ここでは，AI の進歩によって，クリティカル・シンキングが促進されるとともに，あらたに必要となる役割について，**図10 - 2**中段のクリティカル・シンキングのステップにしたがって説明する。

（ⅰ）明確化：問題発見のために，情報にアクセスする際には，AI に基づく検索エンジンを用いて，膨大なインターネット上の情報（個人を超えた集合知）から適切な情報を獲得できる。ここでは，得られる情報は，個人の知識の限界を超えて，系統的，網羅的な情報収集が可能である。一方，人が行うことは，検索エンジンに，適切な検索語（キイワード）を設定することである（たとえば，データ，エビデンスというキイワードを入れることで，証拠に基づく情報を見つけやすくなる）。

（ⅱ）推論の土台の検討：AI による検索エンジンで，そのルールに基づく順序表示をしたり，情報信頼性分析システムを使って，膨大な web 情報から，議論の賛否，経験情報と伝聞情報などを分類したり，評価ルール（発信者，広告の有無など）に基づいて，情報信頼度を表示することができる。また，検索された情報は，AI による可視化ツールを用いて，論証の構造などを視覚化できるものもある。一方，人が行うことは，提示された情報を鵜呑みにするのではなく，情報信頼性や重要性，議論の構造，根拠や事実（ファクト）などを，再検討し，未知の情報を再度探索することである。

（ⅲ）推論：AI は，既存のプログラムそして設定に基づいて，収集した膨大な情報を整理・分析して，パターンやルールを発見し，結論を導くことができる。一方，人が行うことは，分析結果を，再評価したり，価値判断をしたり，別の観点を設定したり，あらたなアイディアを生み出すことである。

（ⅳ）行動決定：問題解決のための行動や発言や発表などを行うため

の行動決定では，選択肢を期待効用などの設定に基づいて，評価する意思決定支援システムが活用できる。人が行うべきことは，ビックデータをもとにした決定支援や発想支援のシステムによる出力を，目標や状況を踏まえて，解釈，再評価し，最終判断することである。とくに，倫理的問題は，人の最終判断を，AIの出力だけでなく，AIに入力されていない背景事実，状況などのさまざまな情報を集め，比較し，バランスや相互の関連性，長期─短期的視点の両方を踏まえて，統合的な判断が必要である。

　まず，**図10-2**の上段で示されているように，AIは，人のメタ認知を補う形で，各ステップが正しく行われているかをモニターし，これらステップが一人で行われているときにでも，協調作業のパートナーとして，フィードバックを提供することができる。また，人と協調作業をする場合でも，協調作業を支援するシステムを用いることで，先に述べた（ⅰ）から（ⅳ）のステップにおいて，考えていることを視覚化によって共有しながら，協働的に批判的に思考することができる。

　このように，人は，AIを活用する活動を通して，クリティカル・シンキングの能力を拡張しつつ，人固有の能力を組み合わせて，よりよい行動決定を行うことが大切である。

（2）叡智を支えるクリティカル・シンキング

　人は，1節と2節で述べたリテラシーとそれを支えるクリティカル・シンキングを，小学・中学・高校，大学などの学校において，教師や教材を通して学んできた。さらに，家族やコミュニティ，職場における人生のさまざまな経験を積み重ねて，実践知を獲得する。前節（1）で述べたAIによるクリティカル・シンキング能力の拡張や実践知は，学校

や職場などの限定された領域での成果をもたらす。それに対して，叡智（wisdom）は，クリティカル・シンキングと実践知を土台とし，幅広い人生経験に基づく，深く広い知識と理解に支えられた知性である。叡智は，クリティカル・シンキングとその AI により拡張された知性と実践知を統合し，自分や職場のためだけでなく，周りの人や家族・コミュニティ，そして社会全体の幸福を実現するために適用する知性である（**図10-3**）。

　バルテスら（Kunzmann & Baltes, 2005）は，叡智を人生で遭遇する困難な問題を解決するための「人生に関する根源的な実用論についての熟達化」（expertise in the fundamental pragmatics of life）として定義している。そして，バルテスらは人生にかかわる問題解決課題（例：家出を考えている14歳の少女からの相談など）について答えさせ（例：何を考え，何をすべきか），その回答に対して，下記の5つの規準によって評価し，叡智に関連する知識の特徴を評価している（**図10-3**中央部）。

（a）事実知識：人の本質や人生，社会規範，対人・世代間関係，アイデンティティなどについての豊富な宣言的知識（事実に関する知識）を持つこと

（b）方略知識：人生の意思決定，問題解決，人生設計の方法に関する豊富な手続き的知識を持つこと

（c）文脈知識：人生の発達における多様な文脈（社会文化的，歴史的，個人的文脈など）とそれらが連関しながら生涯を通して変化することの理解に基づいて判断をすること

（d）相対主義：個人・社会・文化における価値の多様性や人生目標，優先順位の差異の理解に基づく相対主義的な考慮をすること

（e）人生と対処の不確定性に関する知識：個人の知識の限界を踏ま

えて，人生とその対処の不確定性を考慮すること
——などである。

　人生の問題解決において，これらの５つの規準にかかわる知識とスキルは，クリティカル・シンキングに支えられて発揮される。したがって，その獲得のためには，人生のさまざまな経験において内省（メタ認知）をともなう実践を重ねていくことが重要である。それらの叡智にかかわる知識やスキルは，年齢を重ねることで発揮されることも示されている。たとえば，楠見（2019）は５つの叡智の規準に基づく12項目の叡智尺度を構成し，その習得レベル（５段階）の自己評定を，16-69歳の997名に求めた。その結果，叡智尺度の平均得点は加齢によって上昇（相関は.25）し，クリティカル・シンキング態度とは正相関（.36）が

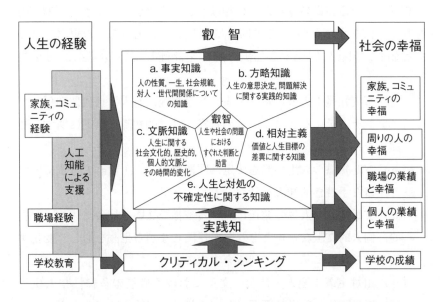

図10-3　クリティカル・シンキングと叡智による幸福の実現
（楠見，2011を改変）

あった。

　とくに，クリティカル・シンキングの推論における価値判断や意思決定，問題解決において，叡智は領域普遍的な「知識・スキル」として重要な役割を果たすと考える（**図10-2左下**）。

　人が，長年の人生経験によって獲得した叡智は，職場における熟達者やコミュニティにおける良き市民として，情報をクリティカルに読み取り，適切な意思決定や問題解決を行うことを支えることになる。

　批判的に考える人が協力して，職場，コミュニティなどにおける問題を解決し，適切な意思決定を重ねることは，よりよい職場やコミュニティを形成することに一歩ずつ近づくことになる。そのことが，幸福な社会を実現することにつながる。

■学習課題
1．クリティカル・シンキングとリテラシーの関係を説明しなさい。
2．人工知能（AI）を活用して，クリティカル・シンキングを高めるにはどのようにしたらよいかを説明しなさい。

引用文献

Ennis, R. H. (1987). A taxonomy of critical thinking dispositions and abilities. In J. B. Baron & R. J. Sternberg (Eds.), Teaching thinking skills: Theory and practice. (pp.9-26). New York: W. H. Freeman and Company.

平山るみ・楠見孝（2004）．クリティカルシンキング態度が結論導出プロセスに及ぼす影響：証拠評価と結論生成課題を用いての検討．教育心理学研究. 52, 186-198.

Kunzmann, U. & Baltes, P. B. (2005). The psychology of wisdom: Theoretical and empirical challenges. In R. J. Sternberg & J. Jordan (Eds.), Handbook of wisdom: Psychological perspectives, (pp.110-135). New York: Cambridge University Press.

楠見孝 (2011). 生涯にわたる批判的思考力の育成　楠見孝・子安増生・道田泰司 (編) 批判的思考力を育む (pp.225-237) 有斐閣

楠見孝 (2018a). 学力と汎用的能力の育成　楠見孝 (編) 教育心理学 (教職教養講座　第8巻) (pp.7-24) 協同出版

楠見孝 (2018b). リテラシーを支える批判的思考：読書科学への示唆　読書科学, 60(3), 129-137.

楠見孝 (2019). 熟達化としての叡智：叡智知識尺度の開発と適用　心理学評論, 61(3), 251-271.

楠見孝・平山るみ (2013). 食品リスク認知を支えるリスクリテラシーの構造：批判的思考と科学リテラシーに基づく検討. 日本リスク研究学会誌, 23(3), 1-8.

楠見孝・子安増生・道田泰司 (編) (2011). 批判的思考力を育む：学士力と社会人基礎力の基盤形成　有斐閣

Miller, J. D. (1998). The measurement of civic scientific literacy. Public Understanding of Science, 7, 203-223.

11 | 社会学からのクリティカル・シンキング

赤川 学

《**目標＆ポイント**》 本章では，さまざまな社会問題を，人々がそれを問題だと申し立てることによって，社会的に構築されると考える社会学の方法論（構築主義）について知り，身近な社会問題を批判的にとらえ直す思考を学ぶ。

《**キーワード**》 社会問題，構築主義，クリティカル・シンキング

1．社会問題とはなにか

（1）さまざまな社会問題

「社会問題」という言葉を見聞きしたとき，何を思い浮かべるだろうか。近年の日本では，新型コロナウィルス（COVID-19）の世界的流行，気候変動，貧困，格差，医療・年金・介護の負担，地方消滅，少子高齢化，人種差別や性差別，犯罪，いじめ，自殺，児童虐待，孤立・孤独，ゴミ出しのトラブルなど，身近なものからグローバルなものに至るまで，さまざまな社会問題が取り上げられる。

もっとも，ある人にとっての社会問題が，他の人にとっても問題であるとは限らない。たとえば少子化や人口減少は，ここ30年ほど日本では大きな社会問題とされているが，世界的には急激な人口爆発が，地球環境や食糧事情に与える悪影響を心配する人が多い。国内に限っても，少子化や人口減少が進むことによって，交通渋滞が解消されたり，広い家に住めるようになるのであれば，必ずしも問題ではないと考える人もい

るかもしれない。

　それだけでなく，何が重要な社会問題であるかは，時代や時期によっても変化する。たとえばある研究機関が，調査対象者にとって「身近で重要な」社会問題が何であるかについて，2020年のコロナ禍の前後で尋ねた結果がある。それによると，「新型コロナ感染拡大の社会問題化」「社会的孤立感，不安感の加速」「深刻化する雇用問題，貧困化への対応」「急がれる子育て・教育環境の整備への対応」「デジタル利活用の問題，情報弱者への対応」「共生社会実現のための条件整備への対応」「外交，国際的安全保障問題への対応」「災害対応・環境保全」などのキーワードに上昇傾向が見られたという（社会技術開発センター，2021）。これらの多くは新型コロナウィルスの拡大に伴って，より深刻だと認識されるに至った社会問題であり，コロナ禍の前後で，何を身近で重要な社会問題と考えるかに関する人びとの認識は大きく変わった。

　これに対して，「高齢化」「地球温暖化」「高齢運転者」「ストレス」「少子化」「がん」などのキーワードは，コロナ禍発生の前後で，安定して上位に位置づけられたという。つまりこれらは，多くの現代日本人にとって，比較的安定して念頭に浮かびやすい社会問題と言える。

　それにしても，社会問題をどのように定義すれば，これらの社会問題を同一の土俵で論じることができるのだろうか。たとえば高齢化と気候変動を例に取るなら，高齢化は，一国における人口の構成比が変化することである。これに対し，気候変動は地球全体の気温変化がもたらす（悪）影響の問題である。これらの社会問題がどのような意味で同じ社会問題という範疇に括られるのかは必ずしも明らかではない。

（2）社会問題の客観的定義

　もっとも，「社会問題は，社会にとって何らかの有害な状態であり，

客観的に定義できる」と考えたくなる人もいるだろう。このような考え方を，社会問題に対する**客観主義アプローチ**と呼ぶことにしたい。たとえば人種差別や性差別がなぜ社会問題になるかといえば，特定の属性にもとづいて個人に不利益をもたらし，公平や公正という社会全体の価値を毀損するがゆえに有害と多くの人が考えているからである，といった具合である。

　しかし社会学者のジョエル・ベストによれば，このような客観主義的アプローチには以下のような問題がある（Best, 2017 赤川監訳 2020, pp. 16-20）。

　第一に，有害とみなされている社会状態のすべてが，社会問題として扱われているわけではない。たとえばアメリカのある学者によれば，身長が高い人は雇用や昇進に有利であり，背の低い人は身長差別の被害者とみなしうる（Rosenberg 2009）。日本でも近年，「身長170cm 以下の男は人権ない」と公言した女性が現れ，話題となった（2022年 2 月）。他方，英語圏では「背が低い（short）」という言葉を「垂直方向に努力を必要とする（vertically challenged）」という言葉に取り替える動きが存在する。いずれにせよ，すべての人が身長による異なる取り扱いを差別と考えているわけではないことは確かだろう。身長差別は，人種差別や性差別に劣らず，重大な差別であるかもしれない。にもかかわらず，いまだ大きな社会問題として国会やマスメディアの場で取り上げられたことはないのである。

　第二に，同一の状態が全く異なる理由で社会問題とみなされる場合がある。たとえば肥満の人は，仕事を見つけるのが難しく，差別されていると考える人がいる。他方，肥満の人は不健康であり，肥満が増えると社会全体の医療費を押し上げることになるので，肥満自体が問題であると考える人もいる。つまり，なぜある状態（肥満）が有害であるかにつ

いて人々の意見は必ずしも一致せず，同じ状態が，異なる理由で，別の社会問題とみなされている。

　第三に，前節で見たようなさまざまな社会問題のリストが，いかなる意味で有害な状態であるかについて，客観主義的アプローチでは曖昧な言明しかできない。自殺が社会問題であるとして，何が有害な状態なのか――気候変動や感染症の拡大が社会問題であるとして，それをどのように解決したらよいのか。有害とされる問題の原因や結果や解決策について，共通の尺度を見つけることは殆ど不可能ではなかろうか。

　このように考えてみると，社会問題を客観的に定義することはきわめて難しい。だとしたら，別のアプローチが必要になる。それは，ある状態が害悪を引き起こすのではなく，人びとがある状態を害悪と考え，主張することの共通性に注目するアプローチ，すなわち**社会問題の主観主義アプローチ**である。

（3）社会問題の主観主義アプローチ

　社会問題の主観主義アプローチは，人びとがあることを問題とみなすか否かという，主観的な認識に着目する。もし人びとが身長差別を社会問題と考えないならば，それは社会問題ではない。しかし身長差別が多くの人の興味関心を惹くようになれば，身長差別は社会問題になりうる。ある状態が社会問題であるか否かは，さまざまな人びとの見方次第であると考えるのである。

　この前提に立つとき，あることを社会問題にするのは社会状態の客観的な性質というより，その状態への主観的反応であることになる。つまり社会問題とは，社会に内在する状態について関心を喚起する取り組みと定義することができる。であるなら社会問題の研究は，状態ではなく，状態についてのクレイムに焦点をあてることになる。

　そのような取り組みが必要になるのは，そもそも社会学では，人びとが世界に意味を与える方法のことを社会的構築と呼び，そのありようを研究することを本業とするからである。社会問題の主観主義アプローチでは，人びとがいかなる事柄をどのようなレトリックを用いて「社会問題」として主張するか（これを「**クレイム**」と呼ぶ），そしてそれらの主張がいかにして他の社会成員から注目を集めたり，無視されたり，反論されたり，他の行動につながっていくかを研究する。それゆえに社会問題の主観主義アプローチを，**社会問題の構築主義**と呼ぶことにしたい。

　これは，社会問題を人びとの相互作用過程という観点から理解することを意味する。その結果，社会問題の構築主義は，「いかにして，なぜ，特定の状態が社会問題として構築されるのか」について焦点を当てることになる。自殺や気候変動や差別といった事柄が特定の時期に，特定の場所で興味関心が持たれる話題として現れたのはなぜか。人びとはある状態に対して，いかにして何をなすべきかを決定するのか。これらの問いに答えるのが，社会問題の構築主義である。

2．社会問題の構築主義

（1）社会問題の自然史モデルとクレイム申し立て

　社会問題の構築主義は，社会問題が構築される過程を研究するにあたって，**社会問題の自然史モデル**と呼ばれるものに依拠している。社会問題の自然史モデルとは，クレイム申し立て活動が連鎖するプロセスに関して，「種々の事例に多く現れる傾向にある一連の段階」（Best, 2017 赤川監訳 2020, p.33）を想定するものである。ジョエル・ベストによれば，クレイム申し立て活動，メディア報道，大衆の反応，政策形成，社会問題ワーク，政策の影響という6つの段階からなる（**図11-1**）。

クレイム申し立て

↓

メディア報道

↓

大衆の反応

↓

政策形成

↓

社会問題ワーク

↓

政策の影響

図11‐1　社会問題過程の基本モデル

あらゆる社会問題構築の事例がこのモデルにあてはまるわけではないにせよ，自然史モデルを想定することで，典型的な社会問題の過程について，私たちが何を考慮すべきかについて，頭を整理するのに役に立つ。それぞれの段階ごとに着目すべきポイントについて概観してみよう。

　まず**クレイム申し立て活動**とは，特定のトラブル状態が社会問題として認識されるべきであり，そのことについて何かしなければならないというクレイム（主張）を行うことである。これらのクレイムは，他人の関心を引き付け，賛同を得ることを目的とする。それゆえ最初は，たとえ個人的な怒りや不安や義憤にかられたクレイムであったとしても，他者にとって説得的な議論となるために，共通のレトリック構造を備えやすくなる。第4章にも登場するように，哲学者のスティーブン・トゥールミンは，「前提」「論拠」「結論」「裏付け」「限定語」「反駁」からなる「トゥールミンモデル」を提唱した。社会学者のジョエル・ベストはこのうち前三者，すなわち「前提 Grounds」「論拠 Warrants」「結論

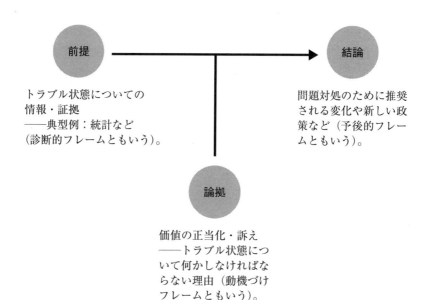

図11‑2　社会問題クレイムの構造
（Best, 2017 = 2020 : 50）

Conclusions」の３項目からなるクレイムのレトリックの基本構造を提示している（Best, 2017 赤川監訳 2020）（**図11‑2**）。

　前提とは，問題となる状況がどのようなものであるかを記述することである。具体的には，問題となる状況が存在することを示す典型例，問題状況を象徴する新奇な名づけ（ネーミング），問題とされる状況の規模や広がり，事態の深刻化を示す数字や統計などからなっている。

　第二に，**論拠**とは，その問題がなぜあってはならないのかを説明し，何をしなければならないかを正当化する価値や理念のことである。自由，平等，弱者保護，人権，人道，環境正義，リスク，コストとベネフィットなどがあるが，どの論拠がよく使われるかには栄枯盛衰があ

り，時代や地域によって異なる。たとえば他人に害を与えない限り，個人の自由は尊重されるべきという論拠は，多くの先進諸国で共有されているが，オートバイの運転や喫煙や肥満などの現象は，自分自身に害を与えるだけでなく，「医療コストの増加」という形で他人にも害を与えるので，社会はそれらの自由を制限しなければならないとされることも多い。

また同じ論拠に基づきながら，異なる政策が支持されることもある。たとえば入試や雇用の場面で用いられるアファーマティブ・アクション（積極的是正措置，日本ではポジティブ・アクションともいう）に賛成する人は，人種や性によって不利益を被っている人たちを有利にすることで平等が達成されると考える。これに対してアファーマティブ・アクションに反対する人は，それは誰に対しても等しい扱いをするわけではないので平等に反すると考える。どちらも「平等」という論拠を共有しているにもかかわらず，異なる結論を導いている。

第三に，**結論**とは，前提や論拠を述べたあと，その社会問題を解決するためになにをすべきかを特定する言明，すなわち解決策を提示することである。

クレイム申し立ては，さまざまな他者にとって肯定的あるいは否定的な反応を受けることで徐々に変化し，それが公共的な空間で論じられる対象となるときには，多くの場合，「前提—論拠—結論」という共通のレトリック構造を有していることが多い。とりわけ典型的なクレイム申し立ては，社会運動組織のメンバーの活動家や，法律家，科学者，官僚などの専門家によってなされることが多くなる。

（2）メディア報道と政策形成

クレイム申し立て者は，自分たちのクレイムをより多くの受け手に注

目してもらうために，新聞，ラジオ，テレビ，インターネットなどの**メディア報道**を利用し，メディア報道もどのクレイムを取り上げるかについて選択を行う。もっともメディア報道には，報道の締切や分量などの時間的・空間的制約が存在する。それに加えて，「犬が人を噛んでもニュースにならないが，人が犬を噛むとニュースになる」といわれるように，新規なこと，特異な事柄が好んで報道される傾向がある。それゆえクレイム申し立て者が行った**第一次クレイム**は，メディア報道の枠組みに適合するように編集される。その結果，メディア報道は概ね第一次クレイムよりも短く，劇的で，イデオロギー的でない**第二次クレイム**としてパッケージ化される。

　大衆の反応とは，第一次クレイムや第二次クレイムに対する社会の成員からの反応である。それは世論調査，フォーカスグループインタビューのような公的な反応と，うわさ話，流言蜚語，都市伝説（現代伝説），ジョークの流通，ソーシャルメディア上の書き込みなどのような非公式の反応からなる。とりわけ世論調査は，社会科学的な標本調査によって測定されることが多く，社会全体の意見分布を知るための手段とされる。

　世論調査の結果は，クレイム申し立て活動の結果（成果）と見ることもできるが，いったん形成された世論は，それ自体が次なるクレイム申し立てや政策形成の資源となることもある。それゆえクレイム申し立てを行う活動家や専門家は，人びとの関心を惹き付けようとして自ら世論調査を行う。その際には，質問文に用いる言葉遣い（ワーディング）を変えたり，回答の選択肢や質問の順番を工夫することによって，自らが望む方向に調査結果を誘導することもできる（第2章も参照のこと）。

　政策形成とは，政治家，官僚，専門家，社会運動の活動家ら政策立案者による活動の産物である。多くの場合それは法律の制定や改正を含ん

でおり，議会や公聴会などでの合意を得ることが必要となる。そこで政策立案者は，特定の政策や問題についての関心を共有する人びとのネットワーク，すなわち「政策ドメイン」を形成する。そして，彼らの政策を他者に理解してもらうために，それがどのような問題か，その原因は何か，なぜその政策が必要なのかに関する，**因果のストーリー**（Stone 1989）を構築する。

　因果のストーリーのもとでは，その問題の原因を意図的なものとみなすか，何らかの超越者の意志（神の思し召しや天命）に帰すか，あるいは偶然や自然の産物とみなすかに応じて，誰に対して何をなすべきかが定まる。たとえば新型ウィルスの流行に関して，誰かがそのウィルスを意図的に作成したり，図らずも漏洩したと考えるなら，その担当者を処罰したり，賠償責任を負わせようとする人が登場するかもしれない。逆にウィルスの発生を「神の思し召し」や「天罰」ととらえるなら，人間はあえてその試練に耐えるべきだと主張する人もいるかもしれない。あるいは，そのウィルスが進化の過程による偶然の産物だったとしても，政府や行政は，ウィルスの拡大を防いだり，重傷者への治療を行ったり，予防のためのワクチンを作成するなどの対策を実施する責任があると考える人もいるであろう。

　このように，一つの社会問題に関して，因果のストーリーは複数ありうるが，政策立案者や立法に携わる人は，特定の因果のストーリーが採用されるように，強く働きかけることができる。彼らが作った因果のストーリーが首尾よく他者に受け容れられるとき，政策立案者は当該の社会問題に関する状況を定義する権力を有することになる。社会問題の構築主義ではこうした権力を「**社会問題の所有権**」と呼ぶ。

（3）社会問題ワークと政策の影響

　こうして形成された政策は，現場で実務に携わる公務員，警察，教員，医者や看護師，ソーシャルワーカーなどの社会問題ワーカーによって実施される。これを**社会問題ワーク**と呼ぶ。彼らは政策がターゲットとする対象者，すなわち依頼者，犯罪者，生徒，患者，クライアントなどを相手に対面的な相互行為にかかわる。社会問題ワークが対象とする人は多くの場合，行政からなんらかの処遇を受ける可能性が高い人たちであり，その現場で生じるさまざまな出来事と，社会問題ワーカーが所属する組織や，より広い社会からの期待と一致するとは限らない。『踊る大捜査線』(1997-2012) というドラマがいう通り，「事件は現場で起きている」のである。組織の成員には遵守すべき規則や目標があるが，現場の対象者のニーズはさまざまであり，社会問題ワーカーは多くの場面で，両者の板挟みにあう。些細な交通違反，街角にたむろする若者，DV の通報，生活保護を求めて市役所の窓口に現れる人びと……。社会問題ワーカーはこうした人びとを前に多くの決定を強いられると同時に，否応なく裁量の余地が生まれる。それゆえ社会問題ワーカーは，現場での権限を持つが，対象者に対して差別的な取り扱いをしたり，人種や性別などの属性によって異なる扱いをしたりすれば，それ自体が社会問題とみなされることもある。いずれにしても，難しい立場にある。

　政策の影響は，自然史モデルの最終段階として想定されており，政策が社会に与える影響をめぐってなされる人びとの反応のことである。クレイム申し立てやメディア報道に基づいて作られた政策とその遂行（社会問題ワーク）が，社会の成員の全員から満場一致で支持されることは，ほとんどない。通常は，以下の 3 つの反応が想定できる。

　第一に，「その政策は不十分である」というものである。行われた政策の方向性は正しいものの，十分に遂行されなかったため，元の政策の

方向性を徹底すべきという主張である。もともとの主張を支持していた人びとは，このようなクレイムを行いやすい。

　第二に，「その政策はやりすぎだ」というものである。多くの場合，もともとの主張に反対していた人びとは，政策のいきすぎを指摘することで，政策の撤回を試みるかもしれない。

　第三に，「その政策は誤った誘導を行っている」というものである。もともとの政策が誤った状況認識や誤った原理に基づいており，社会問題ワーカーが不適切に遂行したために，意図せざる副次結果を生み出したというのである。たとえば覚醒剤やマリファナなどの薬物禁止はそれらの薬物を取引するリスクを高め，価格を高騰させるために，非合法な薬物取引をかえって繁栄させてしまうというような主張である。あるいは貧困撲滅の福祉プログラムが，その対象者に労働よりも福祉依存を促して貧困から抜け出すことを難しくするというような主張である。

　社会問題の自然史モデルは以上のような6つのステージを想定するが，実際のクレイム申し立ては，これら6つのステージを相互に行き来する（図11‐1）。特に近年の日本では，専門家から始まるクレイム申し立てが政策形成の初発段階となって，そこからメディア報道や大衆の反応が続くケースが多い。またメディア報道自体が中立的な立場を捨てて，特定の立場にコミットするクレイム申し立て者の役割を担うことも少なくない。社会問題の過程には終わりがなく，社会政策への批判がしばしば新しいクレイム申し立てのサイクルにつながっていく。

　以上にみた，6つのステージからなる社会問題の自然史モデルは，それぞれのクレイム申し立てがどのステージで行われているかの目安になる。社会問題のクレイム申し立ては無数に存在するが，それらはメディア報道や政策形成の場で取り上げてもらうために，競合したり，対立する関係にある。それぞれのステージには固有の慣行や制約があるので，

クレイム申し立てもその影響を被らざるを得ない。クレイム申し立てが行われる背景や文脈について適切に考察することが，社会学的クリティカル・シンキングの第一歩となるだろう。次節では，数字や社会統計が社会問題過程に登場する際に必要となるクリティカル・シンキングについて学ぶことにしよう。

3．社会統計をめぐるクリティカル・シンキング

（1）社会統計は組織慣行を反映する

「数字は嘘をつかないが，人は数字で嘘をつく」という格言がある。計算された数字や集計された統計は，さしあたり誰が行っても同じ結果に辿り着く蓋然性が高いという意味で客観的だが，ときに人は数字を使って他人を騙したり，ミスリードさせたりできるという意味である。もちろんすべての数字や統計が人を騙すとはいえない。しかし統計は，人間がさまざまなデータを集めて，集計し，作り出したものである。特に，社会全体の趨勢^{すうせい}を定期的に観察し，集計する社会統計は，多くの人がその作成にかかわることになるため，これを作成する行政機関や専門的な組織が必要になる場合が多い。人口，犯罪発生率，失業率，自殺率といった社会統計は，それを作り出す人びとの活動と努力の産物であることは間違いない。

それゆえ社会統計を，単に社会全体の趨勢を客観的に表現するものととらえるだけでなく，社会統計にはそれを作成した機関や組織の慣行が反映されているという視点を持つことが重要になる。古典的な例として19世紀の自殺率を分析したエミール・デュルケムは，大多数の国の統計報告における「自殺の推定動機」は，この報告事務を担当した役人（官僚）の動機についての所見に過ぎないことと喝破した。自殺の数は時期により大きく変化しているにもかかわらず，貧困・経済的失敗，家庭の

悩み，精神疾患などの自殺の動機の割合はほぼ一定であったからである（Durkheim, 1897 宮島訳 1985，pp. 165-167）。時代によって自殺の動機は変化する可能性が高い。にもかかわらず，それを表現するカテゴリーと割合は変わらないという事実は，その社会統計が自殺の動機に関する客観的な趨勢を示すというよりも，自殺の動機を判定する役人や役所の慣行を反映していた可能性が高い。

　さらに近年の例では，少年犯罪の多発化や凶悪化を示す指標の一つとされる「占有離脱物横領」（その殆どが所有者不明の自転車の乗り逃げ）の増加は，初発型非行の早期発見のスローガンのもとで，占有離脱物横領に対する警察活動が活発化したことの表れであったという指摘がなされている（鮎川 2013，p. 18）。占有離脱物横領という事実自体は，老若男女を問わず広く存在しているのかもしれない。しかし警察という組織が，（世論に押されるなどの理由で）少年を対象にした取締りを厳しく行うといった方針変更を行うことにより，結果的に，占有離脱物横領という「少年犯罪」が多発化しているように見えることもありうるのである。

　このように社会統計が社会的活動の産物である以上，これを読み解くときには，その統計がなぜ，どのように作成されたかを十分に吟味する必要がある。

（2）統計はこうして嘘をつく

　社会問題に関するクレイム申し立てが効果的になるためには一定の時間が必要であり，メディア報道や政策形成のステージに上がるためには，試行錯誤やクレイムの修正が必要となる。なぜなら社会問題のクレイムは，時間的にも空間的にも制約があるメディア報道や政策形成のなかで，可能な限り大々的に取り上げてもらう必要があるからである。つ

まりクレイムは，社会問題市場の中で競合しあっている。それゆえクレイム申し立て者は，社会統計を利用して，自らのクレイムを補強し，説得力をもたせようとする。

　もっとも新たな社会問題に関心を惹こうとする活動家は，問題自体が新しいだけに，よい統計が手に入るとは限らない。そこで活動家は，数字や統計を次のように利用する傾向がある（Best, 2001 林訳 2002, pp. 52-58）。

①大きめの数字を見積もり，きりのいい数字を好む。
②活動家が提出する数字は「氷山の一角」で，その背後には多くの被害者や損害が存在すると主張する（暗数論）。
③自分たちの考えと異なる数字を出して反論する人には，隠れた動機があると想定する。
④質問の言い回し（ワーディング）や質問文の配置によって，結果を誘導しようとする。
⑤活動家は数字の解釈の仕方を自分で決めようとする。
⑥現象の定義をなるべく広く行おうとする。

　⑥については，さらに説明が必要である。たとえば児童虐待を「子どもが殴り殺されること」と定義すれば，その事例は少ないだろう。逆に，養育拒否や放置（ネグレクト）などを児童虐待に含めれば，その事例数は大きくなる。もちろんネグレクトを児童虐待に含めることは必ずしも不当とはいえないが，広い定義を用いることで，問題の規模を大きく見積もることが可能となる。

　社会統計を適切に理解するためには，このような事情を理解することが重要になる。なぜなら活動家は，狭い定義のもとで，本来含まれるべ

きであるケースが除外されてしまうこと（**負への誤分類**）を懸念するからである。それゆえ，活動家はなるべく広めの定義を採用しようとするが，今度は，本来含まれるべきでないのに含まれるケース（**正への誤分類**），わかりやすくいうと冤罪が発生することになる。しかし新たな社会問題を作り出そうとする活動家は，正への誤分類よりも負への誤分類を困ったこととみなす傾向がある（Best, 2001 林訳 2002, p.60）。

このように，人間が作り出した数字や統計が社会問題過程に持ち込まれると，さまざまな形でバイアスや歪みが生じる可能性がある。それは，数字や統計そのものが社会問題に関するクレイムを構成し，ときに数字や統計をめぐる争いが生じるからである。

数字や統計にはそのような限界があることを理解しつつも，私たちは，あらゆる数字や統計を疑いなく信じる「素朴な人」でも，あらゆる数字や統計をすべて疑う「シニカルな人」でもなく，より妥当な数字や統計はどれか，統計をめぐる解釈や因果のストーリーのうち，どれが妥当な解釈であるかについて，つねに適切な評価を行おうとする「クリティカルな人」を目指すことが大切である。

4．社会学における，良い思考法

社会問題の構築主義は，クレイム申し立てにおいて用いられる「前提—論拠—結論」や「因果のストーリー」が人びとの間でどのように連鎖・流通していくかを研究するが，それらを適切に評価することも重要な課題である。社会学におけるクリティカル・シンキングとは，「証拠を念入りに検討し，より強い証拠と弱い証拠とを区別する方法」（Best, 2021 飯嶋訳 2021, p.4）を意味する。

もっとも社会学が固有に対象とする「社会」は，物理法則にしたがうモノの世界や，遺伝法則に従う生物の世界ではなく，人びとが相互に影

響し合う社会的世界である。それゆえに，研究者と研究対象となる人の間にも相互作用が存在する。特に社会科学者が行った研究の成果は，研究対象である社会に影響を与えることもある。たとえば「人口減少社会では高い経済成長は望めないから増税が必要だ」と研究者が予測や提言を行った場合，その思い込みによって増税がなされ，その結果，本当に人口減少が止められなくなる。すると「ほら，やっぱり，人口減少は止まらないではないか。ならば増税しかない」という思い込みが強くなり，その結果，さらに人口減少が進むという事態がありえる（中野2019, p.187）。最初の予測や提言は間違っていたかもしれないのに，人びとがそれを信じ込むことで，結果的に当初の予言が実現してしまうことがある。これを「**自己実現的予言**」という。

　また研究者同士も人間であり，相互に影響を与える社会的世界に生きている。社会学の世界も，楽観的／悲観的という志向性，文化重視／構造重視という理論，保守／リベラルというイデオロギー，インサイダー／アウトサイダーという立場性，定量的／定性的という方法論などの違いに基づいて，さまざまな陣営に分かれている。ある陣営に属する人びとは同じ理論仮説や政治的イデオロギーを共有する傾向があるため，同陣営の人に対する批判は弱くなり，異なる意見を持つ人の議論を批判するよりも遥かに難しくなる。その結果，第三章で説明したように，同じ陣営に属する人が自分たちの理論やイデオロギーを再生産・強化する「**エコーチェンバー**」となる傾向がある（Best, 2021 飯嶋訳 2021, p.172）。

　また，議論の内容がおかしいから批判するのではなく，自分とは意見が異なる人が行ったから批判する「**対人論証**」（人身攻撃）を行ったり，他人の議論を「神話」や「フェイク」とレッテル貼りしたり，「氷山の一角」といった常套句により，より詳細な吟味を回避することもある。

これらの傾向は社会学だけでなく，他の学問でも起こりうるし，社会問題を構築するレトリックとしても頻繁に観察できるが，同時に社会学的なクリティカル・シンキングを阻害するものでもある。

　では，社会学的な「良い思考法」はいかにしたら可能になるのだろうか。一般的に述べることは難しいにしても，少なくとも次の点に留意することが必要である。その数字や統計が何を測定しており，その測定は妥当か。因果関係を論じるときに，原因が時間的に先行し，パターン化された変数間の関係（相関関係）を発見できるか。その相関関係は，媒介変数や生態学的誤謬の問題に対処し得ているか。複数の事例を比較し，事例間の差異と共通性を適切に発見できているか。幅広く受け入れられている理論や過去の研究結果と整合しているか。このように，さまざまな観点から証拠を適切に評価する必要がある。

　しかし社会学的なクリティカル・シンキングにとってもっとも重要なことは，自分自身に対してクリティカルであること，すなわち「自分自身のアイデアについてよく考え，推論の中で見つけたあらゆる問題に対処すること」（Best, 2021 飯嶋訳 2021, p.16）であることは間違いない。なぜなら他人のあら捜しをすることは容易であり，自分と同じ意見を持つ人の議論をクリティカルに考えるのが難しいとしたら，自分自身に対してクリティカルになることは，最も挑戦的な課題となりうるからである。

■学習課題
　犯罪，暴力，虐待などの社会問題の解決を目指す活動家は，自分たちが示す事例や統計は氷山の一角に過ぎず，その背後に何倍もの暗数が存在すると主張したり，問題となる現象に関して，広めの定義を採用することが多い。一般的に彼らは，問題の規模を大きく見積もる傾向があ

る。なぜそのような傾向が生まれるのか，クリティカルに考えてくださ
い。

参考文献

赤川学（著）（2012）．社会問題の社会学　弘文堂

鮎川潤（著）（2013）．少年犯罪　平凡社

谷岡一郎（著）（2000）．リサーチ・リテラシーのすすめ「社会調査」のウソ　文藝
　春秋

中野剛志（著）（2019）．全国民が読んだら歴史が変わる奇跡の経済教室【戦略編】
　株式会社ベストセラーズ

社会技術開発センター「コロナ禍における社会問題に対する市民意識変化調査（社
　会問題の俯瞰調査2020）」（https://www.jst.go.jp/ristex/interna_research/files/
　unit_covid 19_a wareness_2020.pdf，2021年，2022年2月25日検索）

Best, J. (2001). *Damned Lies and Statistics*. California: University of California Press.
　（ベスト，J．（著）林大（訳）（2002）．統計はこうしてウソをつく　白揚社）

Best, J. (2017). *Social Problems*. 3rd ed. New York: W W Norton & Co Inc.（ベス
　ト，J．（著）赤川学（監訳）（2020）．社会問題とは何か　筑摩書房）

Best, J. (2021). *Is That True?: Critical Thinking for Sociologists*. California: University
　of California Press.（ベスト，J．（著）飯嶋貴子（訳）．（2021）．Think critically
　クリティカル・シンキングで真実を見極める　應義塾大学出版会）

Durkheim, É. (1897). *Le Suicide :Étude de sociologie*. Paris: Félix Alcan.（デュルケー
　ム，E．（著）宮島喬（訳）（1985）．自殺論　中央公論社

Stone, D. A. (1989). Causal Stories and the Formation of Policy Agendas, *Political
　Science Quarterly*, Vol.104, No.2, pp.281-300.

Rosenberg, I. B. (2009). Height Discrimination in Employment, *Utah Law Review*, p.
　907-953.

12 │ 実践3　詐欺や悪質商法に強くなる

菊池　聡

《**目標＆ポイント**》「うっかり信じたりせずに，疑ってかかればよかった」こんな後悔が口をついて出るのは，自分や身近な人が「騙された」時ではないだろうか。私たちの社会には，自己の利益のために欺瞞的な手口を使う悪意が存在する。この罠を見抜き的確に対処するスキルは，自分を守るためだけではなく，互いに助け合って安全な社会を実現する上でも重要な市民リテラシーの一つと言えよう。本章ではさまざまな悪質商法や詐欺で使われている心理誘導のテクニックを考えることで，欺瞞的なコミュニケーションの手法を見抜く目を養い，こうした騙しに対抗できるクリティカル・シンキングの技法を考えていく。

《**キーワード**》　説得と態度変容，悪質商法，マインドコントロール

1. 身近な脅威　詐欺・悪質商法・霊感商法

（1）生活を防衛するためのクリティカル・シンキング

　クリティカルな思考を積極的に用いるべき理由の一つは，信じてしまうと深刻な事態が生じかねない虚偽情報から自分を守るためである。本書ではこれまでも統計データやネット上のフェイク情報，論理学的な誤謬など，私たちの身近にあって警戒を要する情報を検討してきた。本章では，欺瞞的な勧誘や宣伝を使う悪質商法や，意図的な虚偽を信じ込ませて財産をだまし取る特殊詐欺を考えていく。

　いわゆる悪質商法とは，一般消費者を対象にして組織的反復的に敢行される商取引で，その商法自体に<u>違法な</u>，または<u>不当な手段・方法</u>が組

※「欺瞞」は意図的に誤った方向へ導く行為の総称であり，「嘘・虚偽」はその一つの技法であって，欺瞞は必ずしも嘘を使うとは限らない。

表12-1　さまざまな問題・悪質商法
（警察白書，千葉県警，全国大学生活協同組合連合会などの資料をもとに作成）

名称	おもな販売方法と特徴や問題点
マルチ商法（連鎖販売取引）・マルチまがい商法	商品を購入して自分が販売することでマージンが入り，自分の系列に加入者を増やしていくと大きな利益が得られると勧誘する。成功者はごく一部であり，多くが売れない商品を抱え込む被害者となる。
会員権商法	「将来値上がりする」「有利な利殖」を口実に勧誘。あとで顧客から買い戻しや転売依頼の話を受けても応じない。
霊感商法	「先祖のたたりで不幸になる」「購入すれば不幸から免れる」などと，人の不安をあおり，高額な壺や数珠，印鑑などを買わせる。
現物まがい商法	金やダイヤモンド，ゴルフ会員権などを業者が売りつけて，それを一定期間預かり，利子をつけて返すと言って勧誘するが，実際に現物は消費者に引き渡されることもなく，業者が現物を持っているかも疑わしい。
資格商法・士（さむらい）商法	公的資格を掲げて「講座を受ければ国家試験免除」と偽る。私的な資格を設け「近く国家資格になる」などと偽る。
ネガティブオプション・送りつけ商法	商品を一方的に送りつけるなどして，代金の支払いを請求する。代金引換郵便を悪用するものもある。
SF（催眠）商法	安売りや講習会の名目で人を集めて，閉め切った会場で日用雑貨を無料で配り，雰囲気を盛り上げて興奮状態にし，最後に高額の健康食品や羽毛布団のような商品を売りつける。
アポイントメントセールス	「景品が当たった」「会ってお話したい」などと勧誘目的を隠して喫茶店や営業所に呼び出し，商品やサービスを売りつける。異性間の感情を利用したものを「デート商法」ともいう。
原野商法	「将来値上がりは確実」などと偽り，ほとんど価値のない原野などを時価の何十倍もの高値で売りつける。
点検商法・危険商法	無料点検と称して訪問し，「水道が汚染されている」「白アリ被害」「屋根が壊れている」などとだまして工事契約や商品を売りつける。
かたり商法	「市役所の方から点検に来ました」「消防署の方から消火器の点検に来ました」といった紛らわしい言い方でリフォーム工事や消火器，警報器を売りつける。
内職商法	「自宅でできるサイドビジネス」「一日○時間の仕事で月収○○万円」などの広告で内職の応募者を募集し，高額の機械を売りつけたり，多額の会員登録料などを払わせたりする。

み込まれているものをいう（警察白書，2009）。さまざまな巧妙な手口が知られているが，正当な取引と，不当，さらに違法の間にはそれぞれグレーゾーンもある。一方の極には詐欺やネズミ講，脅迫のように，明確な犯罪・違法行為があり，違法とは言えないまでも，商品・サービスの実態が宣伝と異なっていたり，社会通念上許容できない勧誘宣伝方法を用いる悪質商法まで，その範囲は非常に広い（**表12-1**）。

（2）情報操作と心理操作

　悪質商法に見られる手法の代表的なものが，「情報コントロール」と，「心理コントロール」である。

　情報コントロールでは，消費者が判断に用いる商品やサービスについての情報自体を不当に操作して偏ったものにする。あからさまに相手を欺けば詐欺犯罪となるが，必ずしもウソをつかずとも，重要な情報を隠したり一方的な情報だけを与えたりすることで，商品やサービスの価値を実際よりも高く誤解させる，いわゆる優良誤認や有利誤認を引き起こすことができる。たとえば根拠の薄い効能を強調する健康食品やリスクを説明しない金融商品，家屋に修理の必要があるとして不要な工事を契約させるリフォーム詐欺などがある。そもそも勧誘目的を隠して警戒させない手口や，不利な情報や助言を遮断する手口もある。他にも，かたり商法，内職商法，利殖商法，資格商法などが，こうした情報コントロールを利用している。

　心理コントロールは，消費者の意思決定のための思考を不当に操作して誘導する。賢い消費者は，特に高額であれば，宣伝文句の信憑性や他の選択肢や関連情報についても考慮した上で，最適の意思決定を下すことが理想である。しかし，悪質商法は，この合理的な意思決定を妨害する心理的なコントロール手段を，社会的通念を越えて用いる。そして，

欺瞞を欺瞞と認識させず，商品を不当に魅力あるものに印象づけ，冷静な情報探索や解約を起こさせない。ここで，活用されるのが，本書で取り上げてきた認知バイアスやヒューリスティックを利用して，特定の選択肢へと誘導する心理手法である。

　クリティカル・シンキングは，主張の内容や根拠を批判的に吟味し（情報コントロールへの対抗），自分の思考過程を意識的にとらえるメタ認知によって（心理コントロールへの対抗），日常的な意思決定をより良いものにしていく。悪質商法では，消費者が正確な情報を与えられず，情報の吟味も難しい状況に追い込まれるのであれば，クリティカルに考えることは消費者にとって必須の基本的態度・技能と位置づけることができるだろう。

　もちろん，これは悪質商法に限らず，私たちの消費活動全般に大切なことである。消費者教育を論じた花城（1994）は，商品を生産する科学技術や分配する経済の仕組みが複雑化した現代社会においては，消費者が生産者よりも弱い立場にあり，商品の使用価値と交換価値を正確に判断できない状態に置かれていることを指摘している。そして，その中で大量消費が消費者の欲望の創造を前提としている以上，「批判的思考なしには，消費者は売り手と平等の立場には立ち得ない」と，クリティカル・シンキングの位置づけを行っている。

（3）認知バイアスやヒューリスティックの応用

　消費者心理を誘導する心理コントロールには，二重過程モデルにもとづくヒューリスティック処理や認知バイアスの数々が応用（悪用）されている。たとえば，人が期待に合致した情報に注意を向け，反証情報を無視する確証バイアスは，商品やサービスの問題点から注意をそらす機能がある。「健康になりたい」「お金を儲けたい」「能力を伸ばしたい」

といった自然な欲求に対して，実際にこれで願望を叶えた人がいる（病気が治った，財産を増やしたなど）というリアリティのある実例を提示する。たいていの場合，合理的な規準からは商品と効能の因果関係は明確ではないが「買って・治った人がいる」事実は説得力を持つ。自分の予期に合致した例ばかり目につき，反証例が目に入らない。マルチ商法や会員権商法などでごく限られた成功例や，霊感商法の出所不明の逸話を積極的に受け入れてしまい，嘘を吹き込まれずとも「自分から騙されに行ってしまう」ケースが顕著に見られる。これは，商品サービスを評価して購入の可否を判断するのではなく，結論ありきの「動機づけられた推論」の例とも言える。

　また，感情を強く喚起して，合理的な推論に必要な認知資源を圧迫する方法も用いられる。たとえば，先祖のたたりや因縁といった不安を呼び起こす霊感商法・開運商法，健康への不安を増幅して健康器具・食品の効能を高くみせかける方法などがある。これらは不安や恐怖を強調しておいて，それに明確な解決策を示すのが基本である。他にも，高揚した精神状態に追い込む催眠（SF）商法，異性への好意を利用するデート商法，大きなもうけを約束するマルチ商法や利殖商法などが感情を巧みに利用している。

　私たちは，悪質商法や詐欺の手口について，ある程度の知識は備えているだろう。しかし，人生においてその手口に直面する経験自体はあまりない。そのため，手口の知識は長期記憶の中で精緻化されず，利用可能性が低くなって，いざという時に活用できない。さらに，騙す側は，「今だけのチャンス」「これを逃すときっと後悔する」といった時間的な制約をかけたり，我に返るために有効な他の人への相談の機会も奪ったりしてしまう。

　また，悪質商法についての知識を十分に持っている中高年の場合，

「これまで自分は大丈夫だった」経験からくる楽観的な自信が落とし穴になる場合がある。特殊詐欺に高齢者の被害が多いのは，認知機能が低下するせいだと思われやすいが，人生経験を基礎とした正常性バイアス（第13章）の働きが影響しており，そもそも高齢者が在宅していて自宅電話を受ける機会が多いといった環境要因こそが大きい。

（4）会話で嘘は見抜けるのか

　私たちは基本的に相手の言ったことを疑わず，嘘も真実と受け取る「真実バイアス」と呼ばれる強固な傾向を持つ。これは人がお互いに信頼し合って社会生活を営んでいる以上，適応的なバイアスである。では，意図的に騙そうとしている相手と会話するとき，あなたは相手の態度や言葉の端々から相手の嘘を見抜けるだろうか。

　これは虚偽検出の問題として，社会心理学では実験やフィールドでの研究が繰り返されてきた。一般的な方法では，実験協力者に「真実」と「嘘」を意図的に話してもらい，それを他の被験者が見破れるかが試みられている。私たちは，相手の様子の不自然さなどから嘘を見破れると素朴に考えてしまうが，実際には非常に難しい。虚偽検出の正答率は（例外的なデータもあるが）おおよそ偶然のレベルを少し超える程度にすぎない（村井，2013）。

　私たちが虚偽検出を苦手な理由として，動機づけの低さ，検知に関連する困難さ，嘘を見抜く人に共通する誤り，の三点が指摘されている（Vrij, 2008）。動機づけの低さは，私たちが必ずしも真実を知りたいわけではないことに起因している。真実を知るよりも居心地のよいストーリーを信じたがり，事実が本人にとってネガティブな意味があったり，真実を知っても対処法がない場合，そもそも嘘を見抜くこと自体を望まない「現実逃避効果」が生じる。悪質商法においても，たとえば本人が

認めがたいネガティブな側面（不健康さ，容姿，能力の低さなど）を解決すると売り込まれた場合，そもそもその嘘をクリティカルに検出しようとする動機づけが働かない可能性がある。

　また，嘘は不自然な姿勢や手足の動き，視線が泳いだり目を合わせなかったりする，といった態度に現れるという考え方は，一般に流布される神話であって，現実には手がかりになりにくいことが実験的にも示されている。たとえば生理的な兆候を測定する機器を使ったとしても，嘘をつく人が対抗策（カウンターメジャー）を意図的に用いれば専門家を欺くことが可能だ。

　もう一つの問題は，一般的に嘘を見抜くつもりで実際には嘘と関連しない手がかりに着目してしまう点が挙げられる。たとえば嘘をつこうとする場合と，真実を話すために緊張している場合で，全く同じような態度が生じることがある。こうした兆候の見誤りは，シェイクスピア劇のオセロの犯した過ちから「オセロ・エラー」と呼ばれる。

　ただし多くの研究者は，さまざまなコミュニケーション手がかりや生理・脳科学的手法を用いて虚偽検出精度を向上させる可能性を追求しており，また嘘を見破る能力のトレーニング法も考案している（詳細については村井（2013）などを参照）。

2. 説得と態度変容の心理学

（1）詐欺と優秀なセールスマン

　悪質商法を消費者側の心理から見れば，業者からの説得を受けて，買う気がない状態からぜひ買いたいに態度が変容したことになる。悪質商法は，この説得に社会通念を逸脱した欺瞞を用いるが，こうした説得的コミュニケーションによる態度変容は，詐欺や悪質商法に限らず日常生活の中で体験する通常の心理プロセスでもある。優秀なセールスマン

は，コミュニケーションを通して購買意欲を引き出す。学校の先生は，勉強を嫌がる子どものやる気をかき立てる。恋愛関係においては，その気のない相手をいかに変えるかの勝負でもある。あらゆる商業広告がこの態度変容を追求していると言って良いだろう。

　こうした説得の技術は，古代ギリシャから雄弁術・弁論術として取り組まれてきた伝統があり，近年は社会心理学の主要な研究対象でもある。たとえば，すでに第二次世界大戦末期のアメリカ陸軍で，戦争の長期化を兵士に覚悟させ士気を維持するため，複数の説得方法の効果を調べる研究が Hovland らによって行われていた。そこでは一方的な情報のみの片面提示と，反対の意見にも言及する両面提示を比較し，片面提示の説得力は高いが，被説得者の知的水準が高い場合は逆に両面提示の説得力が高いことや，片面提示ではその後の逆の説得で態度を変えやすいが，両面提示だった場合は影響を受けにくいことなどが報告されている。

　悪質商法や詐欺を説得コミュニケーションの一種ととらえるなら，やみくもに「怪しげなものは信じない」と考えるのではなく，どのような特性を持つ人が，どのようなメッセージに説得されやすいのかを，こうした研究から考える必要がある。多様な説得研究の中で，説得と態度変容の効果を総合的にとらえて分類・整理した枠組みが，認知の二重過程モデルの流れをくむ精緻化見込みモデル（Elaboration Likelihood Model, ELM）である（Petty & Cacioppo, 1986）。

　ELM では説得からの態度変容の過程として，中心ルートと周辺ルートを両極とする情報処理があって，メッセージを精緻化して考える見込みによって取るルートが異なると想定している。中心ルートではメッセージを精査して本質をとらえる熟考的で認知負荷の高い情報処理を行い，本質的な認知の再構成がなされるので安定的な態度変容が生じる。

232

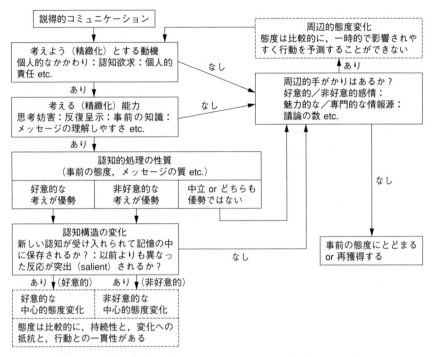

図12-1　精緻化見込みモデル（Petty & Cacioppo, 1986）

　一方，メッセージについて考える動機や能力，知識，余裕がない場合は
周辺ルートに向かい，認知的負荷が低く本質とは関係のない情報（周辺
手がかり）に影響される単純な処理を行う（**図12-1**）。このモデルは
説得と受容に関するメタ認知の枠組みを提供し，クリティカル・シンキ
ングに貢献できると考えられる。

（2）影響力の武器と説得の原理

　セールスマンや広告業者は説得コミュニケーションを駆使して購買を
引き出すプロでもある。社会心理学者チャルディーニ（Cialdini, 1988）

は，説得から承諾を引き出す要因について，社会心理学の実験に加えてこうしたプロをつぶさに観察し，著書『影響力の武器　なぜ人は動かされるのか』にまとめている。チャルディーニは，自動的にイエスと答えさせてしまう基本的な六つの原理をまとめ，これらを影響力の武器と呼んだ。すなわち，「返報性（reciprocation）」，「一貫性（commitment and consistency）」，「社会的証明（social proof）」，「好意（liking）」，「権威（authority）」，「希少性（scarcity）」である。

　「返報性の原理」とは，他者に何らかの恩恵を施されたら，似たような形でお返しをしなければならない（せずにはいられない気持ちになる）というルールである。こうした恩義の感覚にともなうお返しや交換による結びつき（相互依存）はすべての人間社会に不可欠なものだ。逆に取るだけ取って返さない者は社会的制裁を受ける。社会心理学の実験でも，ちょっとした恩恵（ついでに飲み物を買ってあげる）を与えてくれた相手に対しては，その相手への好意度と無関係に，平均して二倍以上のお礼を返そうとしたと報告されている。

　店頭での試食販売や取引相手の贈り物もこの原理が働き，無料の試供品を提供されると「買わないと悪い」気分になることは誰でも心当たりがあるはずだ。またアンケート調査を郵送で行う場合も，ボールペンなどのプレゼントを添えるだけで回収率が上がることが知られている。

　この返報性を利用した交渉の手法に「ドア・イン・ザ・フェイス・テクニック」がある。これは「拒否したら譲歩法」とも呼ばれるもので，受け入れられない高い条件や要求を示しておいて，相手が難色を示したならば，「譲歩して」より小さな要求に切り替える。すると，相手には譲歩には譲歩で応じるべきという返報性が働いて，その小さな要求を受諾せざるを得ない。もちろん，この小さな要求は本来の要求である。

　こうした返報性の原理は消費者を断れないように仕向ける悪質商法や

詐欺にも応用される。催眠商法で，集まった人たちに無料や格安の商品をばらまき，最終的に高額の商品を購入させるのが典型的なものだ。また，ひとり暮らしのお年寄りのもとに頻繁に通って贈り物などをして，その後に高額な取引を持ちかける手口もよく見られるが，信頼を得る営業自体が不当なわけではなく，その境界はあいまいとも言える。

　本来，返報性は社会生活を円滑に営む上で必要なものである。したがって，他者の譲歩や誠意を疑って，これに応じない姿勢を徹底すると，対人関係を損なうデメリットが大きい。相手からの好意は基本的に受け入れる態度を持ちつつも，相手への返報が不当なものであったり極端になったりしていないかをクリティカルに考え，「仮に相手からの贈り物がなかったら」とゼロベースで再評価するなど，自分の行動についてのメタ認知を意識的に引き出せるようにしておきたい。

　「一貫性の原理」は，自分の行動や態度，言葉，知識を一貫させる基本的な欲求にもとづいている。もし，自分の中に相反したり矛盾したりする要素が生じると，そこには認知的不協和と呼ばれる不快な葛藤が生じ，それを解消する動機づけが生じる。これが，人の信念や行動を変容させる基本的な原理となる。

　この一貫性を利用して承諾と態度変容をもたらす有効な手法は，小さなことでもかかわりを持たせ具体的に行動させる（コミットメントさせる）ことである。一度，何かにコミットメントしてしまえば，それと一貫するように態度や信念が変容しやすい。コミットメントが他人を巻き込んだり，自己評価にかかわったりするものであれば，さらに強力に機能する。

　たとえば有効なセールス手法として知られる「フット・イン・ザ・ドア・テクニック」は，小さな依頼に応諾させると，次に大きな依頼への応諾が得られやすくなるという段階化説得テクニックである。この手法

の変形で問題が多いのが「ローボール・テクニック」である。これは，容易に受け入れやすい条件で承諾させておき，その条件自体を後から変更するものである。価格の安い製品の購入を決めたあとで，在庫がないなどの理由で高額な製品を勧めるのが典型的だ。これは購入を決めたコミットメントと一貫性を保とうとして，変更を受け入れやすくなる心理を悪用したものである。また「次々商法」は，一度小さな契約して心理的な抵抗のない状態を作り，あらたに次々と異なる商品サービスを売りつけていく手口である。

　一貫性の罠から逃れるためには，自分が当初のコミットメントから一貫性を保とうとしていることを意識的にとらえ，その過程に誤りがあった可能性を認めることが第一歩である。自分の誤りを認め，取り消すことは，自己評価を脅かすため，なかなか難しい。しかし，そうした自己防衛的な態度が悪質商法の眼の付け所になることを自覚しておきたい。

　「社会的証明」の原理は，私たちの判断が，他の人の行動判断を基準になされることを指す。典型的なものは，周囲の人がとっている行動にもとづいて自動的に自分の行動を選択することである。これは同調性バイアス（第13章255ページ）と対応し，情報の乏しい状況（もしくは過剰な状況）では，自分に類似した特性を持つ周囲の人の行動を手がかりにすることは適応的な行動とも言える。また，人気があるものを購入することにも一定の合理性もある。しかし，これらの周囲の情報が作為的に操作されれば，人は容易に誘導されて悪質な罠にはまる。たとえば催眠商法では，サクラを動員して，あたかも周囲の人が一斉にその商品に殺到する状況を演出する。

　「好意」の原理は，好意を感じている人からの要請にはイエスで答える傾向が生じるという常識的な原理である。問題は，その好意が自覚されない形で巧みに心理コントロールされる点にある。たとえば対象の本

質と無関係に好意度を操作する要因として，身体的魅力や類似性，お世辞のような相手からの好意，単純接触効果（第15章），ハロー効果，望ましい対象との連合などがある。好意感情を利用する典型的な悪質商法がデート商法であり，他にもカルトへの勧誘ではメンバーへの好意は最大限に利用される。好意は人の自然な感情に起因するために，好意の罠から身を守るのは容易ではない。この罠を避けるためにも，説得を受諾するかの判断はあくまでメッセージの内容にもとづいて行い，自分自身が抱く好意と判断文脈を区別することが重要となる。

　「権威」の原理は，人は権威者が示す規準に従って判断し，権威者の要求や指示には自動的に従うというものである。もちろん，権威者はその領域について多くの知識や優れた判断力を持つがゆえに権威者なのであって，これに従うことは適応的とも言える。問題は，権威を装う外見や肩書きなどに騙されることである。かたり商法は，権威ある存在に誤解させるものであり，また効能の怪しい健康・医療サービスの販売促進に，その領域の権威者を装った専門家を登場させる手法はしばしば見られる（第6章「権威へのアピール」参照）。

　「希少性」の原理とは，それが手に入りにくい対象であれば，それだけで価値が高いと感じられることである。この機会を逃すと簡単に手に入らなくなる，とかキャンペーン期間いまだけ，先着〇名のみ，といった数量や期間の「限定」キャンペーンで消費意欲を刺激するために利用される。この背景には，「心理的リアクタンス」と呼ばれる自由を制限されたり決定権を奪われたりすることに反発する心理傾向がある。そのため，本来持っている購入の選択権や自由を脅かされると，その自由を回復しようとして，あえて妨げられた行動をしようとするのである。また，手に入らなくなることを損失ととらえると，人は利得よりも損失に敏感でこれを回避しようとする損失回避性の現れとも解釈される。

　『影響力の武器』では，これらの諸原理を解説するだけでなく，実践的な場面での考え方を問いかけるクリティカル・シンキングの練習問題が各章の最後に置かれている。この領域の知見を深め，クリティカル・シンキングの技法を習得するため，一読を推奨したい。

3. カルト・マインドコントロールの心理技法

（1）マインド・コントロールの罠

　これまで見てきたように相手の心理を巧みに操作して意図した方向へと誘導する心理操作（心理コントロール）の技法は，悪質商法に限らず，私たちの身の回りにある。これを悪用して金銭を騙し取れば詐欺になるし，政治的に一方の主張に導こうとする宣伝は「プロパガンダ」として知られている。もう一つ，こうした心理コントロールが社会に脅威となるものに，いわゆる「マインド・コントロール」がある。これまで見た説得における心理コントロールは，商取引などの特定の場面での心理操作に着目していた。しかし，そうした技法を強力かつ体系的に使うことで，他者の思考や判断の枠組みとなるビリーフ（信念）のシステムを支配者の都合のよいものに置き換え，人格や行動を支配して，相手を意のままに動かす技法が一般にマインド・コントロールと呼ばれる（その点で，本書では単純な心理誘導という意味の心理コントロールとは区別する）。

　特に深刻なのは，破壊的カルトと呼ばれる集団がこれらを多用することである。カルト（cult）とは，本来は儀礼や崇拝の意味で，伝統宗教に対する小さな新興宗教を差別的に呼称する用語であった。そこから，宗教に限らず特定の目的や人物などへの傾倒でつながれた閉鎖的な小集団もカルトと呼ぶ。カルト化した集団は，しばしば外部に対して閉鎖的で非寛容な態度を取り，排外的なエリート意識をまとう。中でも，表面

的には合法的で社会正義をふりかざすが，その実質は自らの利益追求のために手段を選ばない集団が破壊的カルトと呼ばれる（西田，1995）。こうした反社会的なカルトには，宗教カルトの他にも，政治的教義を中心とした政治カルト，一部の自己啓発セミナーや心理療法などの教育カルト，ネズミ講などの商業カルトがある。これらは，各種の心理的コントロール技法を，相手の了解や認識がないまま，構成員の信念や行動，思考を支配する目的のもとで強力に駆使する。そして，個人のアイデンティティをカルト集団に都合の良いものに全面的に書き換え，社会生活や人間関係を破綻させるに至る。これが社会に深刻な問題をもたらす破壊的カルト・マインドコントロールである。

　類似の概念である「洗脳」は監禁や拷問，催眠，薬物使用などといった強制的な身体への働きかけも使う。マインド・コントロールは主として言語的なコミュニケーションを用いた心理技法だが，一般にはこれらは区別されずに用いられる場合が多い。

（2）マインド・コントロールのプロセス

　カルト・マインドコントロールは，人の心理を変容させるコミュニケーション技法を効率的に徹底的に用いる。たとえば典型的な宗教カルトが大学生を引き込む例で見てみよう。

　まず，新しいメンバーを勧誘するとしても，たいていの人は社会的に奇異に見える集団を警戒する。そのため本来の目的を隠して，普通のサークル活動を装って警戒心を解く。そして親密な人間関係を作り上げる中で，誰もが持つ人間関係の不安や悩み，社会の中で満たされない自尊心などの課題を仲間とのコミュニケーションを通して共有し，教義をヒントに自発的に解決に至るように誘導していく。そして，こうして作り上げた集団との同一化と仲間関係への依存心をもとに，それまで抱い

ていた考えや信念を解体していく。その上で，そのカルトの新たな信念
を徐々に注入しアイデンティティを再構築していくのである。その過程
では神秘体験のようなインパクトのある体験をさせたり，自己啓発セミ
ナーや政治的カルトなどでは，徹底的に自己や過去を否定させ，白紙の
状態を作り出す手法も使われる。

　これらの過程では情報や行動のコントロールが併用される。すなわ
ち，外の友人や家族など，カルトへの懐疑をもたらす情報を遮断するた
めに外部と隔離するのである。また一貫性の原理（認知的不協和の低
減）も活用される。まず，本人に後戻りが効かないような具体的行動に
コミットさせる。たとえば布教や勧誘活動で別のメンバーを引き込んだ
り，家族と絶縁させたりすると，それと一貫するように態度や信念が変
容するのである。こうした行動で過去の人間関係との溝を深くすれば，
カルト内の人への依存が強まる循環が形作られていく。こうなればカル
ト指導者の指示に対して，本人は喜んで自発的にそれに取り組むように
なり，破壊的カルトのマインド・コントロールが完成する。

　破壊的カルトにはまった人の信念を，家族や友人が働きかけて変える
ことは非常な困難を伴う。実際に個人レベルでできることは限られてお
り，完全にカルトに取り込まれた状況では脱会カウンセリングの専門家
との連携が必要なケースが多い。

4．騙される心とクリティカル・シンキング

（1）大敵は「自分はだまされない」という自信

　コミュニケーションを通した心理コントロールは，心理を操作するか
らといってそれ自体が悪質であるわけではない。商取引はもとより，教
育や医療の場でも，また通常の人間関係の場でも，また自己変容のため
にも心理コントロールは普通に用いられる。ビジネスのノウハウ本など

では，これら心理学の諸知見が，営業に有効な対人説得技法としてあげられている。その一方で悪質な心理コントロールの罠を使った悪質商法や特殊詐欺も社会のあちこちに潜んでいる。この罠から身を守る思考の技法はどうあるべきだろうか。

　まず心理コントロール自体は特別な悪の技法ではなく，私たちの身近にある説得の延長上にあると認識することが大切である。つまり，私たちは常に身近な人たちに影響を与え，与えられ，といったコミュニケーションの中で生きており，それで社会生活が営まれている以上，「自分は悪質商法やマインド・コントロールなどには絶対にひっかからない」と考えることはできない。このメタ認知こそがこの問題に関するクリティカル・シンキングの基本とも言える重要ポイントである。

　自治体や警察では，さまざまな悪質商法や特殊詐欺の手口を積極的に広報し，周知啓発することに力を入れている。これはクリティカル・シンキングを支える領域固有の知識を豊かにすることであり，被害防止に一定の効果が期待できるだろう。しかし，手口を知ることは基本であっても，それだけでは限界がある。悪質商法や特殊詐欺は，手をかえ品をかえ，新しい手口を編み出してくる。ある時点での代表的な手口を理解して安心してしまうと，想定外の手口に対して無防備になる。また劇場型の演出で迫真の演技をもって状況を作る特殊詐欺では，それぞれの状況のインパクトが強く，手口の識別が困難となる。さらに，振り込め詐欺の被害者などに行われた聞き取り結果では，被害者のほとんどが手口を事前に知っていながら騙されたことが明らかにされている。これは前述のように精緻化されていない知識が現実に引き出されない状況であるのと同時に，人が自分に対しては楽観的な見方に偏る自己奉仕バイアスの影響も強い。

（2）心理を誘導して望ましい行動を促す政策手法

　心理的なコントロールと社会の関係をさらに理解する上で，マインドコントロールとは逆に，より良い選択を自発的に取れるように導く仕掛けである NUDGE（ナッジ）の手法も参考になる。これは行動科学の知見をもとに，状況を巧妙に設定することで望ましい特定の選択肢を自発的に取るように手助けをする政策手法として注目されている。NUDGEとは「肘でそっとつついてやる」意味の英単語だが，**表12-2** のような行動促進にかかわる諸要素の頭文字である。この NUDGE を活用することで，規制や強制のような手段によらずに特定の選択を促すことができ，かつ費用対効果が高いことから，近年では多くの公共政策や制度設計に応用がはかられている（Thaler & Sunstein, 2008 遠藤訳 2009）。NUDGE で応用される人の心理傾向としては，たとえば人は「認知的節約（倹約）の原理（第8章）」に従って，デフォルトの選択肢をあえて変えようとしない傾向を持つことや，人にとって利得よりも損失の心理的インパクトが強いこと（損失回避性），一度ある対象にコミットすると，その行動の一貫性を保持しようとすることなど，さまざまなものがある。そうした例は次章以降でも解説していく。

表12-2　**NUDGES で表現される要素**（Thaler & Sunstein, 2008）

iNcentives	インセンティブ
Understand mappings	対応付けの理解
Defaults	デフォルト
Give feedback	フィードバックの提供
Expect error	間違いを予見
Structure complex choices	複雑な選択の構造化（複数形 NUDGES で表現）

（3）騙しに強くなるために，人の思考に頼らない

　人はあらゆる場面で認知的負荷の高いクリティカルで熟慮的な態度を維持できるわけではない。そのため意識的なクリティカル・シンキングに「頼らない」対策を講じることが大切である。すなわち，仮に狙われても，騙されにくくまた被害が発生しにくい環境や状況を構築しておくことが重要なのである。

　たとえば，労働災害や交通事故の被害を防ぐ安全工学の分野では「人は必ずエラーを起こす」ことを前提にする。ヒューマン・エラーは，人が限られた認知資源を効率的に活用する副作用なのである。従って，安全への意識を高めることはもちろんとしても，フール・プルーフ（fool proof：誤った操作ができないようにする）や，フェール・セイフ（fail safe：失敗は回復できるようにする）をシステム側に備えることで致命的な事態が起こらないように備えるのである。

　騙されることもヒューマン・エラーの一種ととらえれば，こうした対策の必要性が高いことがわかる。たとえば，特殊詐欺は狙った相手にまず電話をかけてくる。ここで電話に出てしまえば，相手の巧みな言葉や場面演出に巻き込まれてしまう。したがって「留守電にしておいて，電話には直接出ない」のがフール・プルーフになる。また，ATM から簡単に口座送金できるために，騙されることが被害に直結する一つの原因である。したがって必要な送金は，銀行窓口での換金が必要な小切手に限定することや，ある程度の金額はひとりでは動かせない仕組みにしておくこともこうした手法の一つだ。平時においてこそクリティカルに考えて対策を構築しておき，いざという時にはクリティカルに考える「必要」をなくしておくのが有効なのである（自然災害への対処においても同様であることを次章で説明する）。

　また，悪質商法や詐欺は，じっくり考えたり身近な人に相談したりす

ることを嫌って，時間的に切迫させたり相談しにくい案件を用いて，一人で判断するように追い込んでくる。カルト・マインドコントロールも，信者を徹底的に隔離する。つまりフェール・セイフとして有効性が高いのは，気軽に相談ができる複数の層の人間関係を，ふだんから友人や地域の中に豊かに築いておくことだと言える。

　あわせて，市民リテラシーの基本として，クーリングオフ制度※のような契約や取引に関する法律基礎知識は備えておきたい。悪質商法に遭遇した場合には，ひとりで解決しようとせずに警察や消費生活センターなどの公的機関に相談することも忘れないでいただきたい。

　悪質商法や特殊詐欺は，被害者に経済的な面だけでなく2次被害として心理的にも大きな禍根を残す。これらは，人が精神的に健康に生きていくための，他者への信頼，自分の能力への信頼を奪い，心の回復力（リジリエンシー）を破壊してしまう（仁平，2005）。被害者にとっては，信頼した結果が裏切られ，自分は正しい判断ができなかった事実を突きつけられるのである。これは人間や未来に対する希望を失う点で，金銭的被害よりもある意味で深刻なダメージになりうる。こうした事態から自らを守るため，クリティカル・シンキングは，私たち消費者がぜひ身につけておきたい市民リテラシーの中心的な技法なのである。

■**学習課題**

1．あなたやご家族が，これまでに悪質商法にだまされそうになった経験があると思う。そこでどのような心理的コントロールが使われていたか確認してみよう。

2．あなたの日常のコミュニケーションの中でも，影響力の武器としての6つの原理は頻繁に使われている。それぞれの原理ごとに，実際の

※一定の期間内なら違約金なしに契約解除ができる制度。

場面での使われ方を書き出してみよう。

参考文献

チャルディーニ, R. B.（著）社会行動研究会（訳）（1991）．影響力の武器　人は
　なぜ動かされるのか　誠信書房

西田公昭（著）（2009）．だましの手口　PHP 新書

村井潤一郎（著）（2013）．嘘の心理学　ナカニシヤ出版

国民生活センター（監修）（2009）．悪質商法のすごい手口　徳間書店

引用文献

Cialdini, R. (1988). Influence: Science and Practice, 2nd edition. Scott Foresman
　and Company.（チャルディーニ, R. B.（著）社会行動研究会（訳）（1991）．影
　響力の武器　人はなぜ動かされるのか　誠信書房）

花城梨枝子（1994）．消費者教育における意志決定―批判的思考能力の開発―　今
　井光映・中原秀樹（編）（1994）．消費者教育論　有斐閣　pp. 299-318.

警察庁・平成21年度警察白書　日常生活を脅かす犯罪の現状

Petty, R. E. & Cacioppo, J. T. (1986). The Elaboration Likelihood Model of Persua-
　sion. Advances in Experimental Social Psychology, 19, 123-205.

村井潤一郎（編著）（2013）．嘘の心理学　ナカニシヤ出版

西田公昭（著）（1998）．「信じるこころ」の科学　マインド・コントロールとビ
　リーフ・システムの社会心理学　サイエンス社

仁平義明（2006）．勧誘の嘘とだまし―悪徳商法の心理的メカニズム　箱田裕司・
　仁平義明（編）嘘とだましの心理学　有斐閣　pp. 35-50.

Thaler, R. H., & Sunstein, C. R. (2008). Nudge: Improving Decisions about Health,
　Wealth, and Happiness, Yale University Press.（リチャード・セイラー，キャ
　ス・サンスティーン（著）遠藤真美（訳）（2009）．実践行動経済学　日系BP

Vrij, A. (2008). Detecting Lies and Deceit: Pitfalls and Opportunities, Wiley.（アル
　ダート・ヴレイ（著）大幡直也・佐藤拓・菊地史倫（訳）（2016）．嘘と欺瞞の心
　理学　対人関係から犯罪捜査に関する真実　福村出版）

全国大学生活協同組合連合会「悪質商法に気をつけよう」

https://www.univcoop.or.jp/fresh/life/multilevel/multilevel13.html

13 | 実践4 防災減災とリスク認知を知る

菊池　聡

《**目標＆ポイント**》　緊急事態に直面したとき，素早く的確な判断を下せるか
どうかは，時としてあなたの命を左右する重大事である。本章では，そうし
た危険な事態としての自然災害を取り上げる。私たちが災害のリスク情報の
評価でバイアスのかかった処理をしてしまうと，その危機はさらに拡大す
る。加えて，そうしたリスク認知のバイアスは，災害のみならず，私たちの
身近にあるさまざまなリスク事象にも生じている。こうしたバイアスに的確
に対処するためのクリティカル・シンキングの実践を考えてみよう。
《**キーワード**》　リスク認知，正常性バイアス，タイムライン

1. 自然災害リスクと正常性バイアス

（1）自分で考えて自分で行動する

　日本列島は複雑に移動する四つのプレート（岩盤層）の境界上にまた
がって位置しており，世界でも最も活発な地震地帯の一つである。世界
のマグニチュード6以上の地震の二割が日本周辺で発生している。海溝
型の巨大地震が発生すれば広範囲な津波の被害が予想され，また内陸部
での直下型地震も震源近傍の都市に深刻な被害をもたらす可能性が高
い。また活動的な火山も多く，世界の活火山の7％も日本にある。さら
に，地球規模の気候変動が取り沙汰される中，台風や集中豪雨による短
時間降水量は年々増加傾向にあり，急峻な山地から狭い平野部に大量の
水が一気に流れ込む国土の特徴が水害や土砂災害を頻発化させている。

　こうした自然災害のリスクに対処する上で注目したいのは，政府の諮問機関である内閣府・中央防災会議ワーキンググループから2018年に出された政策転換につながる答申である。そのポイントは「自らの命は自らが守る」意識を徹底して，住民自身による地域防災力の強化を目指している点にある。つまり，多発する自然災害に行政主導のハード対策・ソフト対策では対処しきれない状況を確認し，行政から住民主体の防災に転換していく方向性が示されたのである。この方針のもと，私たちには各種災害のリスク情報を的確に解釈し，予断にとらわれずに自らの行動を速やかに選択・実行するクリティカル・シンキングのスキルが強く求められているのである。

（2）正常性バイアス

　緊急事態に直面した場合に顕著に生じる認知バイアスの代表例として，報道等でも取り上げられるのが「正常性バイアス（Normalcy bias）」である。このバイアスは，危険な事態の生起を知らせる情報や兆候を無視や過小視し，危機的状況にあっても「いつものことで大丈夫だろう」とか「そのうち，おさまるだろう」といった日常的な文脈の範囲内に引きつけて解釈（文脈的体制化）する認知傾向を指す（「正常化の偏見」「日常化へのバイアス」とも訳される）。正常性バイアスが働くと，危険を知らせる情報に繰り返し接したとしても，平常時としての解釈を取り続け，その結果，災害からの避難や対処行動が致命的に遅れてしまう。

　災害に直面したときの心理というと，「パニック」に陥って取り乱した人々が群衆行動に走る，といったパニック映画の一シーンを比較的イメージしやすい。しかし，実際の災害時の行動を調べた多くの研究からは，われさきに逃げようとした群衆が大混乱に陥る映画のような事態

は，めったに起こらないと明らかにされている（パニック神話）。パ
ニックが発生するのは，極限状況が認識されていながら必要な情報が不
足している場合で，危機を回避できる可能性がありながら，その脱出法
が主観的にごく限られるなど，いくつもの条件が重なったときのみと考
えられている。ひるがえって現実の発災時に行政や報道側に「パニック
を避けるため危険な情報を伝えない」態度が見られることがある。しか
し，そうした「情報が不足する」状況こそ，混乱を引き起こしかねない
危険な事態なのである。

　危機に直面しつつある状況で一般的に見られる反応は，パニックでは
なく「とりあえず，様子を見て動かない」ことである。そこでは，正常
性バイアス―危機は一時的なもので，やがては正常な状態に復帰する―
という「心の慣性の法則」が無意識のうちに生じている可能性がある。

　世界中のさまざまな災害調査からも，避難指示や命令に従って避難す
る人の割合が半数を超える例は珍しいとされている（広瀬，2004）。東
日本大震災被災地6県の調査では，本震が発生してから津波到達までに
避難を始めた人は全体の約63%と推定されている（広瀬，2013）。また，
正常性バイアスを実験的に確かめた研究では，80人が入った待合室に火
災警報や避難指示のアナウンスが流されても，5分を過ぎるまで誰も席
を離れなかったと報告されている（大西・山下・秦・坂間，2017）。

　もちろん，水害や津波の発災時に「避難しない」ことすべてが正常性
バイアスの影響ではない。そもそも災害の情報が必要な人に届かないこ
とや避難情報がわかりにくいことについて，改善の必要性が強く指摘さ
れている。また，たとえ情報が正しく伝わっていても，自力で避難が難
しい要介護者などの災害弱者が取り残されたり，また避難指示のタイミ
ングが深夜や豪雨の最中になって動きが取れないといった問題も災害の
たびに浮き彫りになっている。このような改善すべき数多くの問題の一

つとして，災害情報を受け取る側はもちろん，発信する側にも正常性バイアスが広く認められるのである。

（3）リスク認知を考える

　一般に「リスク（risk）」とは，私たちの生命の安全や健康，資産や環境に望ましくない事象を発生させる恐れを指す。リスクの程度（R）は，その事象の発生確率（P）と，発生した場合の損害の程度・重篤度（C）の積（R=P×C）で定義される。ただリスク概念は研究領域で異なっており，投資分野などでは損害の可能性だけでなく不確実性そのものをリスクとする場合もあるが，本書ではこの R=P×C のリスク概念に準拠する。

　この式が示すように，リスクの程度は発生確率と損害の推定値をもとに，ある程度客観的な数値で表現できる。報道でしばしば目にするように，巨大地震の発生確率が〇％で，被災者は〇万人といった推定は，客観的にリスクを推定していることになる。もちろん，発生確率 P や損害の程度 C は，将来の予想値なので科学的予測の限界からいつも正確とは限らない。正確な予測を求める研究が行われているが，これは個別の研究領域にかかわる取り組みとして本書では踏み込まない。

　リスク事象への対策は，この客観的なリスク（R=P×C）に応じたものでなければならない。客観的リスクが高ければ重点的に対策がなされ，リスクが低ければそれなりの対策ですまされるだろう。リスクの高・低に応じて強い・弱い対策を選択するのは，国や自治体はもとより，家庭での防災の備えや，緊急時の避難行動においても当たり前のことと言える。

　ただ，クリティカル・シンキングの問題として重要なのは，私たちのリスク対処行動や意思決定に強く影響を与えるのは，客観的なリスクで

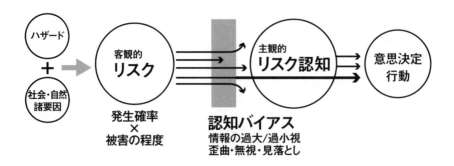

図13 - 1　リスク情報の認知と意思決定で生じる認知バイアス

はなく，それを私たちが認識した主観的リスク認知（risk perception/ cognition）だという点である。つまり，客観的リスクがいかに高い状態であっても，そのリスクが低く認知されれば，対処は促されない（危険でも安心してしまう）。逆に客観的リスクが低くても，不当に危険だと思い込めば不適切な対処が選択されてしまう（安全でも不安になる）。

　リスク認知は主観的過程であるために，しばしば客観的リスク評定とは系統的なズレ（バイアス）が生じる（図13 - 1）。その代表が前述の正常性バイアスによるリスクの過小視である。

（4）正常性バイアスの諸相

　正常性バイアスの危険性は，水害や土石流災害のように，時間の経過とともに危険度が少しずつ高まっていき，限度を超えると事態が激変するような場合に特に強く表れる。これは人の基本的な心理傾向として，「刺激の変化を弁別できる閾値は刺激の強度に比例する」としたウェーバー・フェヒナーの法則として知られるものであり，広汎な心理現象において見られる（感覚量は刺激量の対数となる）。すなわち，刺激が緩慢に変化する場合や，最初に特に強い刺激があった場合には，緊急度の

上昇を告げる情報は認知されにくいのである。

　自然災害以外でも正常性バイアスは見られる。2001年9月11日のアメリカ同時多発テロ事件の際にビル内にいた生存者へのインタビュー（アメリカ国立標準技術研究所 NIST）からも，ハイジャックされた飛行機が激突しているにもかかわらず，業務の後片付けなどをしている人が多く，現場からの避難開始まで平均6分，場合によっては30分たっても避難行動を起こさなかったと報告されている。また，犯罪被害，中でも性犯罪や詐欺犯罪などの被害にも正常性バイアスが影響を与える可能性がある。すなわち，性犯罪のリスクが高まるような状況に追い込まれたとしても，当事者がその危険を予測できなかったり，その場からの逃走をためらってしまい，致命的な状況に陥るのである。しかも，逃げなかったのは被害者側の落ち度としてとらえる不当な偏見が被害者をさらに苦しめると指摘されている（田中，2015）。

　一方，正常性バイアスは事後的な解釈であって，認知過程における情報処理の特性と考えることには異論もある（矢守，2009）。しかし，外山・長峯（2022）では，2019年以降の新型コロナウイルス感染症拡大においても正常性バイアスが見られ，コロナウイルスに対するリスク認知が，非自粛行動や，感染者への態度，抑うつやストレスと関連することが示されている。また正常性バイアスと通底する認知の保守的な傾向性が，リスク認知や意志決定行動に影響を与える現象は，現状維持バイアスなどに幅広く見られるものである。

（5）正常性バイアスはなぜ生じるのか

　正常性バイアスは災害時に避難や対処行動を抑制し，被害を拡大する性質がある。したがって，防災の現場では，このバイアスを克服，排除するよう啓発が行われるのが常である。しかし，正常性バイアスが有害

だけなものならば，どうしてそのような危険なバイアスが人の心理に強
固に存在するのだろうか。

　そう考えれば，正常性バイアスは人にとって「必要であるから強化さ
れ保持されている」とも考えられるのである。すなわち，私たちの日常
生活で危険な出来事の兆候と解釈できる事象は，あらゆる瞬間に数限り
なく存在している。交通事故の死者は年間約三千人にものぼり，道を歩
いたり車を運転したりするときにはいつも事故のリスクがつきまとう。
巨大地震はまさにこの瞬間に発生する可能性がある。であれば，海抜の
低い土地や古い建物に近づくことすら危険である。今日の外出で通り魔
的な犯罪に遭遇する可能性はゼロではない。そうなれば人混みにいるこ
と自体がリスクとなる。交通機関，住居空間，日々食べている食品にも
ゼロではないリスクがあり，人との会話にも感染症のリスクがつきまと
う。こうした身近に常にあるリスクの可能性に対して，常に敏感に対応
するとしたら，そのストレスから日常生活は成り立たなくなり，場合に
よっては不安障害や抑うつ状態のような事態にもつながりかねない。客
観的リスクの正確な予測は科学的に困難であり，人にはリスク情報を完
全に把握することも，すべてを処理する能力もない。この制約のもとで
リスク情報を常に推定，更新，フィードバックしつつ行動を最適なもの
に調整することは，認知システムに過度の負担となる。

　こうした環境へ適応して，心的緊張状態を緩和するために，人はある
程度リスク情報に対して"あそび"を持ち，おおざっぱで鈍感に処理す
る心的システムを持つのである。つまり，異常を知らせる「かもしれな
い」情報であっても，それは正常の範囲内であって，すぐに平常に戻る
ものとして処理する方が平時には有利なのだ。これは認知がリスクの高
さに量的に対応しないという意味ではバイアスだが，人が限られた情報
と処理能力の中で限定合理的（第4章）に振る舞うがゆえだと考えられ

る。

　もう一つ，クリティカルに考える視点として，「経験からの学習」が正常性バイアスを促す過程も押さえておきたい。災害経験から多くの教訓を学び，後世に伝えることは大切だが，経験がかえって災害への不適切な態度を促進する可能性もある。日本では自然災害が頻発しているにもかかわらず，自分がこれまで無事に済んだ経験は，災害リスクを過小に評価させる強い要因になる。また，軽微な災害を経験すると，その後の災害リスクを過小に評価してしまう傾向もしばしば見られる。たとえば，危険が警告されても避難しなかった人を対象に，その理由を尋ねる調査が多く行われているが，おおよそ共通しているのは，深刻な事態をもたらす災害が本当に発生するとは考えておらず，また起こったとしても自分（の場所）には被害が及ばないと考える割合が高いことである。そして，その根拠として「いままで，この地域では災害が起こったことがないから」「これまでも警報が出されても，実際に災害が起こっ

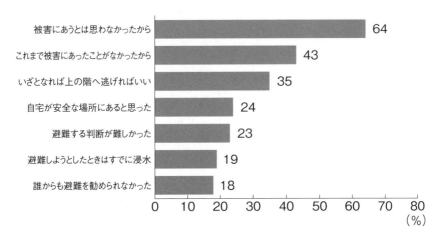

図13-2　災害時に避難しなかった理由：令和元年台風19号・被災世帯（千曲川左岸1,826世帯）中，「避難しなかった」と回答した167世帯
（千曲川犀川大規模氾濫に関する減災対策協議会アンケート集計結果）

ていないから」といった，自分の経験を根拠とする態度が顕著に見られる（**図13-2**）。これは一種の経験則である利用可能性ヒューリスティックともとらえられるだろう。

2. リスク認知のゆがみを考える

（1）災害時の認知バイアス

　災害発生時に適切な意思決定や行動を妨げる可能性がある認知バイアスとしては数々のものが指摘されている（**図13-3**）。

　「楽観性バイアス」は，自分の将来にはポジティブな出来事が起こる確率を高く，ネガティブな出来事が起こる確率を低く見積もる傾向である。こうした楽観性は，甘いリスク認知をもたらし，災害に際しては正常性バイアスと同じように，「自分だけは大丈夫」という考え方を促進し，避難行動や平時の防災減災への備えを抑制する働きをする。しかし，こうした楽観性は人がもともと持つ素質的楽観主義のあらわれであり，正常性バイアスと同じく，人にとって必要な心理過程の反映でもある。自己にかかわる心理学の諸研究からは，こうした楽観性が自信や動機づけにつながり，またストレスに強く抑うつに陥りにくいなどの良好

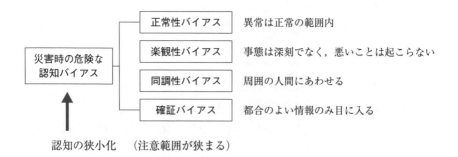

図13-3　災害時に危険な状況を招く認知バイアス

な心身の状態をもたらす要因になると考えられている（ポジティブ・イリュージョン）。もちろん，こうした楽観性のポジティブな働きは，災害後の避難生活や復興活動にもよい影響をもたらす。

「同調性バイアス」は，自分の判断や意志決定が，周囲の他者の行動に同調する方向へゆがむバイアスである。災害時にもしばしば生じ，主体的な判断ができずに周辺の人の行動を手がかりとして用いて，結果として多数派の行動に引きずられてしまう。たとえば閉鎖空間での火災時に，誰かが狭い出口に向かって走り出すと，それに同調した多くの人が殺到して被害を広げてしまうことがある。

「確証バイアス」は第8章で見たとおり，現在持っている信念，理論，仮説を支持し，確証する情報を求め，反証となる証拠を避けたり無視したりする基本傾向である。これは上述の正常性バイアスや楽観性バイアスなどを強化する働きをする。たとえば，危機に際して避難行動をおこなさない時，自分の行動の正しさを裏付けるために，過去の警報の空振り例や，避難途中で遭難した人の例に偏って考えるのである。特に，警報や指示にあいまいな解釈の余地があれば，その枠内で自分に有利な解釈をし，それに反した有益な情報を無視してしまう。このような確証に偏った情報処理は，災害時に限らず，非合理的な信念や迷信にも実証的な裏付けを与えて，誤信念を深化させてしまう働きをする（菊池，2012）。

ここまで挙げた種々の認知バイアスは，いずれも人の認知に自然な傾向であり，進化の中で身につけてきた認知のデフォルトとして平時には適応的な意味を持つ。したがって，簡単に排除はできない。ただし，緊急時においては，こうしたバイアスは平常時よりもかなり強い影響を及ぼすと予想される。緊急時には人の心的資源（リソース）が目前の事態に集中して投入されるために，多面的なものの見方をする余裕が失わ

れ，さらに不安や恐怖といった情動も高まるために，処理できる情報の範囲が狭まる「認知の狭小化」が起こる。いわば，せっぱ詰まるとふだんのクセが出やすくなるのと同じ状態になる。

ただし，緊急時の行動に影響を与える心的要因は，リスク認知バイアスだけではない。たとえリスク認知が正確だったとしても，そのリスクに対応した行動が取られるわけではない（リスク認知パラドックス）。リスクと対処行動を説明する防護動機理論では，確率や重篤性をもとにした「脅威評価」（リスク認知）だけでなく，有効な行動がとれる見込みである自己効力感や，行動を取る／取らない場合のコスト・ベネフィットといった「対処評価」，および運命を諦観したり絶望感を持ったりするなどの「非防護反応」がかかわって，防護動機や行動が影響を受けると考えられている。これらについては参考文献を参照いただきたい。

（2）リスク認知の一次バイアスと2要因モデル

私たちは多種多様なリスクにさらされている。地球環境問題や戦争といった大きなものから，交通事故，犯罪，疾病，食品や医療の安全性，喫煙，経済危機といったものまで，顕在的・潜在的なリスクは常に身近にある。こうしたリスクを，それぞれの専門家ではない市民が日常的にどのように認知する傾向があるのだろうか。

まず，実際の発生確率が非常に低いリスク事象の発生は過大評価され，逆に確率が高い事象は低く評価される。これはリスク認知の「一次バイアス（Primary bias）」と呼ばれる。その古典的研究では，一般市民に身近に生じている40種の原因による死亡者数を推定させたところ，まれな原因での死亡者の推定数は実数を大きく上回り，逆に数多く生じている死因の推定数は実数を下回ることが示された（Lichtenstein,

Slovic, Fischhoff, Layman & Combs, 1978)。これはまれな出来事が非常に目立つ情報となるためであり，一般的な人（非専門家）は，入手しやすく認知的に利用しやすい情報をもとに判断を行うためだと考えられる（第7章・利用可能性ヒューリスティック）。

　スロビックらは，一般人のリスク認知を規定する要素を明らかにする大規模な研究を数多く行っている（Slovic（1986）など）。それらから明らかにされたのは，一般人のリスク認知は大きく「恐怖性（Dread）」と「未知性（Unknown）」の2つの因子によって強い影響を受け，リスクの過大視が起こることである。これがリスク認知の2要因モデルとして，その後の多くの研究に寄与した（第3の要因「規模の大きさ」も指摘されている）。

　恐怖性の因子にかかわるのは，リスクが伴う感情的な恐怖やインパクトであり，そうしたリスクが実際よりも過大評価される。自分の意図にかかわらず不平等に降りかかる制御不能性や，一度に多くの人に致死性の被害をもたらす事象が典型的である。たとえば，不平等で突発的な死者を出すテロ事件や，一度に多くの死者が出る航空機事故は，実際のリスクに比べて過大に評価される。一方，長期間にわたって被害者が増えていく喫煙などは，航空機事故やテロよりも犠牲者が遙かに多いにもかかわらず，リスクが過小視されるのである。

　未知性因子にかかわるのは，よく知られていない新技術や，危険の進行が見えないもの，影響が現れるまでに時間がかかるものなどである。たとえば遺伝子組換え食品のような新しいテクノロジーなどは，古くからある食品よりもリスクが過大評価される。特に人為的なものはリスクが高いと認知され，原発などの放射線は自然放射線のリスクより高く感じられる。

　こうした2要因に影響される一般人のリスク認知と，専門家が推定す

表13-1　Slovic（1987）によるリスク認知の2要因モデル
（中谷内（2006）より）

因子	そのリスクの性質についての評価
恐怖性	そのリスクは；
	コントロールは困難か
	世界的惨事となりうるか
	致死的なものか
	不平等にふりかかるか
	将来世代への影響は高そうか
	削減することは難しいか
	増大しつつあるか
	非自発的にさらされるか
未知性	そのリスクは；
	観察できないものか
	さらされている人にもわからないか
	遅れて影響が現われるか
	新しいものか
	科学的にもよくわかっているか

るリスクとの間にはずれが生じることも多い。もちろん専門家のリスク定義が現実に即した十分なものであるとは限らず，生活実感にもとづくリスク認知には一定の意味も認められる。しかし，実際の確率や深刻さとは乖離のある主観的なリスク認知が，個人の防災減災をめぐる意思決定や対処行動を規定し，場合によっては行政の防災対策をも左右するとすれば，それは議論の合理的基盤を失うことになりかねない。

3．災害へのクリティカル・シンキング

（1）リスク・リテラシーを向上させる

　リスクにかかわる諸問題を解決する能力であるリスク・リテラシー

は，第10章**図10 - 1**の各領域リテラシーの一つに位置づけられる。これ
は，クリティカル・シンキングと汎用的・機能的リテラシーの基盤に
よって支えられており，災害などのリスクについての直接的な知識だけ
でなく，そのリスクの関連情報を適切に読み解いて正しく評価する基礎
的能力である（楠見，2013）。

　楠見はその3つの構成要素として，（1）リスクにかかわる情報をマ
スメディアなどから獲得し，理解する能力（2）リスクの低減にかかわ
る政策や対処行動の理解（3）リスクにかかわる意思決定や行動を挙げ
ている。

　本章では主として（3）リスクにかかわる意思決定や行動の視点から
リスク・リテラシーの向上につながる知見を取り上げてきた。防災減災
計画の有効性を高めるためには，まずリスク認知バイアスを自覚的に修
正していくメタ認知の過程を十分に配慮しなければならない。言い換え
ると，規準に従った合理的なリスクの認知が適切な行動の基本であり，
客観的リスクと主観的リスク認知が線形に比例（量的に対応）するよう
に考えていく必要がある。そのためのツールとして数値化された量的な
リスクを参考にする態度が重要である（戸田山，2011）。

（2）クリティカルに考えない：パッケージ化

　緊急時に適切な行動が取れるように事前計画をクリティカルに吟味し
ておくことは，いざ発災時にクリティカルに考えないで済むための準備
でもある。発災時と，防災準備段階とはクリティカル・シンキングの適
用は同じではない。場合によっては「クリティカルに考えない」を念頭
に置くべきなのである。

　クリティカル・シンキングは，前提を含めて情報を多面的に吟味・熟
考する思考である。これは第7章で説明したシステム2の働きであり，

システム 1 が即座に自動的に行動を生起するのに対して，明らかに時間がかかる認知処理である。津波にせよ，土石流災害にせよ，一刻を争う緊急事態においては貴重な時間を失いかねない。必要なのは，緊急事態には素早く行動することである。

また，前述のように，緊急時の強いストレスのもとではバイアスの影響力が強くなり，たとえば正常性バイアスや楽観性バイアスなど習慣的に身についた認知傾向への依存が優勢になる。ふだんからクリティカルに考えるスキルを磨いたとしても，一生に何度あるかわからない命がけの緊急事態で，クリティカル・シンキング・スキルが十全に機能しない可能性こそクリティカルに想定しておくべきなのである。

そのための具体的方策として，「行動のパッケージ化」（木村，2015）が参考になる。これは，災害時に「認知→判断→行動」に時間を消費させないように，トリガーとなる事態から一連の行動が実行されるように事前に行動計画を立て，それを訓練で徹底させておいて，災害発生時にはこれを速やかに進行させる手法である。

このパッケージ化のアイディアは，すでに小中学校の防災訓練で行われている地震発生時のシェイクアウト訓練でおなじみである。シェイクアウト訓練では，揺れを感じたときに身体を低くし，頭を守り，動かない，という一連の行動をパッケージとして反復訓練を行う。そこでは地震の揺れをトリガーとして，何も考えずとも素早く一連の行動へとつなげることが目標となっている。

また，災害の危険が迫ったときには，災害の危険や気象状況，避難行動などに関する情報が各種のメディアから通知されてくる。こうした際に，一つひとつの情報を多面的に吟味して避難のタイミングを失うことのないように，警戒レベル 3 で高齢者避難，警戒レベル 4 で全員避難の規準通りに即座に行動を起こすこともパッケージ化の一つである。

　このパッケージ化が活かされているのが大規模水害に対する「タイムライン」の考え方である。タイムラインとは，台風接近などで災害発生が予想されるとき，各種の防災行動とその実施主体を時系列で整理し，地域住民や関係機関が単独で判断をしなくてもいいように，「いつ」「誰が」「何をするのか」を明確に記入しておく防災行動計画である。タイムラインは，アメリカでハリケーンの人的被害を抑える上で有効であったことから，日本でも河川管理者，気象庁，地方自治体，企業，防災組織が連携したタイムラインが水害に備えて次々と策定されている。さらにこの考え方を活かした家族単位でのマイ・タイムラインの策定もさまざまな自治体で促進されている（**図13-4**）。

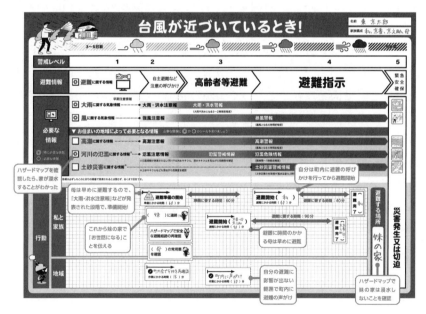

図13-4　マイ・タイムライン（東京防災ホームページ）

（3）認知バイアスを念頭において人を誘導する

　災害の危機が切迫したとき，正常性バイアスや楽観性バイアスの影響で適切な避難行動を取ろうとしない人にどう働きかければいいのだろうか。

　ここで活用できるのが，第12章で説明した心理特性を巧みに利用して行動を促すための手法である NUDGE（ナッジ）である。たとえば本章では同調性バイアスは付和雷同的な行動を引き起こす危険性を紹介した（**図13-3**）。しかし，人が，あいまいな事態で周囲の行動を手がかりにする特性を持つのであれば，それを利用することができる。水害の危険が迫ったときには，「避難指示に従って逃げろ」という命令よりも，「一緒に逃げよう」といった同調を促す記述的規範からの NUDGE が効果を持つことが考えられる。

　豪雨災害時の早期避難呼びかけ方法の研究では，避難を促す NUDGE が検討されている（大竹・坂田・松尾，2020）。この研究では，災害が発生した仮想状況のもとで，いくつかの表現で避難の指示が出された際に，どれくらいの人が避難意思を示すかが調査された。その結果，従来型の「危険が迫ったら避難して下さい」というメッセージよりも，自分の避難行動が他人の行動に影響を与えてしまう外部性や利他性，損失回避性を強調して働きかけるメッセージ（「あなたが避難することは人の命を救うことになる（利得）」や「あなたが避難しないと人の命を危険にさらすことになる（損失)」）の方が，避難を促すのに効果的であることが示されている。

　ただし，現実の災害を考えれば，NUDGE の実践は実効性が限られており，まずは災害のリスクをしっかりと受け止めて，自覚的に避難行動を起こせるようにする姿勢が第一に必要である。その上で避難を促進する当事者となった場合に備えて，強制ではなく，かといって自由に任せ

ることなく，行動を促していく心理手法について考えておきたい。もう一つ，緊急時の行動促進に限らず，さらに長期的な防災減災の取り組みにおける認知的バイアスを考慮する手法として「行動リスク監査」が提案されている（Meyer & Kunreuther, 2017，中谷内（訳），2018）。従来行われてきた防災減災のアプローチは，まず対象とするリスクの客観的な性質や，建物やインフラの脆弱性分析からはじめ，それからリスクを下げるために人々が受け入れられる安全対策を考える手法が主流であった。行動リスク監査は，これを逆にして，まず人の心理的バイアスに照らして，なぜ適切な解決策や安全策が取られないのかを突き止めるアプローチを取る。これによって，意志決定におけるバイアスに逆らうのではなく，むしろそれらに沿った形で，災害対策の組み合わせを設計していくことができると考えられている。

■学習課題

　災害に限らず，あなたが緊急事態に直面した経験を思い出してみよう。あなたは適切な行動が選択できただろうか。できなかったとしたら，そこにどのようなバイアスが働いていた可能性があるだろうか。自分の経験を書き出してみた上で，こうした事態に適切に対処する具体的な方法をさまざまな側面から考えてみよう。

参考文献

広瀬弘忠・杉伸吉（2005）．正常性バイアスの実験的検討　東京女子大学心理学紀要, 1, 81-86.

広瀬弘忠（著）（2004）．人はなぜ逃げおくれるのか—災害の心理学　集英社

広瀬弘忠（著）（2013）．大災害時の避難行動　東日本大震災調査資料編（東日本大震災における自治体・関係機関・住民等の対応）消防防災科学センター, 130-133.

菊池聡（著）（2012）．なぜ疑似科学を信じるのか　化学同人

木村玲欧（著）（2015）．災害・防災の心理学—教訓を未来につなぐ防災教育の最前線　北樹出版

楠見孝（2013）．科学リテラシーとリスクリテラシー　日本リスク研究学会誌　23, 29-36.

Lichtenstein, S., Slovic, P., Fischhoff, B., Layman. M., & Combs, B.（1978）Judged frequency of lethal events. Journal of Experimental Psychology : Human Learning and Memory. 4, 551578.

Meyer, R. & Kunreuther, H.（2017）Why We Underprepared for Disasters. Wharton School Press. マイヤー, R. & クンルーザー, H.（著）中谷内一也（訳）（2018）．ダチョウのパラドックス　災害リスクの心理学　丸善出版

中谷内一也（著）（2006）．リスクのモノサシ　安全・安心生活はありうるか　NHK出版

大西正輝・山下倫央・秦康範・坂間亮弘,（2017）．避難時における正常性バイアスと集団同調性バイアスの計測〜災害時に人はなぜ逃げないのか？〜　信学技報, 116, 41-45.

大竹文雄・坂田桐子・松尾佑太（2020）．豪雨災害時の早期避難促進ナッジ　行動経済学, 13, 71-93.

Slovic, P., Perception of risk, Science 236, pp.280-285.

田中嘉寿子（2015）．性犯罪の被害者の供述の信用性に関するあるべき経験則について　防災心理学の知見の応用：正常性バイアスと凍り付き症候群　甲南法務研究, 11, 57-70.

戸田山和久（著）（2011）．「科学的思考」のレッスン　学校では教えてくれないサイエンス　NHK出版

外山美樹・長峯聖人（2022）．新型コロナウイルス感染症拡大状況において正常性バイアスは見られるのか？　教育心理学, 70, 178-191.

矢守克也（2009）．再論—正常化の偏見　実験社会心理学研究, 48, 137-149.

14 | 実践5　心理学と科学を考える

菊池　聡

《**目標＆ポイント**》　クリティカル・シンキングの規準として論理学と並んで重視されるのが「科学」である。「科学的に正しい」根拠にもとづいてこそ妥当な意思決定がなされる，というのは現代社会に生きる私たちにとっての共通認識であろう。しかし，科学的に見える主張がすべて妥当なわけではない。優れた科学者が欠陥のある研究や主張をすることもあれば，意図的に科学を装うニセ科学の主張がなされることもある。科学的な言説の適切な評価は，汎用的なクリティカル・シンキングの基礎スキルとも言える。こうした観点から，本章では主として心理学などの身近な科学的（とされる）主張の例をもとに考えてみよう。

《**キーワード**》　再現性の危機，RCT，科学的懐疑主義，フードファディズム

1. 科学的エビデンスの規準を考える

（1）合理的な規準としての科学

　さまざまな価値観を持つ人々が暮らすこの社会で，客観性と公共性のある合理的意思決定を行おうとしたら，そこにはまず科学的な根拠が求められる。もちろん文化や価値観の問題に科学を持ち込むのは筋違いだとしても，たとえば感染症対策，環境保護，温暖化対策，防災減災，エネルギー問題など，現代社会で共通する問題解決をめざす政策立案が，「非」科学的な考え方やデータに則って行われることをよしとする人は，おそらくいないだろう。科学的な根拠を持つかどうかは，その主張が客観的に信頼できるかどうかを見分ける重要な規準となる。

　しかし，身近にある「科学的」情報の中に，その科学としての適格性に疑問符がつく主張や，明らかに合理的ではないもの，端的に言って虚偽が紛れ込んでいることがある。これらを正しく識別し，科学の成果や応用技術を広く社会の中で理解していく科学リテラシーは，クリティカル・シンキングを土台とする重要なリテラシーの一つである（第10章）。科学的主張の評価は，必ずしも，高度な専門知識を持つ科学者によってのみなされるだけではない。ネットやマスコミを通じて発信される科学情報の消費者として，私たち自身が評価していかなければならないし，評価が可能なのである。

　科学と一口で言っても領域が非常に広いため，ここでは人間を対象とした科学の中でも，人の行動や心身の健康，社会現象といった対象についての「確率論的な科学」を取り上げる。確率論的な科学とは，たとえば心理学，医学，生理学，薬学，疫学，教育学などが代表的なもので，多くの要因が複雑にかかわり完全な予測が不可能な現象を扱うために統計学的な解析が共通して用いられる。これに対して，物理学や化学などハード・サイエンスの分野はこうした要素が比較的少なく，現象の予測可能性が高い決定論的科学と呼ばれる。この確率論的科学の領域は，主として人間を対象とするために，まさに私たちの身近にある問題解決にかかわり，クリティカルに考える必要性が高い科学だと言える。その中でも心理学は科学的な方法論に則った学問でありながらも，心理臨床の現場では必ずしも科学的合理性を重視するわけではないという特徴がある。また，通俗的な心理学が一般に広く消費されており，科学性に疑問が持たれる場合が多い。こうした科学の境界的な性格を持つ心理学をめぐる問題を素材とすることで，科学的な規準について多くの示唆が得られると考えられる（菊池，2018）。

（2）科学とエビデンス

　そもそも科学とは何か，を考えてみよう。すると，まず思いつくのは客観性・実証性を重視し，具体的なデータにもとづいて論理的に結論が導出される特性が挙げられるだろう。これは論理実証主義と呼ばれる立場の流れをくむ考え方で，主観を排し，経験的事実の観察によって検証可能な命題を対象とするのが科学だと考える。私たちも，科学は主観的な思い込みではなく，実験や観察にもとづく客観的な証拠（エビデンス）が必要だと考えている。ただし，人や社会を対象とした確率論的科学では，エビデンスがあるかないかではなく，その質が高いか低いかを階層（エビデンス・レベル）で考えなければならない。ここで言うエビデンスとは，単なる事実・ファクトではなく，それが因果関係を示すもので，エビデンス・レベルは，基本的にそのエビデンスをもたらした研究デザインによって決まる。私たちは得てして単純にエビデンスの有無で考えがちだが，エビデンス・レベルを適切に評価することが，科学的主張をクリティカルに吟味する第一歩である。

　エビデンス・レベルの階層は分野による違いがあるが，人を対象とした研究領域では，おおよそ**図14-1**のように表現される。最も質が高いエビデンスとして，「系統的レビュー（システマティック・レビュー）」や「メタ分析」「ランダム化比較試験（RCT：Randomized Controlled Trial)」による研究があり，事例研究や専門家の意見は，最もレベルが低い。

　事例研究は基本的に特定の人を観察した結果であり，それが汎用的な知見として予測に通用する保証はない。同じ観察的手法でも，コホート（同じ特性を持つ集団）研究の方が相対的にレベルは高い。たとえば，健康食品や補完代替医療のように「それを摂取して健康状態が改善した人がいた」ような個人や小集団の事例から導かれた結論は，まず科学的

根拠にならないものと考えるべきである。しかし，こうした事例や体験談は，人の直観に働きかけて心理的インパクトを生じさせ，因果関係を強く推定させる。この論法は，東洋医学では「三た論法」（治療した・治った・効き目があった）の誤謬として戒められている。また，いわゆる一般向けの通俗心理学の中には，特徴的なエピソードや観察といった事例レベルの拡大解釈から，あたかも人間全般に通用する理論のように説明している例が見受けられる。こうしたエビデンスレベルの無視が心理学や東洋医学を「あやしい学問」と印象づけることにつながる一因になっている。

　同じように，専門家の経験にもとづく意見や見解はエビデンス・レベルとして最も低い。これは，その専門家の立場によって情報の評価や収集にバイアスがかかり，特定の事例やデータ（特に自説に都合のよいもの）のみを重視する傾向が生じるためである。

　最高のエビデンス・レベルに位置づけられる系統的レビューは，その

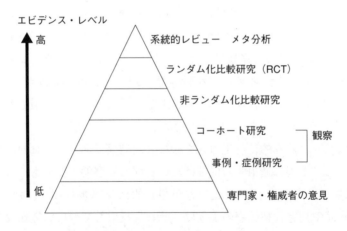

図14-1　人間を対象とした研究方法のエビデンス・レベル

テーマについての研究論文を肯定的か否定的かを問わず網羅的に収集し，その過程でそれぞれの研究結果のバイアスを排除し，中立の立場で分析・評価を行う。この系統的レビューの中でしばしば行われるメタ分析は，互いに独立した多くの研究データを，統計的手法を用いて統合して評価を下す重要な技法である。人を対象とした研究では，同じ仮説にもとづいてデータを収集しても，個人差による変動が大きく，特に少人数の対象者では結果がクリアに出ない。これに対して，メタ分析では同じテーマで行われた複数の研究データを統合して統計的モデルにもとづいて効果量などの指標を算出し，そこから総合的な結論を下すことができる。

　エビデンスに基づいて介入の効果を評価する取り組みは，まず医療分野で EBM（Evidence-Based Medicine）として普及し，治療者の経験に頼らず，研究論文のエビデンスにもとづいて個別の患者に最適な医療を提供する取り組みが志向されるようになった。さらに，こうしたエビデンスに基づいて社会的な政策を合理的に決定していく姿勢は，EBPM（Evidence-based Policy Making，エビデンスに基づく政策立案）として，政策決定や教育，福祉，経済の分野にも浸透しつつある。一方で，臨床心理学の一部の学派ではエビデンスが事例研究に偏っており，これが日本の心理学にとって大きな問題だとする批判が多いことをぜひ知っておいていただきたい（村上，2009，原田，2015）。

（3）因果関係を明確に示す RCT

　ランダム化比較試験（RCT）は，比較実験や介入研究を行う上で，エビデンス・レベルが最も高い方法である。たとえば第2章，47ページで例とした「毎朝，コーヒーを飲む人は，飲まない人に比べて，がんになるリスクが低い」という仮想例を考えてみよう。まずコーヒーを毎日

飲んでがんにかからない人の事例はほぼエビデンスにならない。観察的方法で多数のサンプルを調査したとしても，毎朝コーヒーを摂る行動には，さまざまな生活習慣や食習慣の違いや，それに伴う間接的な無数の要素が関係するために，仮にコーヒー習慣と罹患率に相関があったとしても，それは因果関係と同じとは限らないことを説明した。そこでRCT を実施するとしたら，多数の実験参加者を集めて，ランダムに二つ（以上）の実験群と比較対照群（統制群）に割り当てていく。そして，実験群には必ず毎朝コーヒーを飲ませる介入を行い，対照群は，同じように毎朝コーヒー以外の（コーヒーに類似した）飲料を飲む実験を行う。この RCT のポイントは，ランダムに割り当てられた二群では「コーヒーを飲む」介入以外は全く同じ条件になると考えられる点である。これで，二群の罹患リスクに統計的な差が生じれば，それは唯一異なるコーヒーが働きかけたものと推定できるのである。

　新薬や治療法の開発に RCT は必須の手法だが，それだけでなく対照群にも実験群の薬や処置と見分けがつかない偽薬（プラシーボ）が使われることや，参加者本人が実験群か統制群なのかわからない盲験法（ブラインド・テスト）の実施も必要である。さらには研究者も被験者も誰が実験群かを伏せて処置や分析を行う二重盲験（ダブル・ブラインド・テスト）が望ましい。いずれも，人が持つ情報処理バイアスの影響を防ぐために必要な措置で，RCT からもたらされる結果は，エビデンスとしてのレベルが非常に高くなるのである。

　ただし，人や社会を対象とする RCT は，そもそも規模の大きさから現実的でなかったり倫理的に問題を生じたりする。こうした場合には，RCT に準じる形で，因果関係を推論するさまざまな実験的手法や統計的な研究法が提案されている。たとえば研究者がランダムな群分けを行わずに，これに類似した状況が自然に起こった場面を利用する自然実験

と呼ばれる方法が用いられる。また，変数の統制が困難であっても，できるだけ結果の妥当性を高めるための実験デザインを適用する準実験（疑似実験）の手法が用いられる。経済学などで用いられる RDD（回帰不連続デザイン）は，関連する二つの測定値に関係が認められているとき，何らかの介入が発生した境界線の直前と直後で測定値に大きなジャンプ（非連続な関係）が生じたとしたら，その介入が影響を与えたと推定する方法である。こうした手法の概要と実例を知るためには中室・津川（2017）や，伊藤（2017）が参考になる。

（4）健康食品のエビデンスを例に考える

　科学研究のエビデンスの評価と言うと，専門の科学者だけのことと受け取る方もおられるかもしれないが，私たちの生活とも密接に関係している身近な具体例として，社会的な問題が指摘されている保健機能食品の一つである「機能性表示食品」の例でエビデンスを考えてみよう。

　保健機能食品は健康への効能・効果を表示できる食品で，国が個別に許可した「特定保健用食品（トクホ）」や，国の規格規準に適合した「栄養機能食品」，そして「機能性表示食品」がある。これら以外の健康食品には効能のエビデンスがあるとは限らないが，とりあえず保健機能食品は国の制度のもとで管理されているために健康効果や安全性への一定のエビデンスがあると消費者に受け取られやすい。

　特定保健食品（トクホ）の場合は，そのエビデンスの妥当性について専門家の評価が行われて認可がなされるが，機能性表示食品は，特定の保健目的に科学的根拠があると事業者の責任で判断した機能を，消費者庁に届け出てパッケージに記載できる制度である。もちろんすべての機能性表示食品が疑わしいわけではない。しかしこの制度のもとでは，エビデンスのレベルが非常に低い研究でも届出受理が行われて消費者をミ

スリードする可能性が指摘されている。届け出られた情報は消費者庁のwebサイトで公開されており，判断は消費者自身のクリティカルな情報吟味と自助努力に委ねられていることを覚えておきたい。

現在の社会には，「○○が健康にいい」などとメディアから流されるエビデンスレベルの低い情報をもとに，食品や栄養が健康や病気に与える影響を過大に信じ込む「フードファディズム」と呼ばれる傾向が生じる。その背景には，健康への関心や安全な食への希求があるにしても，特定の成分を過剰摂取する食生活の偏りを生んだり，必要な生活習慣の改善や適切な医療への軽視につながるなど数多くの危険も指摘されている（高橋，2007）。

表14-1 健康情報の信頼性を評価するためのフローチャート（坪田，2002）

ステップ1	具体的な研究にもとづいているか
はい	いいえ → それ以上考慮しない（**終わり**）
↓	
ステップ2	研究対象はヒトか
ヒト	動物実験や培養細胞 → 「有害作用」についての研究は，それなりの注意を払う。「利益」についての研究は，人間にあてはまるとは限らないので，話半分に聞いておく（**終わり**）
↓	
ステップ3	学会発表か，論文報告か
論文報告	学会発表 → 科学的評価の対象として不十分なので，話半分に聞いておく（**終わり**）
↓	
ステップ4	定評ある医学専門誌に掲載された論文か
はい	いいえ → ひまな時に参考にする（**終わり**）
↓	
ステップ5	研究デザインは「無作為割付臨床試験（RCT）」や「前向きコーホート研究」か
はい	いいえ → 重視しない（**終わり**）
↓	
ステップ6	複数の研究で支持されているか
はい	いいえ → 判断を留保して，他の研究を待つ（**終わり**）
↓	

結果をとりあえず受けいれる。ただし，将来結果がくつがえる可能性を頭に入れておく。

　こうした健康情報でのエビデンスの問題は，後述の疑似科学もからみ，多くの消費者にかかわってくる。主に「がん予防と栄養」についての情報を念頭に置いた健康情報のエビデンスを判断するためのポイントをまとめたフローチャート（**表14-1**，坪田（2002））は，消費者が健康情報をクリティカルに吟味する一つの規準として参考になる。

2. 科学と再現性の危機

（1）心理学の信頼性を疑わせる事態

　科学に求められる条件には，客観性や実証性と並んで「再現性」がある。これは，同じような条件で実験を行えば，ほぼ同じ結果が得られることで，科学的予測の信頼性を担保する重要な概念である。

　しかし，これまで科学的研究として示された効果や法則性が，同条件の追試では確認できない「再現性の危機」が，心理学を筆頭としたさまざまな科学の領域で生じていることが2000年代以降，にわかにクローズアップされた。私たちが科学的研究の成果として受け取っていたものが，実は不安定だったり，小さな効果しかない可能性があいついで指摘されたのである。

　この問題が深刻なのは，悪意をもってデータを捏造したわけではないのに，再現性に問題がある知見が多数生み出された点にある。再現性の危機は，原理的にあらゆる科学の領域で生じているが，影響が大きいのはやはり心理学や医学など確率論的な科学の領域である。この領域では多くの要因が複雑にかかわるがゆえに再現性が不完全なのはある程度はやむを得ない。しかし，そうした予想を遥かに上回って，多くの研究領域が再現性に欠けることが問題となったのである（池田・石平，2016）。たとえば心理学の一流研究雑誌に掲載された100件の研究を独自に追試した結果，元論文で示された統計的な差が再現できたのは基準の

取り方で異なるものの，おおよそ半数程度だったと報告されている（Open Science Collaboration, 2015）。こうした再現性の危機は非常に広い研究分野で問題となり，科学的研究の方法についてクリティカルに考える必要性が再認識されるようになった。

　再現性の危機をもたらす最大の原因は，通常の研究の中にある「好ましくない研究行為」（QRP : questionable research practices）だと考えられている（**表14-2**）。QRP の背景には，たとえ職業的な研究者であ

表14-2　好ましくない研究行為（QRP）の種類と要素
（石井・滝澤，2021より）

QRP の種類		概要
チェリー・ピッキング	研究・変数の未報告	統計的有意性や他の期待される統計的閾値に達しなかった研究や変数を報告しない
	共変量の未報告	統計的有意性や他の期待される統計的閾値に達しなかった共変量を報告しない
	モデルの未報告	複数の候補となるモデルを検証し，特定の統計モデルの結果のみを報告する
ハーキング	HARKing	予想されなかった知見や探索的分析の結果を，当初から予測していたかのように報告する
p ハッキング	データの除外	統計的有意性や他の期待される統計的閾値に与える影響を確認してから，特定の観測値を除外する
	データの追加	結果が統計的に有意であるか否かを確認してから，より多くのデータを集める
	分析の変更	初めに選択した分析方法が統計的有意性や他の期待される統計的閾値に達しなかった後で，他のタイプの分析方法に変更する
	p 値の切り下げ	p 値や他の指標をあらかじめ指定した閾値に合うように切り下げる（例：p=.054を p=.05と報告する）
その他	問題の非開示	結論に影響しうる方法，分析，データの質に関する既知の問題を開示しない
	捏造	シミュレーションによる同定を伴わずに欠測値を埋める

ろうと，さまざまなバイアスに起因する偏った情報の収集解釈，無自覚なデータ操作，そして公表の選別を行ってしまう問題がある。

　たとえば，どのような研究活動においても研究者が扱う先行研究や資料，データは膨大なものになる。**表14-2**の冒頭にあるチェリー・ピッキング（サクランボのつまみ取り）とは，そうした数多くの資料やデータの中から，自説に都合のいい部分をつまみ食いする方法である。これは仮説の確証に注意を向ける確証バイアスの影響が現れている。たとえば新しい理論を着想し，それを検証しようとした研究者が，幅広く学生や社会人でさまざまな指標を使って調査を行ったとする。その結果，男子学生の一部の指標で理論の有効性を裏付けるデータが得られたとしよう。そうなると，研究者としては，自説が裏付けられたとして堂々と発表するであろう。こうした場合，裏付けなかった集団については，深くは言及されない傾向にある。

　チェリー・ピッキングは完全な不正行為ではないし，「都合のいい部分」と「研究上の独自の着目点」の線引きは難しい。しかし，さまざまな資料やデータから一部だけ切り取れば，不当に歪められた結果を得てしまい，そうした知見が再現性の危機をもたらすのである。

　また，チェリー・ピッキング的な態度は，科学技術の消費者の側にも生じる。ある治療の有効性に期待があれば，良くなった例には注目し否定的な情報は目に入らない。また，マスメディアでも印象的な成功例のみが注目されるため，結果としてメディア上では肯定的な情報が圧倒的に多くなってしまうのである。

（2）さまざまな「好ましくない研究行為（QRP）」

　HARKing（ハーキング）とは，Hypothesizing after the results are known の略で，結果が判明した後に仮説を作る不適切な研究のパター

ンである。研究活動は仮説とのかかわりで大きく二つのパターンにわけられる。一つは具体的な仮説の正否を検証するトップダウン的な仮説検証型で，もう一つは研究開始時には厳密な仮説をもとめず，データを収集してそこから法則性や関連性を見つけ出していくボトムアップ的な探索型（仮説生成型）である。これらは互いに補いあって研究が進展するのだが，この型の差異を都合良く使えば不適切な研究結果を出せてしまう。まず特別な仮説を設定せずに，片っ端からたくさんの測定指標でデータを収集し，繰り返し粘り強く分析すれば，そうした測定指標間に何らかの関連性や規則性が得られる可能性がある（下手な鉄砲も数を打てばよい）。その結果が得られてから，あたかも最初からその仮説に着目した仮説検証型の研究だったことにして研究論文をまとめれば，良い結果になるとすでにわかっているので研究としては成功が約束されている。これが HARKing である。成果を出さなければならないプレッシャーがかかっている研究者が，こうした方法に頼ってしまい，結果として再現性の低い研究知見の量産につながる。ちなみに，こうした手法による誤謬は「テキサスの狙撃兵」とも呼ばれる。

　p hacking（p ハッキング）とは，標準的に使われる統計的検定の原理を利用している。たとえば平均値を比較する統計的検定では，サンプルで検出された測定値の差が，母集団で本当に差があると考えられるのか（有意差あり），もしくは単なる誤差のうちなのかの確率を計算して識別する。この線引きの規準は，５％（もしくは１％）で引かれており，「ただの偶然では５％未満しか起こらない」現象が生じていれば，それはすでに偶然とは言えず，何らかの意味のある差だと考える（母集団で差はないという帰無仮説を棄却する）。ただし，この方法では，ただの偶然でたまたま差が出ることも５％未満の確率でありうる。このエラーは第一種の過誤と呼ばれ統計的検定にはこの危険が常につきまとう

ため，その危険率を p（確率：probability）で表す。

　こうした統計的検定の枠組みに従い，研究現場では p 値が5％未満であれば，めでたく統計的な有意差があると結論づけられる。そうなると，なんとか p を5％未満にするために，研究者は外れ値と判断されるデータの除外をはじめ，**表14-2**にあるようなさまざまな手法を尽くす。こうした p ハッキングの結果，不当に多くの有意差が得られてしまい，再現性の危機が生じるのである。

（3）出版バイアスを防ぐ

　科学的主張をクリティカルに評価する上で，考慮しなければならないのが仮説に対して肯定的な結果が出た研究だけが報告され，否定的な結果は公表されにくい「出版バイアス」（お蔵入り効果）である。研究者にとっては，予期した結果が得られなければ，普通はそれを失敗した研究と考え，大々的に公表はしないであろう。ある仮説にもとづいて多くの研究が行われると，肯定的否定的さまざまなデータが得られても，肯定的な研究ばかりが公表・出版される。これが原因で，再現性のない知

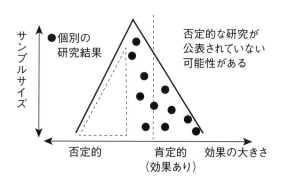

図14-2　出版バイアスを検出するためのファンネル・プロット

見や，時にはあきらかに誤った科学的主張が，あたかも確立した科学のように広く流布してしまう。またメタ分析を行おうにも，前提となるすべての研究を網羅的に評価できなくなる。

この出版バイアスを検出するために用いられるのが，ファンネル・プロットである。研究結果がすべて報告されていれば，そのプロットは図14-2の実線のような，漏斗（ファンネル）を逆さまに置いたように分布するはずである。もし，分布に図のような偏りが生じていれば，否定的な結果が報告されていないと考えられるのである。

こうした再現性の危機の問題に対処するため，現在では多くの研究分野で積極的な取り組みがなされている。たとえば，研究計画は仮説，サンプル数，検討する変数などすべて事前に第三者のデータベースに登録する制度（pre-registration）や，得られた結果は肯定的否定的問わず，すべて公開するといったルールを設けたり，統計的検定への過度の依存から脱却したりする，などの試みも進められている。

3．科学のように見えて科学ではない疑似科学

（1）疑似科学の兆候を考える

再現性の危機は，正当な科学の中でも信頼できない知見が生じる可能性を示している。その一方で，科学の方法論を著しく逸脱し，科学としての要件を満たさないにもかかわらず，科学的な外観をもった研究や主張が社会的に受容されることがあり，これらは「疑似科学（pseudo-science）」と呼ばれる。

菊池・佐藤（2020）が市民1267名を対象に行った調査では，疑似科学（ニセ科学）として一般に認識されている言説にはいくつかのジャンルがあり，医療・健康系（サプリメントや健康美容食品の一部，特定の機能を強調する水，民間療法，反ワクチン，ホメオパシーなど），日常系

（血液型性格判断，マイナスイオンなど），占い・スピリチュアル系（心理テスト，心霊，マインドパワーなど），超常系（UFO，宇宙人，超能力など）が挙げられている。これらはあくまでも一般に認識されているものであって，必ずしも疑似科学の概念そのものとは対応しないが，おおよそ現代の日本人にはこのような疑似科学が認識されている。

　疑似科学は，疑似であっても「科学」という名が示すように，単なる思い込みや憶測によるデマではなく，そこに科学的研究の裏付けがあるように主張される。そのためさまざまな商品やサービスの効能の偽装に用いられ，特に医療や健康にかかわる商品サービスで消費者被害や健康被害などを引き起こし，しばしば社会問題化している。

　この疑似科学の主張の中にも二つのパターンがある。一つは無自覚のうちに QRP を含む疑似科学的な研究態度によって誤った発見をしてしまい，そこからさらに不適切な研究を再生産する場合と，もう一つは科学的エビデンスを偽装した商品サービスを売り込むために，疑似科学的な方法論を濫用する場合である。両者の境界もあいまいだが，現在の日本では後者をネガティブな意味をこめてニセ科学や似非科学と呼ぶことも多い。

　よく誤解があるが，科学的に誤った学説が疑似科学というわけではない。正当科学においても，誤った結論に至る研究は数限りなくあるし，現在の科学的知見も誤りである可能性は常にある。また未知の現象を扱うのが疑似科学ではない。あらゆる研究は現在ではわかっていないことを明らかにするために取り組まれている。

　疑似科学を考える上では，科学哲学における境界設定問題（demarcation problem）が参考になる。科学と科学でない行為をわける代表的な規準と考えられるのが，科学哲学者ポパーが示した反証可能性の規準（Popper, 1959）である。これは，実証的で客観的な科学に見える主張

であったとしても，観察や実験による反証が想定できない仮説を用いたり，反証を拒否する態度をともなうのであれば，それは必ず正しいと証明され，科学的な主張とは言えないとしている。反証不能な理論では，どのような現象が観察されたとしても，後づけの理論（アド・ホック仮説）を導入して反証を回避できる点に特徴がある。こうした，事後の柔軟な解釈変更は，HARKing などの QRP とも類似したもので，それらをさらに徹底していると言える。

　欧米の教育現場で用いられているクリティカル・シンキングの教科書では，疑似科学やオカルト，超常現象を教材に取り上げる例もしばしば見られる。これらに騙されてしまう人々の心理を考察することこそクリティカル・シンキングを身につけるための好適な教育素材となる。科学的主張を評価しようとするとき，もちろん専門的な科学知識はある程度は欠かせないが，本章で挙げたようなエビデンスの評価には領域共通で汎用的なクリティカル・シンキングが大きな役割を果たすのである。

表14 - 3　疑似科学的な主張の特徴
（菊池（2012），ハインズ（1995）など）

理論と態度の反証不能性

アドホック仮説を常習的に使用

立証責任の転嫁

検証への消極的態度

制約下で最も信頼できる手法を使わない

心理的錯誤や虚偽への無関心

価値命題と科学的命題の混同

発見の文脈と正当化の文脈の混同

科学の社会的制度（学会，査読，系統的な懐疑）の無視や回避

　　ただ，科学哲学の議論からは，現時点では科学と疑似科学を唯一の指標で厳密に線引きはできないとされ，疑似科学を見分けるためにはその兆候（**表14-3**）を丁寧に評価する必要がある。現実には，科学的方法論の特質よりも社会的コンセンサスの方が境界に線を引く上で重要だと考えられている。

（2）疑似科学をクリティカルに

　　疑似科学をめぐるクリティカル・シンキングとして常に念頭に置きたいのが，健全な「科学的懐疑論」である。疑似科学を批判するにせよ，エビデンスにてらしてクリティカルに検討することなしに，先入観から否定するのであれば，それは非クリティカルな思考として疑似科学と同じである。同じ批判であっても，より良い思考の技法を用いて実証的に批判的検討を行う「科学的懐疑論者（スケプティクス）」の立場を志向したい。懐疑論者は，疑似科学を含む新しいアイディアや主張に対して興味を示し，頭から否定するようなことはめったにない。しかし，そのまま無批判に受け入れてしまうこともない。懐疑とはエビデンスにもとづいて慎重にその言説の信頼性を判断しようとする姿勢なのである。この科学的懐疑論の難しさは，新しい仮説や主張に対して心をつねにオープンにしておく態度と，何事も証拠なしには受け入れない態度のバランスである。

　　また，疑似科学を小道具にした悪質商法や陰謀論を信じ込んでしまい，社会生活を破壊されるようなトラブルが生じるケースがある。こうした身近に起こりうる危険に対処する上で最も大切なのは，引き込まれてしまってから対策に取り組むのではなく，その前から，世の中の出来事を合理的かつ多面的に考えるスキルを養っておくことである。人は，世界を一貫したものとして効率的に把握しようとする認知システムをデ

フォルトで備えており，そして不確実な未来をコントロールして前向きに生きていこうとする社会的動機に動かされている。こうした自律的認知システムは，人が適応的に生きていく上で，必要で自然な物である。そして，この優れた認知システムが，複雑で困難な状況に対処するためにオーバーランした結果が，時に非合理的な疑似科学や陰謀論などを信じ込み，人生における不適切な意思決定を生み出すと考えられる。また，こうした科学常識に反する信念は，必ずしも科学知識の欠如によるものではない。高度な科学教育を受けた人もこうした非合理的信念を信じ込むことはある。賢い人がどうしてそんな馬鹿な話を信じてしまうのか？　という問いは，しばしば考え方が逆かもしれない。すなわち，馬鹿げた話を信じてしまった以上，それは科学的な根拠がある話でなければならない。知的な人は，知的であるがゆえに，非合理的な話を信じてしまう心（システム1）を，適切に理由づけして説明し正当化できるのである（システム2）。

　こうした認知システムの振る舞いについて理解し，自分の認知を客観的に把握・制御するメタ認知の習得こそが，陰謀論やカルト対処に限らず，将来を生きていくために重要な目標の一つになるだろう。

■**学習課題**

　日本の成人の多くが，何らかの健康食品やサプリメントを日常的に摂っている。あなたやご家族がもしそうした食品を愛用しているとしたら，公開されている情報をもとにエビデンス・レベルがどの程度あるのかを再確認してみよう。

参考文献

伊勢田哲治（著）（2003）．科学と疑似科学の哲学　名古屋大学出版会

菊池聡（著）（2012）．なぜ疑似科学を信じるのか　思い込みが生みだすニセの科学　化学同人

高橋久仁子（著）（2016）．「健康食品」ウソ・ホント　「効能・効果」の科学的根拠を検証する　講談社

引用文献

原田隆之（著）（2015）．心理職のためのエビデンス・ベイスト・プラクティス入門　金剛出版

Heins, T. (2003). Pseudoscience and the Paranormal. Prometheus Books.（ハインズ, T．（著）井山弘幸（訳）（2011）．ハインズ博士　再び超科学を斬る　化学同人）

石井秀宗・滝澤龍（著）（2021）．臨床統計学　医歯薬出版株式会社

池田功毅・平石界（2016）．心理学における再現可能性危機：問題の構造　心理学評論　59, 3-14.

菊池聡・佐藤広英（2020）．Twitter 利用と疑似科学信奉との関連　信州大学人文科学論集, 7(2), 71-86.

菊池聡（2018）．心理学者は誰の心も見透かせるのか　楠見孝（編）『心理学叢書　心理学って何だろうか？　四千人の調査から見える期待と現実』誠信書房　pp.119-151.

村上宣寛（著）（2009）．心理学で何がわかるか　筑摩書房

中室牧子・津川友介（著）（2017）．「原因と結果」の経済学　ダイヤモンド社

Open Science Collaboration. (2015). Estimating the reproducibility of psychological science. Science, 349.

Popper, K. R. (1968). The Logic of Scientific Discovery. Harper Torchbooks.（ポパー, K．R．（著）大内義一，森博（訳）（1971）．科学的発見の論理〈上・下〉恒星社厚生閣）

高橋久仁子（著）（2007）．フードファディズム　メディアに惑わされない食生活　中央法規出版

高橋久仁子（著）（2016）.「健康食品」ウソ・ホント　「効能・効果」の科学的根拠
　を検証する　講談社

坪野吉孝（著）（2002）. 健康情報をどう読むか　食べ物とがん予防　文春新書

15 | 実践6　充実した「学び」のために

菊池　聡

《**目標＆ポイント**》　本書では，より良い思考の技法としてのクリティカル・シンキングを総合的に学んできた。「学び」はあなたの新しい可能性を切り開き，豊かな人生を送るために欠かせない過程である。限られた時間の中で効率的な学びを，いかに深く，いかに前向きに進めていくかは，常に私たちがクリティカルに考えておくべき重要課題の一つではないだろうか。

　本章では，メタ認知の働きを応用して専門的な学びを深める方法を考えていく。そして学習者自身のメタ認知が軸となる実践的な「自己調整学習」を自分のものにしていただきたい。

《**キーワード**》　自己調整学習，学習方略，防衛的悲観主義

1．メタ認知と自己調整学習

（1）「頭の良さ」を支えるメタ認知

　クリティカル・シンキングの主要要素「自分の推論を意識的に吟味する省察的思考」（第1章 p.21 **図1-2**）は，認知心理学の用語である「メタ認知」と概念的に重なることをすでに紹介した。認知活動を客観化，対象化してもう一段高いレベルからとらえなおすメタ認知は，より良い考え方の技法のために欠かすことはできない。本書でも人の推論プロセスの中でどのような認知バイアスが生じているのかを知り，それを自覚的に修正して適切な推論につなげるという意味でのクリティカル・シンキングについて考えてきた。

　メタ認知の概念は，認知心理学の中でも発達や教育の研究者によって

着目され，1970年以降から急速に広まってきた。メタ認知には，メタ認知的知識とメタ認知的活動がある（**図15-1**）。メタ認知的知識とは，認知活動にどのような要素があり，どのように活動するのかについての知識を含む。メタ認知的活動とは，認知活動を監視するモニタリングと，認知活動を制御するコントロールの二つが含まれる。

　個人が持つ認知能力（知的能力）が実際にさまざまな場面で活用・発

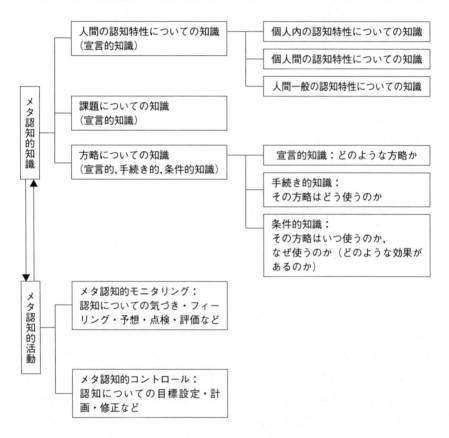

図15-1　メタ認知の二つの要素（三宮，2018）

揮されるか，それとも有効に使われずに埋もれてしまうかは，このメタ認知の能力が大きく影響を与える。近年の研究では，人の知能を，基本的認知としての知的能力と，それを柔軟にコントロールして適応的に発揮する能力の二つの側面でとらえるようになっている。つまり，メタ認知が人の実践的な「頭のよさ」を規定するのである。

（2）人の知識構造についての知識を学習に活かす

　新しい知識を効率よく確実に習得し，そこから広く活用して，実践的な解決に向かって使いこなしていくため，認知特性についての知識（メタ認知的知識）はおおいに活用できる。メタ認知的知識の中でも記憶や推論のシステムの理解は有用というよりも，すでに必須のものと言って良い。たとえば陸上競技選手が，一秒でも速く走るため，筋肉や骨格などの仕組みを知る必要があるように，人もよりよく学ぶためには，知識を効果的に学び取り，そこから知的能力を発揮するメカニズムを知っておくべきなのである。

　たとえば，人の知識（長期記憶）が，頭の中でどのように整理・保存されているかは，認知心理学の初期から取り組まれてきた重要な研究テーマの一つである。最も代表的な意味ネットワーク・モデルでは，意味的に関連性が強かったり連想関係にあったりする知識や概念がそれぞれリンクによって結ばれたネットワーク構造になっていると考えられている。このモデルでは，ある知識や概念（ノード）が想起されたり使用されたりすると，そのノードが活性化し，その活性化がリンクで結ばれた近くのノードに波及する。すると，それらのノードも活性化されて想起や利用可能性が高まる現象（プライミング）が生起する。そのためこのモデルは活性化拡散モデルと呼ばれる（**図15‐2**）。

　このネットワークモデルにもとづけば，新しい知識や概念の学習と

288

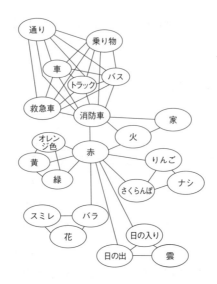

図15-2　知識の活性拡散モデルにもとづくネットワーク構造
(Collins & Loftus, 1975)

は，ネットワーク構造の中に新しいノードを組み込み，知識構造を作り
変えていくこととしてとらえられる。知識が別のさまざまな知識と結ば
れた状態を記憶の精緻化と呼び，互いに一定のまとまりに整理されるこ
とを記憶の体制化と呼ぶ。精緻化された知識は，一つの知識が関連知識
と意味をもって結びついているので，さまざまな手がかりから情報が引
き出される想起可能性が高まる。たとえば中学高校時代に歴史年号や英
単語を覚えるために，語呂合わせで「794年鳴くよウグイス平安京」と
いった記憶術を使った方もおられると思うが，これは無味乾燥な数の並
びを意味のある言葉で表現でき，口ずさみやすいだけではない。「平安
京遷都794年」と単独で暗記すると，知識は他の情報とリンクで結ばれ
ていないために想起されにくいのに対し，平安京遷都は，ウグイスが鳴

く古い都のイメージとともに794という音韻情報と精緻化されているために，想起が容易になるのである。

　これと同じ精緻化の方法としては，単独で覚えるのではなく，何が原因で，どのような経緯でそれが起こり，結果としてどうなったのか，といった関連事項をストーリー化する方法がある。いわゆる受験勉強に長けた人は，ひたすら丸暗記するよりも，こうした関連性をもとにした記憶が有効だと，おそらく経験的に知っているはずだ。逆に自分の知識構造の中に取り込まれない「浮いた」知識は，どこからも関連しないので，引き出されないし，活用されない。第12章で解説した特殊詐欺や悪質商法の「手口を解説する」啓発が，なかなか有効性を発揮しにくいのはこのためである。

　他にも精緻化を重視する学習方略としては，教師の説明をただひたすらノートに書き写すのではなく，自分自身の既存の知識や体験とのかかわり合いからとらえて情報を再構築することが有効である。

　こうした学習方略が適切に用いられ，機能しているかをチェックする意識的活動が，メタ認知的なモニタリングとコントロールの役割である。

（3）メタ認知を利用した学習方略
　効果的な学びを実現するために，記憶や学習に関する以下のような認知心理学の知見が応用できる。
・集中学習よりも分散学習（同じ分量の学習でも，集中した時間にやらずに分散させて学んだ方が成績がよい）
・生成効果／自己選択効果（受け身で学ぶよりも，問題を自分で生成したり選択したりする方が記憶が促進される）
・初頭効果／新近性効果（最初と最後に覚えた事項が記憶に残りやす

い）
・深い情報処理（言葉や外見だけでなく，その意味について理解すると
　記憶が精緻化される）
・符号化特定性原理（記銘時と同じ環境に置かれると記憶を想起しやす
　くなる）
・多重符号化（対象を異なる複数の視点から学んだり記憶したりする
　と，成績がよくなる）
・ツァイガルニク効果（最後まで終わらせた課題よりも，中断した課題
　の方が記憶に残りやすい）
などが代表的なものである。

　こうした学習方略によって学びを効率化できるとする考えは，記憶や
学習をめぐる研究から裏付けられているだけでなく，多くの方が経験的
にご存知のことと思う。しかしながら，こうしたメタ認知的知識が実際
に学びの場面で使われないことも多くある。ひたすら丸暗記を反復する
ような結果主義，物量主義的な考え方も一部で見ることができる。私た
ちは（これらの方略の有効性を知っていながらも），こうした学習方法
を必ずしも使用するわけではないのは，なぜなのだろうか。

　三宮（2018）は，こうしたノウハウは知るだけでは不十分であり，自
分で使いこなす動機づけが生じるためにはそのノウハウを深く納得する
必要があり，またそれが有効に機能する原理を知ってこそ，個人の状況
に応じて柔軟な活用が可能になるとしている。また，吉田・村山
（2013）は，こうした学習方略が使われない理由を明らかにする研究を
行い，少なくとも，中学生の段階で有効な学習方略が必ずしも使われな
いのは，そうした学習方略が有効だと（おぼろげながら知っていたとし
ても）的確には認識されておらず，それぞれ個人の素朴な学習観で取り
組むためだと推測された。これらの学習方略の知識を積極的に初等中等

教育に浸透させていく必要性はもちろんだが，高等教育や生涯教育の場においても，学習方略の有効性は的確に認識されていない可能性がある。より有意義な学びのために，こうした学習方略についてのメタ認知をぜひ活かしていきたい。

（4）自己調整学習をめざす

　前節で取り上げたような記憶を促進する個別の方略だけでなく，学習活動全般を大きな方略の枠組みでとらえ直すことも必要である。その重要な枠組みが，ジマーマン（Zimmerman）によって提唱された「自己調整学習（self-regulated learning）」である。これは，学習を効果的に進めるために学習者が自分の状態を積極的にモニターし，最適な学習行動について常にフィードバックを行いながら，個人内の認知過程，学習行動，学習環境を自己調整し，最適な学習を達成していく体系的な技法である。学びによる知的能力の向上には，学習者がメタ認知，動機づけ，行動において自分自身の学習過程に自律的能動的に関与していることが大きく影響すると考えられている。

　その過程では，個別の認知的学習方略を使うだけでなく，前向きに学習に取り組んでいくための感情調整や動機づけ，ストレス対処方略の使用も重要になる。学習を効果的に進めるために自ら動機づけを高めたり維持したりする方略を，自己動機づけ方略とも呼ぶ。主な動機づけ方略にはご褒美を自分で用意する報酬方略，将来を考える想像方略，まず得意な所から取りかかる負担軽減方略，友達とともに取り組む社会的方略などさまざまなものがある。また，高レベルの学習能力を発揮させるため，行動面では社会的物理的環境を自ら選択し，作り出すことも重要である。自己調整学習では，これらさまざまな要素をコントロールし，自分の状態を調整しながら最適な学習を維持していくことができる。さま

ざまな学習方略が適切に活用されることで，自己効力感が高まり，それが動機づけとなってさらに学習を深めていく好循環が生み出されるのである。

2. 学習方略と防衛的悲観主義

(1) 楽観主義と悲観主義の学習方略

　自分自身をモニターしながら最適な方略を調整していく一例を「楽観性」をめぐる研究から考えてみよう。楽観性（optimism）とは，将来にはよい出来事が起こる確率が高く，悪い出来事はあまり起こらないと考える信念である。この楽観性の高低はパーソナリティ特性の一つとされ，楽観主義者（オプティミスト）とは，自分にはポジティブなことが起こると期待する傾向を持ち，悲観主義者（ペシミスト）は，逆に将来にトラブルや失敗が起こるというネガティブな予期を持ちやすい。

　日常会話の「楽観的な人」という表現には，努力せずに幸運ばかりを期待するのんきな人のイメージがあるかもしれない。しかし，心理学の諸研究からは楽観主義者がさまざまな状況で適応的であり，困難を克服する行動能力が高い点が注目されている。楽観主義者は，自分の「行動」がよい結果につながる期待があるため，困難な事態に直面しても，ポジティブな成果を達成するために可能な方法を試み，さらに周囲の人の助けを借りても，この困難を乗り越えようと努力する。

　一方，悲観主義者は，自分の行動がよい結果をもたらすと期待しない。その結果，何かをやり遂げるモチベーションは低く，目標達成がうまくいかない傾向がある。特に未知の事態や困難な状況に直面したときなど，不安感情が高まりストレスフルな状況では悪影響が現れやすい。

　しかし，こうした考え方に対して Norem らの一連の研究は新たな視点を導入した（e.g. ノレム，2002）。Norem らは，楽観主義と悲観主義

を, 将来に対する予期によって分類するだけでなく, そこにそうした楽観・悲観が自分の過去のパフォーマンスや成功の認知に裏付けられているかの軸を加えて検討したのである (**図15-3**)。

すなわち, 楽観主義の中には, 過去の成功を認知し, 将来についてもポジティブな予期を持つ方略的楽観主義 (SO) と, そうした過去の認知にもとづかない非現実的楽観主義がある。悲観主義者にも, 過去に同じような状況で高いパフォーマンスを発揮できた成功認知がありながら, 将来に期待がもてない防衛的悲観主義 (DP) と, そうした成功認知をもたない真の悲観主義がある。

従来, 成功への動機づけが低い悲観主義者は, さまざまな課題で高いパフォーマンスを発揮しにくいが, この防衛的悲観主義者は楽観主義者に匹敵する高いパフォーマンスを発揮できることが明らかにされたのである。つまり防衛的悲観主義者は, 失敗や困難を予想するために, 失敗を回避できる可能性について熟考し, 予習やリハーサルなど必要な措置を十分に行う傾向が生じる。これが結果として高いパフォーマンスにつ

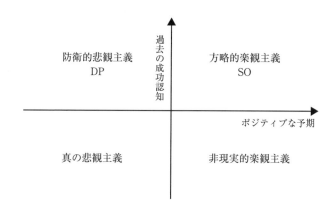

図15-3　楽観主義と悲観主義についてのノレムの分類

294

ながると考えられるのである。

（2）防衛的悲観主義とストレス・コーピング

　防衛的悲観主義という特性から自己調整学習を考えるならば，自己動機づけを高める方略を柔軟に調整する必要性が指摘できる。

　ストレス・コーピング（対処）には，いくつもの分類があるが，主として問題そのものに働きかけて問題解決を促すことでストレスを低減させる問題解決型と，ストレスによって生じるネガティブな心理状態の改善をめざす情動焦点型がある。後者の中には，気分転換を図る気晴らし型・回避型や，問題の考え方を変えてみる認知的再評価型などがある。

　こうしたコーピング方略のどれが適切なのかは，ストレス場面や状況によって異なってくるが，防衛的悲観主義 DP と方略的楽観主義 SO の相違によっても最適な方略は異なる。防衛的悲観主義者 DP は，気晴らし型のようなストレス対処をすると，能力が発揮できない。DP は，ストレス対処のため，これから起こりうる事をクリティカルに吟味し，失敗の可能性に注意をはらってタスクの準備を十分に行い，メンタルリハーサルをして不安を抑え，結果として高い成績を上げることができる。いわば不安をモチベーションに変えるのが特徴である。このような人に，これから起こることへの不安を忘れさせる情動焦点型・気晴らし型のコーピングを行わせると将来のパフォーマンスが悪くなると予想できる。DP 者には，ネガティブな事態について，一つひとつよく考える問題焦点型コーピングが適合するのである。

　一方で，方略的楽観主義 SO では，失敗や否定的なことに目を向けず，成功場面を想像することでモチベーションを高める。こうした人には，気晴らし型が望ましく，逆に問題焦点型のコーピングを取ると，それまでほとんど感じていなかった不安が高まって，かえってパフォーマ

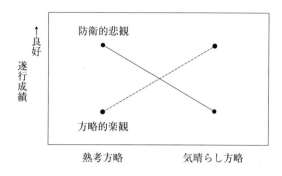

図15-4　防衛的悲観主義者と方略的楽観主義者におけるコーピング方略と遂行成績との関連

ンスが下がってしまう可能性がある。

　このように自分の悲観的な認知をモニターしながら，それに合わせて自己動機づけ方略を最適なものに調整していくことが，学習やパフォーマンスの向上に寄与すると考えられる（**図15-4**）。

3．社会の中で「学び」「考える」

（1）自己調整学習を支えるクリティカル・シンキング

　自己調整学習におけるメタ認知の活用は，個別の学習方略や動機づけ方略を活用する場面だけではない。個々の課題と学習方略を俯瞰的にとらえ，適切な計画を立て（プランニング），学習の進行をモニターし（自己モニタリング），結果を自己評価していく過程こそ重要である。

　自己調整学習のプロセスでは，自律的に学習目標を設定する計画の段階，学習行動を行う遂行の段階，そしてその行動を評価する自己省察の段階という3つの段階を循環する（**図15-5**）。このように計画的・体系的に学習を進めながら常に情報のフィードバックとコントロールを行い，具体的行動の結果も省察的に見ていくプロセスには，メタ認知を基

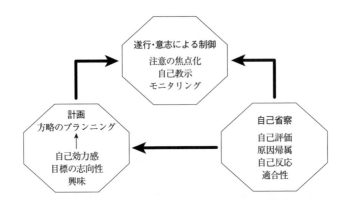

図15-5　自己調整学習のプロセス
（Zimmerma, 1998をもとに古川，2012作成）

礎としたクリティカル・シンキングのスキルが密接に組み込まれている
と考えられる。言い換えると自己調整学習は最適な学びを実現する目標
に焦点をあわせたクリティカル・シンキングの実践という側面からとら
えられるだろう。

（2） よい学びのために注意を要する認知バイアス

　自己調整学習に必要なメタ認知的モニタリングを適切に進めるために
は，やはり認知バイアスへの注意が欠かせない。ここまで解説してきた
以外のバイアスで，学習にとって重要と思われるものを確認しておこ
う。
　「後知恵バイアス（Hindsight bias）」は出来事が起こった後で，それ
は自分にはすでにわかっていた予想可能なことだったと考える傾向であ
る。「それはわかりきっていたことだよ」とか「だからいわんこっちゃ
ない」といった言い方はしばしば聞くだろう。しかし，それは本当に事
前にわかっていたのか，結果を知らない段階で事前に予想させると，た

いていの場合は，そうした明確な予測ができていないことがわかる。

　こうした後知恵バイアスが生じる原因は，その出来事が起こったという「結果」の認知は，実際に起こった出来事であるために強い認知的影響を与えて単純な因果関係で結びつけてしまい，それが過去の自分の記憶に遡及するためと考えられている。あとから触れた情報によってオリジナルの記憶が変容する現象は，記憶の「事後情報効果」として広く見られる。また，一度その結果についての知識をもってしまうと，その知識をもたない人の考えを想像することが難しくなる「知識の呪縛」と呼ばれるバイアスが生じ，その知識をもっていない自分自身を想起できなくなる影響も大きい。

　この後知恵バイアスは，自分の判断が後付けの影響を受けたことを認めず，あたかも自分がすべて知っていたかのように錯覚させる。これは自分の能力を過信させ，情報を客観的に正しくとらえることを妨害し，新しい学びを軽視するように働く。たとえばテストの問題と正解を教えられた後で，自分ならこの問題にどれくらい正解できたか予想させると，自分の成績を過大評価する傾向が生じることが知られている。

　他の各種の認知バイアスと同じく，この後知恵バイアスにも適応的な意味があり，不意打ちのショックを和らげ，自分の予測力の高さを実感できる。しかし，結果を前提に考えると信念バイアス（第6章）にとらわれて，推論の妥当性評価が難しくなることに注意が必要である。

（3）要注意な帰属のバイアス

　単純接触効果は，当初は特に好きでも嫌いでもなかった人物や対象に対して，何度も繰り返し接触すると，それだけで好意度が上昇する効果である。CMソングなど，繰り返し耳に入ってくると，無意識のうちに親しみが感じられるようになる。

この好意は「知覚的流暢性の誤帰属」によってもたらされると考えられている。新しい対象を最初に知覚する場合には，多くの知覚処理を必要とするが，接触を繰り返すうちに親近性が高まるとともに知覚情報の処理効率は上がり，大きな負荷がかからずに円滑に処理できるようになる。実際には処理の流暢性のために生じた認知の心地よさが，対象の属性そのものに起因すると誤帰属されるのである。この効果は，接触が意識されなくても生じることから，潜在的な記憶の関与が大きいと考えられている。これと関連する「真実性の錯覚」は，対象の知覚的な流暢性が誤帰属され，正しさの確信度が高まる効果である。認知が容易で処理の負荷が低い場合に生じる。たとえばある文章を評価するときには，フォントや紙面レイアウトが読みやすかったり，記憶しやすい表記であるだけで，内容の真実性が高いと判断されやすい。また，発言者に対する好感も内容の正しさに誤帰属されやすい。

政治的プロパガンダの常套手段として「嘘も百回言えば本当になる」というものがある。このような点でも，誤帰属が情報の評価に無意識のうちに影響を及ぼす効果は，クリティカルに情報を吟味する上で考えておかなければならない。たとえば複数の対象を比較検討するような場合は，情報に接する回数や情報の表記法などを揃えるといった環境面からの取り組みも，私たちが思っている以上に重要なのである。

もう一点，ある情報の正しさを一度受け容れると，それが「誤り」だと指摘されたとしても，誤情報を信じ続けたり，その影響を受け続ける「誤情報持続効果」という認知バイアスが生じることにも注意したい。その原因は，否定的な情報の記憶が混乱したり認知的処理コストが高いことなどが考えられている（レビューは田中・犬塚・藤本，2022参照）。

（4）学びも思考も，ひとりではない

　自己調整学習とクリティカル・シンキングは，いわば「自分の頭で計画的・多面的に，省察・熟考する」という共通点でとらえられる。たとえば，学習においては，与えられた学習素材をひたすら暗記したり練習問題を解いていったりする受動的な勉強法を取れば，「もう少し自分でよく考えて勉強して」と言われるだろう。同じく，根拠があいまいな欺瞞的な情報に騙されそうな人には「情報を鵜呑みにするのではなく自分の頭でよく考えて」とも言われるだろう。いずれも，自分で計画的に熟考することで，良い事態につなげる大切さを指摘している。

　しかし，逆説的だが，自分の頭で考える有効な方法の一つは，自分以外の人の頭も使うことだ。すなわち，自己調整学習もクリティカル・シンキングも，ともに社会に孤立した営みではなく，これを向上させるためには，他者との共同作業や相互作用こそが重要な鍵になる。

　自己調整学習では，前述のように友達と助け合うなどの動機づけ調整方略が挙げられるが，教師や友達に学習のアドバイスを求めるなど，他者資源の利用も自己調整学習の方略の一つである。さらに学習方略の獲得や自律性の自己調整においても他者の存在は重要である。この点に着目すれば，頭のよさとは，他者とうまく協働したり外部の環境を活用したりして，自分の認知能力を高め，それを発揮できる力だともとらえられる（三宮，2022）。

　さらに，こうした他者とのかかわりで重要なのは，対象を多面的に見ることで，他者の視点への気づきを引き出せることである。対象を自分の視点だけではなく，他者の視点から複眼的に見ることは，柔軟な思考を促す基盤であり，また他者の見方からのフィードバックによって自己調整学習のプロセスをより深めることができる。

　クリティカル・シンキングの向上のために，さまざまな科目の教育現

場で共通して用いられ，そして有効性が高いと考えられている方法は，自分の意見を発表（文章ないし口頭）し，そして討論することである（まとめは道田，2011参照）。その討論は正解を出したり目的達成をしたりするための手段ではない。同級生との討論を通して，意見の不一致やさらに多様な視点・価値観を体験し，自分のものの見方を相対化，柔軟化するプロセスを導いていく。討論を取り入れた教育というと，二つの立場にわかれて主張を戦わせその優劣を競うディベート教育が思い浮かぶかもしれない。これは論理的に説得力のある議論を提示するトレーニングとして確かに有効かもしれないが，討論を通して多様なものの見方を養っていく仕組みが活かされていないと，クリティカル・シンキングを阻害するものになる危険があると言えよう。現実の社会において重要になるのは，相手を論破する討論ではなく，討論を通して互いの意見を調整してよりよい意思決定を探求していくことにある。

■学習課題

あなたの仕事上の取り組みについて，もしくは専門的な勉強内容についてでもよいので，最も人に伝える価値があると思う内容で，他の人には理解が難しいものを取り上げてみよう。そして，それを全く知らない他者に対して説明するつもりで文章にしてみよう。

次いで，他者が同じように書いた文章と交換して読んで，その内容の理解を深めるための質疑応答を行ってみよう。説明する上で重要な情報だったのに，あなたが気づいていなかったり，相手に伝わらなかったりした事項は何だったろうか。

参考文献

三宮真智子（著）（2018）．メタ認知で〈学ぶ力〉を高める　認知心理学が解き明かす効果的学習法　北大路書房

引用文献

古川真人（著）（2012）．ポジティブ教育心理学　尚学社

道田泰司（2011）．批判的思考の教育　何のための，どのような　楠見孝・子安増生・道田泰司（編）批判的思考力を育む　学士力と社会人基礎力の基盤形成　有斐閣　pp.140-148.

ノレム，J.（著）西村浩（訳）（2002）．ネガティブだからうまく行く　ダイヤモンド社

三宮真智子（著）（2018）．メタ認知　学習力を支える高次認知機能　北大路書房

田中優子・犬塚美輪・藤本和則（2022）．誤情報持続効果をもたらす心理プロセスの理解と今後の展望：誤情報の制御に向けて　認知科学，1-19.

吉田寿夫・村山航（2013）．なぜ学習者は専門家が学習に有効だと考えている方略を必ずしも使用しないのか　教育心理学研究，61，32-43.

索引

●配列は五十音順，＊は人名を示す。

分担執筆者紹介 |

伊勢田　哲治 (いせだ・てつじ)

・執筆章→ 5

1968年	福岡県福岡市に生まれる
1991年	京都大学文学部卒業
1999年	京都大学大学院文学研究科博士後期課程単位取得退学
2001年	米国メリーランド大学大学院修了（Ph.D. in philosophy）
現在	京都大学大学院文学研究科　教授
専攻	科学哲学・倫理学

主な著書　『疑似科学と科学の哲学』（単著　名古屋大学出版会，2003年）

『認識論を社会化する』（単著　名古屋大学出版会，2004年）

『誇り高い技術者になろう』（共編著　名古屋大学出版会，2004年）

『哲学思考トレーニング』（単著　ちくま新書，2005年）

『生命倫理学と功利主義』（共編著　ナカニシヤ出版，2006年）

『動物からの倫理学入門』（単著　名古屋大学出版会，2008年）

『生活知と科学知』（共編著　放送大学教育振興会，2009年）

『もうダマされないための「科学」講義』（共著　光文社新書，2011年）

『倫理学的に考える』（単著　勁草書房，2012年）

『科学技術をよく考える　クリティカルシンキング練習帳』（共編著　名古屋大学出版会，2013年）

『科学を語るとはどういうことか　―科学者，哲学者にモノ申す』（共著　河出書房新社，2015年）

『批判的思考　21世紀を生き抜くリテラシーの基盤』（分担執筆　新曜社，2015年）

『マンガで学ぶ動物倫理　わたしたちは動物とどうつきあえばよいのか』（共著　化学同人，2015年）

『科学哲学の源流をたどる　研究伝統の百年史』（単著　ミネルヴァ書房，2018年）

『宇宙倫理学』（共編著　昭和堂，2018年）

『宇宙開発をみんなで議論しよう』（共編著　名古屋大学出版会，2022年）

楠見　孝 (くすみ・たかし)

・執筆章→ 10

1959年	東京都に生まれる
1987年	学習院大学大学院人文科学研究科心理学専攻博士後期課程退学
1993年	博士（心理学）（学習院大学）
現在	京都大学大学院教育学研究科教授
専攻	認知心理学，教育心理学，認知科学
主な著書	『思考と言語（現代の認知心理学3）』（編著　北大路書房，2010年）

『批判的思考力を育む：学士力と社会人基礎力の基盤形成』（共編著　有斐閣，2011年）

『実践知：エキスパートの知性』（共編著　有斐閣，2012年）

『科学リテラシーを育むサイエンス・コミュニケーション：学校と社会をつなぐ教育のデザイン』（共編著　北大路書房，2014年）

『ワードマップ　批判的思考：21世紀を生きぬくリテラシーの基盤』（共編著　新曜社，2015年）

『批判的思考と市民リテラシー：教育，メディア，社会を変える21世紀型スキル』（編著　誠信書房，2016年）

『看護におけるクリティカルシンキング教育：良質の看護実践を生み出す力』（共著　医学書院，2017年）

『教育心理学（京都大学　新・教職教養シリーズ2020　第8巻）』（編著　協同出版，2018年）

『心理学って何だろうか？：四千人の調査から見える期待と現実』（編著　誠信書房，2018年）

『学習・言語心理学（公認心理師シリーズ　第8巻）』（編著　遠見書房，2019年）

Deeper Learning, Dialogic Learning, and Critical Thinking: Research-based Strategies for the Classroom（分担著　Routledge，2019年）

『大学生のためのクリティカルシンキング：学びの基礎から教える実践へ』（共訳　北大路書房，2019年）

『医療の質・安全を支える心理学』（分担著　誠信書房，2021年）

『メディアリテラシー：吟味思考（クリティカルシンキング）を育む』（分担著　時事通信出版局，2021年）

赤川　学 (あかがわ・まなぶ)

・執筆章→ 11

1967年　石川県羽咋郡に生まれる
1990年　東京大学文学部社会学専修課程卒業
1999年　東京大学大学院人文社会系研究科博士課程修了（博士［社会学］）
現在　　東京大学大学院人文社会系研究科教授
専攻　　社会問題の社会学，セクシュアリティ研究，猫社会学
主な著書　『性への自由／性からの自由──ポルノグラフィの歴史社会学』（単著　青弓社，1996年）
　　　　　『セクシュアリティの歴史社会学』（単著　勁草書房，1999年）
　　　　　『子どもが減って何が悪いか！』（単著　ちくま新書，2004年）
　　　　　『構築主義を再構築する』（単著　勁草書房，2006年）
　　　　　『社会問題の社会学』（単著　弘文堂，2012年）
　　　　　『明治の「性典」を作った男　謎の医学者・千葉繁を追う』（単著　筑摩書房，2014年）
　　　　　『これが答えだ！少子化問題』（単著　ちくま新書，2017年）
　　　　　『少子化問題の社会学』（単著　弘文堂，2018年）
　　　　　『社会問題とは何か』（監訳　筑摩書房，2020年）
　　　　　『21世紀を生きるための社会学の教科書』（監訳　ちくま学芸文庫，2021年）

編著者紹介

菊池　聡（きくち・さとる）

・執筆章→1〜4・6〜9・12〜15

1963年　　埼玉県に生まれる
1986年　　京都大学教育学部卒業
1993年　　京都大学大学院　教育学研究科博士後期課程単位取得退学
1994年　　信州大学人文学部専任講師
現在　　　信州大学人文学部　教授
　　　　　信州大学地域防災減災センター長
専攻　　　認知心理学・文化情報論
主な著書　『なぜ疑似科学を信じるのか　思い込みが生み出すニセの
　　　　　科学』化学同人（2012）
　　　　　『自分だましの心理学』祥伝社（2008）
　　　　　『超常現象をなぜ信じるのか』講談社（1998）
　　　　　『錯覚の科学　改訂版』放送大学教育振興会（2020）

放送大学教材　1140116-1-2311（テレビ）

より良い思考の技法
―クリティカル・シンキングへの招待―

発　行　　2023 年 3 月 20 日　第 1 刷
　　　　　2024 年 1 月 20 日　第 2 刷
編著者　　菊池　聡
発行所　　一般財団法人　放送大学教育振興会
　　　　　〒 105-0001　東京都港区虎ノ門 1-14-1　郵政福祉琴平ビル
　　　　　電話　03（3502）2750

Printed in Japan　ISBN978-4-595-32384-3　C1311